蒋传光 主编

行政调查强度研究

韩思阳 著

上海人民出版社

总　　序

　　党的十一届三中全会以来,伴随着改革开放,我国社会主义现代化建设进入新时期,在党的领导下,我们走出了中国特色社会主义法治道路,坚持党的领导、人民当家作主、依法治国的有机统一,坚持依法治国和以德治国相结合,建设社会主义法治国家,形成中国特色社会主义法律体系等,取得了社会主义法治建设的一系列重大成就。

　　党的十八大以来,中国特色社会主义进入新时代,面对世界百年未有之大变局和国内改革发展稳定的艰巨任务,法治在治国理政中的功能和作用进一步凸显。基于这种认识,针对法治建设领域存在的问题,我们党坚持全面推进依法治国,我国社会主义法治建设方面取得历史性成就、发生历史性变革,"社会主义法治国家建设深入推进,全面依法治国总体格局基本形成,中国特色社会主义法治体系加快建设,司法体制改革取得重大进展,社会公平正义保障更为坚实,法治中国建设开创新局面"。①这些成就的取得,离不开成熟法学理论的引领和支撑。

　　这些事实也表明,在法治建设理论和实践探索的过程中,无论是中国特色社会主义法学理论体系的构建,还是全面依法治国实践的深化;无论是社会主义法治国家建设的顶层设计,还是操作层面的具

---

　　①　习近平:《高举中国特色社会主义伟大旗帜　为全面建设社会主义现代化国家而团结奋斗——在中国共产党第二十次全国代表大会上的报告(2022年10月16日)》,人民出版社2022年版,第9—10页。

1

体法治;无论是良法善治理念的确立,还是以宪法为核心的中国特色社会主义法律体系的完善,这些目标的实现,是与深入系统的法学理论研究分不开的。"上海师大法学文库"的出版,就寄希望于能够为我国法治建设的理论和实践添砖加瓦,为我国法学研究的繁荣贡献绵薄力量。

上海师范大学法学学科经过建设和发展,在法学理论、法律史学、宪法与行政法学、民商法学、国际法学、诉讼法学等领域形成了自己的研究特色,产出了一批有一定影响力的学术成果。希望"上海师大法学文库"的出版,对进一步推动法学学科建设,促进学术研究和交流,提升学科内涵和扩大学术影响,培养学术新人等,能够起到促进作用。

蒋传光

目　　录

绪　　论

一、提 出 问 题

党的二十大报告指出：深化行政执法体制改革，全面推进严格规范公正文明执法，加大关系群众切身利益的重点领域执法力度，完善行政执法程序，健全行政裁量基准。达到这一目标要从源头做起，从行政执法阶段尤其是行政执法前的事实调查阶段就进行规范。在学界，无论是从"传送带模式"到"红灯理论"再到"绿灯理论"的过渡，还是"行政过程论"在行政法学上的提出以及风行，都揭示了行政法学研究重心从立法、司法向行政的转移。行政调查强度研究就是这样一种以行政为中心的、力图揭示行政机关实际运行机制的研究。行政调查强度是指行政机关作出行政行为前对事实进行调查所需要达到的广度和深度，通俗地讲，就是行政机关面临"形式调查"与"实质调查"或"书面调查"与"非书面调查"时的取舍问题。行政任务千头万绪，面对某些事项，行政机关必须在实质调查、查清事实的基础上作出行政行为；而面对另外一些事项，行政机关只需根据书面材料进行调查即可作出判断，至于书面材料是否符合真实情况则并不确定。问题在于，为什么会存在行政调查强度？它在行政法学体系中处于何种位置？何种情况下行政机关需进行书面调查？何种情况下可以仅进行非书面调查？书面调查与非书面调查各自的强度标准为何？如果书面调查的结论事后证明与事实不符，应如何追责？相对人的权利如果因行政机关书面调查的结果与事实不符而受侵害，应如何救济？以上问题构成了本书的中心内容。①

　　行政行为的"调查强度"概念来源于对行政诉讼"审查强度"概念的借鉴。在行政诉讼中，有所谓受案范围与审查强度的区别："行政诉讼受案范围确定的是司法权与行政权之间的横向关系，它要解决的是行政机关的哪些行为属于行政行为，而何种行政行为可以纳入行政审判范围之内，同时即要确定哪些行政行为不能进入到司法监督的范围中；审查强度规范的是司法权与行政权之间的纵向范围，它解决的问题是已经进入司法程序的行政行为将（应）面临司法机关何种程度的监督和审查，法院如何看待行政机关已在行政程序中作出的有关认定。"②行政诉讼本质上是一种复审，因此行政诉讼的问题结构一定程度上可以套用到行政行为中来。如果说某一事项是否属于行政机关的职权范围可看作是行政行为的"受案范围"问题的话，那么行政机关作出行政行为时对事实进行调查所需要达到的广度和深度就可看作是行政行为的"调查强度"问题。之所以使用"调查强度"概念，是因为我们这里所讨论的问题本质上属于行政法上的行政行为事实问题，而行政法上讨论行政行为事实问题通常使用的概念就是"行政调查"。在表达行政调查强度问题时，目前学界所运用的其他概念还有"审查标准"、"审查深度"以及"形式审查"与"实质审查"。"审查标准"其实早已成为实定法

---

　　①　该问题是在与传统要求事实清楚的行政行为的对比下展开的，因此不涉及某些本就不要求事实清楚或所要求仅是书面事实的特殊行政行为，比如行政备案行为、认定知识产权的行政行为等。此处的行政备案行为是实质意义上的，某些制度中可能会用到"备案"一词，但其所指未必属于真正的行政备案行为。至于认定知识产权的行政行为，《专利法》第34条规定："国务院专利行政部门收到发明专利申请后，经初步审查认为符合本法要求的，自申请日起满十八个月，即行公布。国务院专利行政部门可以根据申请人的请求早日公布其申请。"第35条规定："发明专利申请自申请日起三年内，国务院专利行政部门可以根据申请人随时提出的请求，对其申请进行实质审查；申请人无正当理由逾期不请求实质审查的，该申请即被视为撤回。国务院专利行政部门认为必要的时候，可以自行对发明专利申请进行实质审查。"这里的"初步审查"与行政备案行为类似，也是一种法律预先设定的无需事实清楚或所要求仅是书面事实的特殊行政行为。

　　②　杨伟东：《行政行为司法审查强度研究——行政审判权纵向范围分析》，中国人民大学出版社2003年版，第6页。

术语,一般指抽象的审查规范,比如原国家工商总局曾经发布过《农药广告审查标准》《兽药广告审查标准》。"审查深度"概念所表达的内涵仅包含纵向层面(无法涵盖广度层面),且无法与行政法学上的其他概念相比较和衔接。"形式审查"与"实质审查"这一对用语更像是对概念内涵的具体界定,而很难用来指称相应的问题。①至于为何不借用行政诉讼领域的"审查强度"概念,原因在于行政行为调查强度问题与行政诉讼审查强度问题虽然看起来类似,但在发生机理上是完全不同的,因此最好用不同的概念加以区分。②最后,"形式调查、实质调查"与"书面调查、非书面调查"这两对概念相比,前者的内涵并不确定,不同学者、不同法官在运用同一概念时其内涵可能不同,因此在运用前需要界定"形式"或"实质"具体何指,这会给讨论带来很多不便,因此除非是特殊情况,本书统一采用后者"书面调查、非书面调查"这对概念。

二、现　有　研　究

目前,国内学界对行政调查强度的研究主要可以分为两个层面:民商法学的研究和行政法学的研究。

(一)民商法学的研究

由于研究领域所限,民商法学对行政调查强度的研究主要集中在物权法领域,研究内容主要是不动产登记机关的调查职责。主流观点认为不动产登记机关应以书面调查为原则,以非书面调查为辅助。比如,有学者认为:"一般来说,登记机构无权审查交易本身的效力,因为有关合同本身的合法性问题应当由司法机关负责审查,如果赋予登记机构享有合同效力的审查权力,则显然超出了登记机构所享有的权力范围,将导致行政机关不正当地干预了民事关系。"③也有学者认为,应

---

① 参见胡建淼、汪成红:《论行政机关对行政许可申请的审查深度》,载《浙江大学学报(人文社会科学版)》2008年第6期;章剑生:《行政许可审查标准:形式抑或实质——以工商企业登记为例》,载《法学研究》2009年第1期。

② 德国行政法上,存续力概念取代确定力概念也是基于类似的理由。参见赵宏:《法治国下的行政行为存续力》,法律出版社2007年版,第24—30页。

③ 王利明:《物权法研究》,中国人民大学出版社2007年版,第333页。类似的观点参见孙宪忠:《中国物权法总论》,法律出版社2009年版,第336页。

引入替代性调查机构(公证机关)以实现非书面调查。①

(二)行政法学的研究

对于行政调查强度问题,目前我国行政法学的相关研究以针对某一行政行为领域的专门研究为主,鲜有综合性的行政调查强度研究。

1. 有关行政调查强度的存在领域

有关行政调查强度的研究主要集中在依申请行政行为中的行政登记领域②,具体包括房产登记、企业登记、婚姻登记等。③

---

① 参见尹飞:《不动产登记行为的性质及其展开——兼论民法典编纂中不动产登记制度的完善》,载《清华法学》2018 年第 2 期。

② 参见汪菲:《行政登记审慎合理审查标准研究——基于中国行政审判案例(第 10 号)而展开的分析》,载《公法研究》2016 年第 2 期;霍振宇:《行政登记与司法审查》,法律出版社 2010 年版;司坡森:《试论我国行政登记制度及其立法完善》,载《政法论坛》2003 年第 5 期;李昕:《论我国行政登记的类型与制度完善》,载《行政法学研究》2007 年第 4 期;栾兴良:《论行政登记机关的审查方式》,载《今日南国》2008 年第 4 期;郭峰:《行政登记若干法律问题研究》,中央民族大学 2007 年硕士学位论文;龚严峰:《行政登记法律属性分析——以上海市地方性法规和规章为研究对象》,华东政法大学 2004 年硕士学位论文;朱新力、陈无风:《公私法视野中的行政登记》,载《法治研究》2007 年第 4 期;戴涛:《行政登记侵权之诉研究》,载《行政法学研究》2001 年第 4 期;袁欣:《行政登记行为研究》,吉林大学 2008 年硕士学位论文;余睿:《行政登记基本理论探讨》,武汉大学 2005 年硕士学位论文;何菲菲:《行政登记审查方式立法研究》,中国政法大学 2007 年硕士学位论文。

③ 房产登记领域的相关研究参见于磊:《不动产登记是否需要审查婚姻状况》,载《中国房地产》2018 年第 25 期;王旭军:《不动产登记司法审查》,法律出版社 2010 年版;李庚跃:《不动产登记的行政法问题探析》,湖南师范大学 2009 年硕士学位论文;邢相国:《我国房产登记若干问题研究》,南京师范大学 2008 年硕士学位论文;肖杰、彭林:《是形式审查还是实质审查——浅析房管部门在房屋他项权登记过程中的审查性质》,载《中国建设报》2009 年 6 月 26 日。企业登记领域的相关研究参见朱鹏霖:《公司登记审查制度研究》,吉林财经大学 2017 年硕士学位论文;李孝猛:《公司登记合法性与司法审查标准之重构》,载《中国工商管理研究》2013 年第 5 期;李孝猛:《我国公司登记审查的法律原则:新折中审查标准——基于规范分析的实证视角》,载《中国工商管理研究》2013 年第 3 期;段仁元:《安全与效率的平衡抉择——试论我国企业登记审查制度及其完善》,载《社会科学》2000 年第 5 期;廖雪平:《对个体工商户设立申请材料是否应进行实质审查》,载《中国工商报》2008 年 9 月 26 日;李晓东:《对公司变更登记应以形式审查为主》,载《人民法院报》2009 年 10 月 30 日;鲍伟民:《关于启动企业登记实质审查问题的思考(上)》,载《中国工商报》2009 年 10 月 24 日;王金根:《实质审查主义批判》,载《企业改革与管理》2006 年第 1 期;陈彦峰、钱力军:《对企业登记实质审查若干问题的思考》,载《中国工商管理研究》2006 年第 12 期。婚姻登记领域的相关研究参见刘荣华、王锴:《婚姻登记机关的审查义务》,载《江汉大学学报(社会科学版)》2017 年第 4 期;韩宗和:《婚姻登记机关对当事人提供的证件是实质审查还是形式审查》,载《中国民政》2007 年第 11 期。

2. 有关行政调查强度标准的研究

有关登记行为的行政调查强度标准的认识主要是单一性质的，即要么书面调查，要么非书面调查或者审慎调查。①在这当中，有学者认为不同性质的行政行为应匹配不同的调查强度标准，比如确认性质的行政行为应对应书面调查，许可性质的行政行为应对应非书面调查。②有学者进一步将行政许可类型化，并认为不同类型的行政许可应对应不同的调查强度标准。比如对普通许可、资格资质许可与技术审定许可应当非书面调查；对赋权许可，既可书面调查也可非书面调查；对登记类许可，应以书面调查为主，对有明显瑕疵的，予以非书面调查。③有学者跳出行政行为的性质与分类，提出应区分不同的条件情况，分别对应不同的行政调查强度。比如，对国家机关依照法定程序制成的文件和经过国家机关认定的材料可以采用书面调查；对申请人自己或者通过第三人制作的材料以及中介组织出具的材料，应当采用非书面调查。④有学者认为，应区分有无第三人对行政登记采用不同的调查标准。⑤

① 参见孙森森：《不动产登记错误的行政判决方式——以欺诈导致登记错误的行政案件为中心》，载《行政法学研究》2018 年第 2 期；李孝猛：《公司登记审查的裁量》，法律出版社 2011 年版，第 70 页；戴涛：《行政登记侵权之诉研究》，载《行政法学研究》2001 年第 4 期；李晓东：《对公司变更登记应以形式审查为主》，载《人民法院报》2009 年 10 月 30 日；鲍伟民：《关于启动企业登记实质审查问题的思考（上）》，载《中国工商报》2009 年 10 月 24 日；王金根：《实质审查主义批判》，载《企业改革与管理》2006 年第 1 期；陈彦峰、钱力军：《对企业登记实质审查若干问题的思考》，载《中国工商管理研究》2006 年第 12 期；廖雪平：《对个体工商户设立申请材料是否应进行实质审查》，载《中国工商报》2008 年 9 月 26 日。

② 参见李昕：《论我国行政登记的类型与制度完善》，载《行政法学研究》2007 年第 4 期；栾兴良：《论行政登记机关的审查方式》，载《今日南国》2008 年第 4 期；郭晋：《行政登记若干法律问题研究》，中央民族大学 2007 年硕士学位论文；龚严峰：《行政登记法律属性分析——以上海市地方性法规和规章为研究对象》，华东政法大学 2004 年硕士学位论文。

③ 参见胡建淼、汪成红：《论行政机关对行政许可申请的审查深度》，载《浙江大学学报（人文社会科学版）》2008 年第 6 期。

④ 参见章剑生：《行政许可审查标准：形式抑或实质——以工商企业登记为例》，载《法商研究》2009 年第 1 期。

⑤ 参见栾兴良：《论行政登记机关的审查方式》，载《今日南国》2008 年第 4 期。

3. 有关行政调查强度纠纷解决的研究

目前国内学界尚鲜有针对行政调查强度纠纷解决的专门研究,但部分研究涉及此问题。有学者认为对于受欺诈行政行为应承认其违法性,肯定其无过错性,同时对行政执法责任追究制度进行改革,行政机关违法但无过错的不承担责任。①

4. 较为综合性的研究

如前所述,目前国内行政法学界尚鲜有针对行政调查强度的综合研究,但有些研究对特定行政行为领域的行政调查强度问题进行了系统论述,属于一种较为综合性的研究,简要介绍如下。

霍振宇法官在《行政登记与司法审查》一书中,对整个行政登记领域的调查强度问题进行了深入探究。其基本立场为:行政登记属于行政行为中的准法律行为,法律设置行政登记制度的功能在于记载相关权利或事实状态并进行信息公示,没有通过行政权的运行赋予权利、确认权利或事实状态的目的。基于此,作者认为行政登记机关只需负书面调查职责,行政诉讼在面对行政行为时只需审查行政机关是否履行了书面调查职责,而无需对客观事实进行认定。相应的,驳回诉讼请求与确认行为违法应成为法院的主要裁判方式。②

李孝猛博士在《公司登记审查的裁量》一书中,对公司登记领域的调查强度问题进行了细致讨论。作者在对国内外公司登记领域所存在的书面调查、非书面调查、折中调查等标准进行梳理的基础上,提出了公司登记的审慎调查标准。与此同时,作者还对公司登记领域所面临的如何调查公司章程、法定代表人、经营场所、经营范围等具体问题进

---

① 参见叶必丰:《受欺诈行政行为的违法性和法律责任——以行政机关为视角》,载《中国法学》2010 年第 5 期。类似的观点参见孙森森:《不动产登记错误的行政判决方式——以欺诈导致登记错误的行政案件为中心》,载《行政法学研究》2018 年第 2 期;杨建顺:《行政规制与权利保障》,中国人民大学出版社 2007 年版,第 324 页;朱新力、陈无风:《公私法视野中的行政登记》,载《法治研究》2007 年第 4 期;郭庆珠:《论行政登记合法的事实基础与司法审查——兼及行政登记机关的责任承担》,载《南阳师范学院学报(社会科学版)》2010 年第 5 期。

② 参见霍振宇:《行政登记与司法审查》,法律出版社 2010 年版。

行了研究。最后,作者反思了现有的公司登记调查责任追究体制,提出应将违法与过错区分,对于登记行为违法但无过错的,工商机关(现为市场监管机关,下同)不应承担责任。①

　　以上是国内研究行政调查强度的基本情况。国外同样存在行政调查强度问题,主要分布于行政许可领域。在美国,基于放松政府管制理念②,行政许可调查强度较低:一是书面调查与听证。行政机关在调查申请材料时,只要无损于一方当事人利益,便可采用以书面形式提交全部或部分材料进行书面听证,而大多数行政案件却都要求行政机关在决定前进行公开的、正式的听证。二是可省略初审程序。行政机关对许可申请作出决定时,如尚未主持接收材料,可以作出一项临时性决定,或作出一项建议性决定。并且,当行政机关根据案卷已确认为了能够正确、及时地履行职责已不可避免地需要省略初审决定程序时,也可以省略这一程序而直接作出正式决定。③在德国,《联邦德国行政程序法》第 24 条规定"行政机关依职权调查事实",即在必要时,行政机关不必限于行政许可申请人提供的材料和证据,而可以对有关情况进行调查,询问证人和咨询专家意见,实施行政检查或者调查文件和记录等。该法同时还要求"行政机关对其管辖范围的声明或申请,不得以认为其实际上不允许或不成立而拒绝接受"。这一依职权调查规定一方面赋予行政机关对行政许可进行实质审查的权利,另一方面也强调了只是在"必要"时才进行调查。④此外,在德国,行政机关在公司登记中无需履行任何调查义务。对实行许可证管理的其他领域,德国采用的是书面调查与非书面调查相结合的方式,但对一些危险物品的调查则格外严格。⑤在日本,

---

　　① 参见李孝猛:《公司登记审查的裁量》,法律出版社 2011 年版。

　　② See Walter Gellhorn, Individual Freedom and Governmental Restraints, New York: Greenwood Press, 3(1968).

　　③ 参见罗文燕:《行政许可制度研究》,中国人民公安大学出版社 2003 年版,第 53 页。

　　④ 参见胡建淼、汪成红:《论行政机关对行政许可申请的审查深度》,载《浙江大学学报(人文社会科学版)》2008 年第 6 期。

　　⑤ 参见张正钊、韩大元:《中外许可证制度的理论与实务》,中国人民大学出版社 1994 年版,第 412—413 页。

《行政程序法》所强调的行政许可"迅速审查",从某种意义上也可理解为是一种较为宽松与便捷式的调查,这也可从日本各单行法律中有关许可调查的规定中得到证实。①行政机关对许可的调查较为宽松,以书面调查为主,如出入境许可,外国人想去日本,应向日本大使馆或领事馆提出申请,申请人所在国的日本大使馆或领事馆受理申请后,只需将有关材料寄回国内,由外务省转送法务省对上述材料进行书面调查,并将结果通知申请人所在国的大使馆或领事馆,对于符合条件的即给予签证。②

(三) 小结

民商法学上对行政调查强度的研究,只局限于不动产登记领域,且由于研究视野所限,研究结论只能限定在特定范围。

目前国内行政法学对行政调查强度的研究,主要集中在特定领域,且针对特定问题,缺少比较全面、宏观、综合性的研究。有关行政调查强度的问题定性、产生原因等问题,学界尚鲜有探讨。

三、框 架 结 构

本书是从整个行政行为层面研究行政调查强度问题,并以中国有关行政调查强度的司法经验为基础进行整理。由此决定本书的研究将围绕案例素材所揭示的问题展开。

本书首先将探讨行政调查强度的问题定位。行政调查强度是一个什么问题?表面上看,它就是行政机关面对书面调查与非书面调查时的取舍问题。然而,细究该问题在行政法制度和学说上的定位后我们发现,这一问题并不容易回答。

本书将行政调查强度定位为行政行为合法要件中的事实问题。由此带来的问题是,无论案例所代表的"实际操作",还是制度和学说上的"笔者认为",都在一定程度上与行政行为合法要件理论冲突。通说认

---

① 参见胡建淼、汪成红:《论行政机关对行政许可申请的审查深度》,载《浙江大学学报(人文社会科学版)》2008年第6期。

② 参见张正钊、韩大元:《中外许可证制度的理论与实务》,中国人民大学出版社1994年版,第310页。

为,行政行为合法要件中的事实要件一般指向事实清楚,符合客观实际,行政行为的事实问题不允许打折扣几乎成为不证自明的前提。在这种情况下,如果将行政调查强度归属到事实问题下就会对传统行政行为合法要件产生冲击,即以"相对的事实清楚"取代"绝对的事实清楚"、以符合行政调查强度的"法律事实"取代传统观念下行政行为的"客观事实"。这时一个疑问会产生:为什么会出现行政调查强度?或者说,行政调查强度的产生原因是什么?弄清楚以上问题,一方面可以回答行政调查强度是否具有存在合理性,另一方面也可以为解决行政调查强度的相关问题提供参考。

然后本书将整理行政调查强度的判断标准。行政调查强度的判断标准是指判断某种行政调查强度是否符合要求的标准,具体包括行政调查强度是固定性质的,还是弹性性质的;如果是弹性性质的,那么具体的判断标准为何。判断标准是行政调查强度理论和实践中争议最大的问题,也是本书整理和分析的重点。

最后,本书将探讨与行政调查强度有关的法律纠纷应如何解决的问题。行政调查强度给司法实践带来的问题具有特殊性:第一,它挑战了传统的行政行为合法性审查标准;第二,它对行政诉讼、行政行为和民事诉讼之间的协调合作提出了极高要求。另外,案件中审判机关对行政调查强度类纠纷的解决方式,会对实践中行政机关的行政调查强度产生重要影响。因此,行政调查强度类纠纷应如何解决,实际上是行政调查强度领域的重要问题,司法实践中大量的,甚至主要的争议也集中于此。

四、研 究 限 定

研究限定是基于理性克制对研究成果的自我设限。

(一) 以"行政"为中心的研究

无论是从"传送带模式"到"红灯理论"再到"绿灯理论"的过渡[①],

---

① 参见[英]卡罗尔·哈洛、理查德·罗林斯:《法律与行政》,杨伟东等译,商务印书馆 2004 年版,第 145 页。

还是"行政过程论"在行政法学上的提出以及风行①，都揭示了行政法学研究重心从立法、司法向行政的转移。②某种程度上甚至可以说，行政法学将会变得越来越像行政学。英国法学家詹宁斯就将行政法学定位为一种新的、描述性（descriptive）的角色，日益强调法定的、规制性的体制，而不是判例法的一般性原则，并认为行政法由所有那些要排除在外的法构成。③行政调查强度研究就是一种以行政为中心的，描述性、规制性的研究。这样一种研究定位对本书结论的形成有着潜在的影响。比如，对于行政行为的立法监控与司法制约不再具有天然合理性，行政运作的自身规律得到前所未有的重视。

（二）以司法裁判为重点的研究

理想情形下，以行政为中心的行政法学研究似乎应以行政实践作为主要素材，然而目前尚没有全国性的针对行政实践素材的出版物和数据库，个案研究只能采取抽样或者局限于某地某单位的方式，研究成果的推广价值不大。相比于行政素材，司法素材是一个次优的选择：第一，目前全国性的有关行政案例的出版物和数据库已经形成一定规模。第二，行政案例中会附带有行政机关的态度（一般体现在答辩状中），尽管并不完整，但也胜于无。第三，司法作为行政的"平衡器"，不管出于对行政裁量权的尊重，还是出于对行政裁量权的制约，总会留下些有关行政调查强度的经验探索，值得我们积累总结。

也许有观点认为，从司法的角度整理行政经验，一定程度上相当于用传统行政法学的方法面对新型行政法学问题，"隔靴搔痒"之感免不

---

① 参见陈春生：《日本之行政过程论浅析》，载《行政法之学理与体系（二）》，台湾元照出版公司 2007 年版；江利红：《日本行政过程论研究》，中国政法大学 2008 年博士学位论文。

② 参见［英］特伦斯·丹提斯、阿兰·佩兹：《宪制中的行政机关——结构、自治与内部控制》，刘刚等译，高等教育出版社 2006 年版；［美］杰里·L.马萧：《官僚的正义——以社会保障中对残疾人权利主张的处理为例》，何伟文、毕竞悦译，北京大学出版社 2005 年版。

③ 参见［英］卡罗尔·哈洛、理查德·罗林斯：《法律与行政》，杨伟东等译，商务印书馆 2004 年版，第 154 页。

了，"过渡性研究"痕迹也会很重。这种顾虑有其道理。但在中国语境下，司法与行政之间的"沟通协商"色彩也许要强过"监督制约"主题，因此司法经验的内涵就非"终局性决定"一词所能涵盖，用司法与行政之间的"妥协性共识"来表达也许更为贴切。因此，中国司法经验所折射出来的行政经验也就显得格外珍贵。并且，以"行政"为中心的行政法学研究不能孤立进行，最好是在与传统行政法学的比较研究中展开，真实的行政法实践本就是你中有我、水乳交融的。这样看的话，"传送带模式"下的法律依据、"红灯理论"下的司法审查、"绿灯理论"下的行政为王，都可以在司法裁判这个万花筒中找到影子。可以说司法素材是反映这种混合关系的绝佳载体，从中既可以反思过去，也可以规划未来。

（三）以实然为主要立场的研究

如前所述，本书的框架是完全建立在对行政调查强度相关案例的整理基础上的。文中讨论的几乎每一个问题，至少有一个行政法案例作为支撑。也可以说，本书试图运用行政法案例讲述一个有关行政调查强度的"故事"。这样一种研究定位的确立，部分是缘于相关研究文献的缺乏，但主要目的还是在于从中国的行政审判中挖掘中国式的行政法经验。当然，笔者也参阅了现有相关的中文文献，但研究目标还是主要放在对中国案例的整理上。理论上的继续深入和比较法上的进一步研究只能留待日后进行。

以实然为重点的研究还体现在对待案例素材的态度上。通常情况下，法学研究中涉及案例时，学者一般对其持一种"把玩"态度：若案例内容与自己的研究结论一致，则将其用作论据；若不一致，则大加挞伐，将其作为学术批判的靶子。笔者希望自己的研究能够迥异于此，因此尽量以司法经验作为本书故事的主角。当然，本书也不排斥必要的学理分析，但学理分析只是配角，"喧宾夺主"的情况是本书所竭力避免的。

五、研 究 方 法

作为一本主要基于司法经验进行研究的著作，案例研究方法不可回避。案例研究目前已在我国行政法学界呈现风生水起之势,但多数是探讨案例指导制度应如何建立,或者属于案例研究的实际运用。正如学者所指出的,"尽管也有少量文献提到了案例研究或者判例研究,甚至直接以'案例研究'或者'判例研究'作为标题,但是,其中涉及的问题并不是针对案例研究本身的,并没有探讨案例研究到底该如何做"。①笔者在此尝试就案例指导制度进行反思的同时就本书的案例研究方法进行说明。

(一)案例指导制度反思

2010年11月26日,最高人民法院出台了《关于案例指导工作的规定》,正式建立起中国的案例指导制度。近年来,最高人民法院已分批发布多个指导性案例,相关的学术探讨也日渐丰富,这使得我们有条件从整体上对案例指导制度进行反思和展望。事实上,有关案例指导制度的理论和实践从中华人民共和国成立后就开始了,如果用"大历史"的视角进行更长远的追溯,那么案例指导制度的脉络实际上已在我国延续了两千多年。②然而,我们今天的案例指导制度研究并不全然需要建立在对历史的爬梳基础上,因为事虽同而理不同,理虽同而势不同,今天我们的法治现状是中国历史的任何一个时期不曾有过的,依托于此建立起来的案例指导制度也就必然矫矫不群。对这种法治现状最简单的概括也许就是:以社会主义的民主集中制为制度基础,以西方的法学技术为制度框架,以欧陆的理性主义为主要法治传统,以中国式"摸着石头过河"的试错渐进的经验主义作为理念补充。

如果以上概括的内容大致成立,那么当下中国案例指导制度的基本定位就应当是中国式经验主义在法治领域的又一次实践,并且这种实践是处于辅助、从属地位的,理性主义的立法依然仍将是中国法治发展的主流。经验主义的案例指导不仅会辅助理性主义的立法推动中国

---

① 解亘:《案例研究反思》,载《政法论坛》2008年第4期。
② 有关案例指导制度在中国历史上的沿革请参见胡云腾、于同志:《案例指导制度若干重大疑难争议问题研究》,载《法学研究》2008年第6期。

法治的发展，更将给我们的法治建设提出一系列挑战。首先的问题是，孜孜以求地要在大陆法系的传统中融入英美法系的血液，我们的根本目的是什么？其次，为了保证这种目的的实现，我们在制度设计上应当何为？是安于现状还是致力于为案例指导制度的推行提供一系列硬件支撑？再次，硬件制度建立起来后，案例指导制度是否就水到渠成了？更为繁复的软件建设又应当何为？本书的写作，就是对以上三个问题的一种探索，在这一过程中，如同下文将揭示的，始终萦绕着理性主义与经验主义两种思维的拉锯，有时候会习惯性地、无意识地"将经验主义的案例指导的头装到理性主义的立法传统身上"。也许，这才是案例指导制度对我们提出的最大挑战。

1. 案例指导制度的根本目的

案例指导制度的根本目的，不同于它的目的，也不同于它的作用、价值、功能等，顾名思义，根本目的是本质性的规定，对案例指导制度的发展起到根本性的导向作用。例如，有的学者认为案例指导制度具有减负功能："案例指导制度的减负功能，意指在具有可比性的个案中适用业已证成的法律判断，能够暂时采纳已经验证过的或者已经承认过的前提，这种可能性减轻了论证负担，以致没有特别理由，无须重新检验和承认。"[①]诚然，减负可以看作是案例指导制度的一种附加功能，但却绝不是根本目的，因为在案例指导制度推行之前，法官已经在司法实践中主动参考上级法院甚至是同级法院的裁判，其目的之一就是减负。在案例指导制度实施之后，如同下文所述，法官在审判中参考相关案例的约束必然增强，也就是说参考案例从自由变成一种职责，这就意味着，法官不仅要找到所有法律规定，还要在浩如烟海的案例中爬梳，综合下来，法官的负担并未减轻，甚至还有所加重。因此，如果我们把减负作为案例指导制度的根本目的的话，那么案例指导制度甚至根本没有存在的必要。由此可见，讨论案例指导制度的根本目的这一问题的

---

① 阴家华、张铭训：《案例指导制度的减负功能》，载《人民法院报》2008年3月26日，第5版。

重要性。

（1）案例指导制度的诸多目的辨析

《关于案例指导工作的规定》对建立案例指导制度的目的是这样表述的："总结审判经验，统一法律适用，提高审判质量，维护司法公正。"几种目的并行，当中看不出何种目的是根本目的。相比而言，学界对案例指导制度目的、作用或功能的表述更加多样化，林林总总概括起来大致有以下几种：第一，统一裁判尺度；第二，填补法律漏洞；第三，提高法官素质；第四，规范司法裁量；第五，减轻法官负担；第六，增强可预见性；第七，增强司法认同；第八，实现司法公正。①

笔者尝试对这些目的、作用或功能进行一一梳理，看看其中何种目的应是案例指导制度的根本目的。

就"填补法律漏洞"而言，成文法根深蒂固的局限性决定了司法实践中的"法官造法"必然存在。有学者对1985年至2007年的最高人民法院公报行政案例进行了梳理，在全部69个案例中，存在制度创新的案例有12个之多。②但是需要注意的是，在这些案例中只有一个是在2005年《人民法院第二个五年改革纲要》发布之后发生的，即"廖某荣诉重庆市公安局交通管理局第二支队道路交通管理行政处罚决定案"，换句话说，案例指导制度与填补法律漏洞之间没有必然联系。当然有学者也指出："在中国法院体系中，发生在个别地方、个别法院、个别案件审判上的创新，很可能会像流星，灿烂但却短暂，不会对其他法院的审判活动产生实质性的约束与规范作用，也很可能被迅速湮没在行政机关的声讨与法院的妥协中。"③而案例指导制度的出现有可能很好地解决该问题，它的作用就在于从制度层面将个别法官的个案创新转化为法官集体的共同经验，从而节省制度成本，放大创新效益。所以也存

---

① 参见刘作翔、徐景和：《案例指导制度的理论基础》，载《中国法学》2006年第3期；胡云腾、于同志：《案例指导制度若干重大疑难争议问题研究》，载《法学研究》2008年第6期。

② 参见余凌云：《法院如何发展行政法》，载《中国社会科学》2008年第1期。

③ 余凌云：《法院如何发展行政法》，载《中国社会科学》2008年第1期。

在这样一种可能,即案例指导制度在全面推行之后,我国的"法官造法"实践会更加繁荣,相关的"创新性"案例较之前会有所增多。然而在我国既有司法体制的束缚下,法官创新性司法的冲动应当被案例指导制度诱发到何种程度是令人怀疑的。有学者指出:"我国很多法律漏洞是因为立法机关有意预设的,而不是立法本身难以避免的、难以想象到的,或者立法之后由于经济社会发展而出现的漏洞。从这个意义上讲,把这些法律漏洞称为'法律空白'更合适。对于这样的一些漏洞还应当是'解铃还得系铃人',仍然由立法机关来解决。"①总之,单纯的填补法律漏洞不应成为案例指导制度的根本目的。

第三项目的"提高法官素质"的确属于案例指导制度的"溢出效应",可以想见,如果法官在平素研习法学理论和法律规定之外,还需阅读参考大量具有标杆性意义的指导性案例,那么法官的业务素质一定会迅速提高,由此而加速我国"法律职业共同体的形成"也未可知,然而这毕竟只属于案例指导制度的附加功能,如果将其上升为根本目的未免有"杀鸡焉用牛刀"之慨。

第四项目的"规范司法裁量"很为一些学者所倡导,比如有学者认为:"案例指导制度对法官自由裁量权的限制主要表现在:按照案例指导制度的要求,对于相同或相似的情况必须适用相同的规则,判决的结果应当大体保持一致。目前,因我国没有完整的案例指导制度,以至于在案情相同或相似的情况下,上下级法院之间及同一法院的不同合议庭之间的判决很不一致,造成人们对司法公正性产生怀疑。"②应当看到,这种对案例指导制度的期望有其合理性,"同案同判"的初衷的确可以衍生出"规范裁量"的预期。但是换个角度思考,对司法裁量权进行规范最有效的途径就是严格采用大陆法系的成文立法模式,法官只依据法律规定进行裁判可以最大限度地缩小司法

---

①　李仕春:《案例指导制度的另一条思路——司法能动主义在中国的有限适用》,载《法学》2009年第3期。

②　刘作翔、徐景和:《案例指导制度的理论基础》,载《中国法学》2006年第3期。

裁量权。①诚然，规范司法裁量权不意味着缩小司法裁量权，案例指导制度的初衷完全可以既扩大司法裁量权，又可以对其予以规范。然而这种区分恐怕只在逻辑上有意义，在我国现有司法体制不尽如人意的整体背景下，案例指导制度的推行完全有可能造成"扩大司法裁量权同时令其更为混乱"的后果，"不同案同判"也许会在"同案同判"的名义下大行其道。因此，以规范司法裁量权作为案例指导制度的根本目的恐怕也是文不对题的。

对第五项目的"减轻法官负担"的评价上文已述，此处不赘。

第六项所谓"增强可预见性"的目的是指："通过先期判决的指导性案例，当事人也可以预测诉讼风险，形成对诉讼前景的理性判断，进而采取理性的诉讼行为，避免司法资源的浪费。"②这一目的无疑也值得期待，但其仍然属于案例指导制度的附属目的，而非根本目的。这里的当事人我们不妨升级成律师，但即使是对律师而言，单纯面对法条与面对法条加案例相比，后者对诉讼前景的判断，其确定性很有可能是降低了而非增加。即使是在判例法发达的英美法系国家，针对判例法缺少预见性的批评也是不绝于耳，比如边沁就认为："普通法是随着历史而发展，蔑视一切合理性原则，依靠处心积虑的拟制和同义反复之类的技巧性法律技术运作的、混乱而无立足点的法律。法的混乱导致审判的延迟和不公正；而法的不确定被法官和律师滥用以维护其权力和聚敛财富，带给当事人的却只能是毁灭。"③因此，增强可预见性也不应作为案例指导制度的根本目的。

---

① 比如有学者就认为："各级法院的法官审理案件时，不断地利用比较每个案例事实的方法，扩张适用范围，使英美法成长并有弹性。大陆法虽然是成文法，透过法官解释法律的方法，作出许多判决和判例，亦使大陆法具有适用的弹性及不断地成长。只是大陆法成长的空间没有英美法广，因为毕竟条文制定以后，解释的范围有限，仅就法律条文解释而不能超越法律的规范；英美法的解释与案例事实也有一定的基本原则，只是解释的弹性大于大陆法而已。"参见潘维大、刘文琦：《英美法导读》，法律出版社 2000 年版，第 62 页。

② 胡云腾、于同志：《案例指导制度若干重大疑难争议问题研究》，载《法学研究》2008 年第 6 期。

③ ［日］大木雅夫：《比较法》，范愉译，法律出版社 2006 年版，第 241 页。

第七项"增强司法认同"和第八项"实现司法公正"明显是前面几项目的的附属效应,如果前面几项目的成立,这两者也自然成立,反之亦然,因此这两者也不应作为案例指导制度的根本目的。

由此看来,学界所列举的多达八项案例指导的目的中,只剩下第一项即统一裁判尺度可以作为参考选项。

在前述分析的基础上,我们再回过来看官方文件的表述,《关于案例指导工作的规定》将建立案例指导制度的目的总结为:第一,总结审判经验;第二,统一法律适用;第三,提高审判质量;第四,维护司法公正。其中第一、三、四项并非案例指导制度的独有作用,没有案例指导制度,我们同样可以总结审判经验,而在提高审判质量和维护司法公正方面,案例指导制度的作用恐怕不会比裁判文书的公开制度意义更大。由此可见,在案例指导制度的根本目的上,只有第二项即统一法律适用可以作为参考选项。

(2)案例指导制度的根本目的:统一裁判尺度

通过以上对学界观点和官方文件的梳理,运用排除方法,我们看到,案例指导制度的根本目的有可能只是统一裁判尺度,或者说,统一裁判尺度应当是我国推行案例指导制度的根本目的。要求法官在司法裁判时不光要依据法律规定,还要参照指导性案例,这当中直接和根本的目的就是"同案同判"的自然正义要求。在成文法国家,从理论上讲,即使在法律解释出现歧义和存在法律漏洞的情况下,法官仅仅依据法律规定也能作出裁判,但是这些裁判联系起来看并不一定合理。案例指导制度能够弥补这一缺陷,使得司法制度的运行不仅要与立法相吻合,还要与司法系统自身的惯性、传统、经验相吻合,最终呈现出司法裁判的统一性。因此,尽管在判例法国家中,判例的主要功能在于法律的创制,但对成文法国家而言,指导性案例的最大作用却在于弥缝基于对成文法不同理解所导致的司法分歧。需要指出的是,从本质上看,"同案同判"的要求更多出身于经验主义的渊源,而较少理性主义的血脉。"同案同判"理念的背后是典型的英格兰式的对传统、对习惯的尊重,至于前案所判是否妥当,本案比照前案裁判是否符合本案正义则非所问,而后两点追问正是理性主义的精髓。

如果统一裁判尺度是我国推行案例指导制度的根本目的,那就意味着,它是案例指导制度的本质性规定,决定了案例指导制度的方向,所有的制度设计都应当围绕这一核心目的进行。如同前文所述,案例指导制度的推行会带来一些"附带作用",但对待这些附带作用的正确态度是将它们置于次要地位,如果核心目的与附带作用直接发生冲突,附带作用必须作出让步。

2. 案例指导制度的硬件建设

如果抛去名义上的差别,案例指导制度在古今中外各个时期都普遍存在,这其中的关键就是司法中的审级制度。以大陆法系的法国为例,法官在司法实践中出于功利考虑对上级法院的案例保持了足够的尊重态度,这些功利考虑包括:第一,法官深受先前法院判例的权威的影响,一系列确定的判例无论如何都有很大的权威性;第二,部分法官懒于独立思考问题;第三,法官不愿冒自己所作的判决被上诉审撤销的风险。在文官制司法制度中,高级法院的判决对下级法院法官的实际影响非常大,如果后者的判决过多地被撤销,他们的晋升就可能受影响。[1]在我国,访谈与问卷调研都证明法官在司法实践中参考案例的做法并不鲜见。[2]基于此,似乎在我国案例指导制度没有存在的必要,因为不管最高人民法院推不推行,这个制度都已经存在了。但是,司法实践中正在运行的"案例指导制度"充其量只是审级制度带来的副产品,或者说是一种"非正式制度",而这一非正式制度至少在以下三个方面存在不足。

(1)案例指导非正式制度的不足

第一,该非正式制度是依托于审级制度建立的,而审级制度则有自

---

① [美]格伦顿、戈登、奥萨魁:《比较法律传统》,米健、贺卫方、高鸿钧译,中国政法大学出版社1993年版,第53、84页。

② 参见郎贵梅:《中国案例指导制度的若干基本理论问题研究》,载《上海交通大学学报(哲学社会科学版)》2009年第2期。

身的制度目的,并非全然服务于案例指导所指向的"同案同判",这就意味着依托审级制度建立的案例指导非正式制度有其天然缺陷,即在审级制度无法覆盖的区域"同案同判"功能失效。具体而言,我国实行两审终审制,并且大部分的一审案件在基层法院,这也就意味着,所谓的非正式案例指导制度其作用边界只到中级法院这一层级,一省之内的"同案同判"无法实现,一国之内的司法统一更是海市蜃楼。诚然,我国存在再审制度,在理论上可以将审判延伸到三审甚至四审,但我国当下再审程序的启动非常困难,而且即使成功启动了再审,也少有案件是出于"同案同判"的目的而启动再审程序的。可见,依靠我国目前的审级制度,无法彻底实现案例指导制度所追求的统一裁判尺度的根本目的。

第二,非正式的案例指导制度在运行中功利色彩很浓,法官对于案例的参考更多是出于方便自己的考虑,而非出于实现"同案同判"的目的。有法官曾就此提出批评:"用案例指导审判实践,在某种意义上说,更是一种功利主义的方法。因为,各方面特别是法院利用案例的主要目的,并不在于深层次解释法律,更不在于创设法律,而在于配合一定时期的某种工作或者任务的需要。"①上文提到,案例指导制度的根本目的并非功利性地方便法官,而是从自然正义的角度追求统一裁判尺度,从这一点上看,案例指导的非正式制度与正式制度之间可谓天差地远。

第三,非正式的案例指导制度很大程度上是一种"暗箱操作"的制度,其运行无法受到外界的有效监控,法官在参考案例时带有很大的随意性和投机性。司法实践中,法官一般都只在裁判文书中列明所适用的法律规定,很少或几乎不列所参考的案例,尽管他/她确实参考了某个或某些案例。②这也就意味着,当事人无从透过裁判文书对法

---

① 杨洪逵:《案例指导:从功利走向成熟——对在中国确立案例指导制度的几点看法》,载《法律适用》2004 年第 5 期。

② 参见郎贵梅:《中国案例指导制度的若干基本理论问题研究》,载《上海交通大学学报(哲学社会科学版)》2009 年第 2 期。

官参考案例的行为进行监督,上级法院在二审时无法从参考案例角度对一审裁判进行评价,学术研究无法透过裁判文书对案例指导的运行现状进行分析、总结和评价。①这种不受监督制约的非正式的案例指导制度,其运行状况令人担忧,无法保证案例指导制度的根本目的得以实现,而将其正式制度化的目的之一就是令其浮出水面、暴露在阳光下。

(2) 建立若干案例指导正式制度的建议

如果以上三个方面的论证大致成立,那么建立若干正式的案例指导制度不仅有意义,而且大有作为。《关于案例指导工作的规定》虽然正式建立起中国的案例指导制度,但也只是初步建立起雏形而已,接下来我们还有许多工作要做。

第一,在原有审级制度的基础上进行完善,使之更好地服务于"同案同判"这一案例指导制度的根本目的。这种完善不是改变原有的两审终审制,这不必要也不可能,而是依托利用现有的再审制度,推行以"案例监督"为主要目的的"案例指导三审制"。具体做法是赋予省高级人民法院以特别再审启动权,即这种再审程序的启动只能是基于一审或二审裁判没有遵循"同案同判"的要求,从而造成重大司法不公。同时要赋予最高人民法院以特别再审启动权,该权力的内容与省高级人民法院的权力内容相同,唯一的区别是最高人民法院启动再审程序只能是基于针对某一类案件在全国范围的实现法治统一的需要,同时该类案件的影响必须特别重大,最高人民法院在裁判时对指导性案例的遵从或废弃必须具有标杆性意义。

第二,建立针对指导性案例的"事实效力"制度。自从《人民法院第二个五年改革纲要》宣布建立案例指导制度以来,"事实效力"的讨论就不绝于耳。讨论事实效力的第一个学术前提是必须赋予指导性案例一

---

① 这是目前学界对案例指导制度的研究陷入困境的重要原因,因为非正式的案例指导制度就如同一个后台运行的软件,学者根本无从定性定量地分析其运行现状,而只能借助于访谈、问卷等这些不精确的研究方法。

定程度和范围的效力,否则案例指导制度将形同虚设。比如,王利明教授认为:"尽管我们要建立判例制度,不可能完全采纳英美法系的遵循先例的原则,但某些判例必须具有一定的拘束力,可以起到指导法官判案的作用,否则,就不可能真正建立此制度。"①讨论事实效力的第二个学术前提是指导性案例不应该被赋予与抽象性法律渊源同样的效力,否则的话指导性案例就成为了真正的判例,这与我国的基本政治制度是不符的,这是一个底线,是案例指导制度在理论和实践上所能达到的极限。对于有些学者或法官主张将部分指导性案例赋予司法解释的效力②,甚至将全部指导性案例赋予司法解释的效力的观点③,笔者不能认同。这种观点的实质是在案例指导制度推行的过程中,经验主义新思维与理性主义旧观念相互撕扯拉锯的一个典型体现。案例指导制度本身也好,其所欲实现的"同案同判"的根本目标也好,都是经验主义源流衍生出来的产物,而将指导性案例上升为司法解释的观点本质却是经验主义新欢向理性主义旧爱的隐秘回归。我们可以设想,既然可以赋予指导性案例以司法解释的效力,那为何不进一步地将其中的裁判要旨提取出来,然后直接以司法解释的形式出台? 这种观点如果付诸实施,案例指导制度将变异成另一个立法制度。

指导性案例既不能没有任何效力,也不能具有规范效力,那么从逻辑上讲,大概也只有赋予其"事实效力"这一途。对于事实效力的内涵,笔者基本认同目前学者的表述,所谓事实上的拘束力,是指法院在审理案件时充分注意并顾及指导性案例,如明显背离并造成裁判不公,将面临司法管理和案件质量评查方面负面评价的危险,案件也将依照法定程序被撤销、改判或者被再审改判等。这种危险,表面上看是因为明显背离了指导性案例,实质上却是通过"违反了明文规定的实体法和程序

① 王利明:《论中国判例制度的创建》,载《判解研究》2002 年第 1 期。
② 胡云腾、于同志:《案例指导制度若干重大疑难争议问题研究》,载《法学研究》2008 年第 6 期。
③ 参见郎贵梅:《中国案例指导制度的若干基本理论问题研究》,载《上海交通大学学报(哲学社会科学版)》2009 年第 2 期。

法"来实现的。事实上的拘束力,实际上就是从审判管理和司法方法角度,明确地给法官增加一种对指导性案例的强制注意义务,再绕道通过法定规则以实施惩戒。①

有学者对事实效力持反对意见,"在我国司法实践中,规范拘束力与事实拘束力几乎是一回事。我国上下级法院之间行政化比较严重,更何况还有错案追究责任制度,背离报告制度只能让下级法院的法官唯指导性案例是从。案例指导制度一旦建立和推行,势必形成司法权对立法权的制约,有挑战甚至是架空法律之虞"。②笔者认为,这种观点夸大了事实效力对现行法律体系可能造成的冲击。首先,事实效力的本质是从功能意义上看待法律问题的一个视角,其在结构上还是被包含在现有制度体系之内的。比如,《行政诉讼法》第63条规定:"人民法院审理行政案件,参照规章。"这里的"参照"在功能上有类似西方国家"司法审查"制度那样的作用,就是通过法官的"选法"活动实现司法权对行政立法权的柔性制约;但是这种"事实上的司法审查权"又是被严格地镶嵌在我国现有体制之内的,与其说它架空了现有体制,不如说它令现有体制的功能更加完备。其次,事实效力与规范效力是有严格区分的,表现在事实效力是从属于规范效力的。在案例指导制度中,法官必须首先在法律规范中寻找依据,只有在法律规范出现漏洞或需要作出具体解释,并且出于"同案同判"的目的时,才可以援引相应的指导性案例。

再次,建立在裁判文书中公示指导性案例的制度。应强制要求法官在裁判文书中载明所参照的指导性案例,最好能载明该指导性案例所被参照的部分,比如事实认定还是法律认定,个案对比还是裁判要旨。至于以何种形式载入裁判文书中,比照指导性案例"事实效力"的定位,可行的办法也许正如目前学者所主张的:"在裁判文书中不得作

---

① 参见张琪:《论指导性案例的"指导性"》,载《法制与社会发展》2007年第6期;陈灿平:《案例指导制度中操作性难点问题探讨》,载《法学杂志》2006年第3期。

② 李仕春:《案例指导制度的另一条思路——司法能动主义在中国的有限适用》,载《法学》2009年第3期。

为法律适用依据引用,但可以作为说理的依据引用。"①这种公示制度的建立,并非服务于一般认为的增强指导性案例的效力,使之"看起来很美",而是为了使案例指导制度能够脱离法院系统的"自留地",将该制度的运行展现于外,受制于众,从而真正实现该制度统一裁判尺度的根本目的。

最后,除了以上硬件建设之外,整个案例指导制度的推行过程,应采取由下而上的制度演进策略,即先由省高级人民法院进行实践、创新和试错②,最后再由最高人民法院总揽全局。当然本质上,这也是一种经验主义的进路。

3. 案例指导制度的软件建设

现有对案例指导制度的研究可分为两大块:一是对硬件建设的研究,二是对软件建设的研究。所谓案例指导制度的软件,可以理解为服务于案例指导制度的相关技术性共识,包括案例筛选的共识、案例适用的共识、案例区别技术的共识等。这些技术性共识能够从根本上保证案例指导制度的根本目的与附带目的的实现,如果没有它们,即使建立再多的制度,案例指导制度也将因为没有内在驱动力而沦为空壳。

(1) 软件建设不能采取理性主义建构的老路

这些技术性共识之所以被命名为软件,是因为与上文的硬件相比,它们要更多地依靠知识的沟通积累,较少依靠命令的上传下达,其建立要耗费更多的时间精力,其成果却更加无形和不显。至少有以下几个因素决定了,完善案例指导制度的软件建设不能完全采用先照搬别人、再建章立制的老路。

---

① 胡云腾、于同志:《案例指导制度若干重大疑难争议问题研究》,载《法学研究》2008 年第 6 期。

② 成都孙伟铭案只是一个最新的注脚,实际上,地方法院有关案例指导制度的实践早在 2002 年就已经开始,参与实践的法院包括河南省郑州市中原区人民法院、昆明市中级人民法院、天津市高级人民法院、河南省郑州市中级人民法院、甘肃省高级人民法院、沈阳市中级人民法院、四川省成都市中级人民法院、江苏省高级人民法院、四川省高级人民法院、山东省高级人民法院等。详情请参见张双英:《我国案例指导制度可行性研究》,2008 年湖南大学法学硕士学位论文,第 34 页。

第一,指导性案例或者先例的确定方法与一国的传统、法制体系密切相关,因而会在不同国家呈现不同的面貌。有学者指出,欧洲大陆国家与英美普通法系国家在判例法的方法和概念化方面很不一样,二者并不是以相同的方式理解先例。在美国,先例是一系列的故事,非常具体。在欧陆,法官则采取非常抽象的方法,试图在先例中找到特定的规则,例如意大利就有一些由法院制定的非常具体的"制定法"。①从中国的司法实践来看,最高人民法院自2004年起为每一个公报案例增加了"裁判摘要",从具体个案中剥离出抽象的规则,在案例抽取方法上体现出强烈的欧陆理性主义风格。

第二,与适用成文法不同,适用指导性案例的过程是一个高度主观化、经验化的过程,法官更多地需要在不断研习案例中形成"运用之妙,唯乎一心"的体悟。以英国判例法为例,"判例法不是普遍的立法者制定于事先的一般规则,而是裁判者在具体审断过程中的创造物。以这种方法写成的法律,需要在琐碎的事实中细心寻绎。由此产生了适用判例法的一系列技巧,而只有法律的创造者——经验丰富的法官,才可能胜任执法的重任。在这种意义上应该说,判例法乃是法官法"。②

第三,案例区别技术的完善不可能通过一朝一夕的制度建构而达成。尽管国内已有学者就案例区别技术的国内外经验进行了总结,并提出了针对性建议,但即使是在西方实行判例制度的国家,判例区别技术的发展也是经历了长时间的积累沉淀,绝非一蹴而就。当然,在西方国家已然聚沙成塔、集腋成裘后,我们没有必要固步自封,从头再来,这也正是"借鉴"的应有之义。然而,在将西方的案例区别技术本土化,进而建立中国特有的案例区别技术的过程中,耐心地进行智识资源的积累与沟通必不可少。在极端意义上,案例区别技术本身的良莠并非关

---

① 美国耶鲁大学法学院达马斯卡(Damaska)教授2003年3月17日接受中国学者张骐请教时所谈。转引自张骐:《建立中国先例制度的意义与路径:兼答〈"判例法"质疑〉——一个比较法的视角》,载《法制与社会发展》2004年第6期。

② 梁治平:《英国判例法》,载《法律科学》1991年第1期。

键,关键是共识的形成,而形成共识一定是一个渐进的、漫长的过程。

(2) 软件建设应采用经验主义渐进的思路

既然完善案例指导制度的软件支撑不能完全采用先照搬别人、再建章立制的老路,那么出路何在? 笔者认为,经验主义的进路也许是一个较好的选项。如前所述,当下中国案例指导制度的基本定位应当是中国式经验主义在法治领域的又一次实践。既然判例制度本身即为经验主义传统的产物,那么在完善案例指导制度的过程中引入经验主义思维也就顺理成章,尤其是对于完善案例指导制度的软件而言,经验主义的思维方式更为重要。因为技术性共识的形成本质上是一个知识论问题,而经验主义关于知识论的一个基本假定就是:每个人所掌握的知识都是有限的,"任何人都不可能把握指导社会行动的全部知识,从而也就需要一种并不依赖于个别人士判断的、能够协调种种个别努力的非人格机制(the impersonal mechanism)"。①这就意味着,有关案例指导制度的技术性问题,任何个体在特定时间所掌握的知识都是片面的,技术性方案必须通过知识层面不断地沟通交流以达至完善。我们努力的方向,不应就这些技术性问题遽下定论,而是建立保障技术性共识形成的机制平台,也就是建立哈耶克所说的"非人格机制"。具体而言,至少有以下几个可选路径。

第一,在指导性案例的筛选机制上,不应采取"自己审判自己推荐"的方式,而应采取"自己审判他人推荐"的方式。根据《关于案例指导工作的规定》,指导性案例的筛选方式主要是,地方法院在案件终结后,将裁判材料送省高级人民法院和最高人民法院审核,最终由最高人民法院决定是否入选。这种筛选方式的弊端有二:一是被筛选出来的案例更多体现的是省高级人民法院和最高人民法院的主观意图,而较少体现下级法院的审判需要,某些指导性案例甚至有可能沦为"无用案例";二是自己审的案件自己推荐,在王婆卖瓜之余,不免助长下级法院法官

---

① 〔英〕弗里德利希·冯·哈耶克:《自由秩序原理》,邓正来译,生活·读书·新知三联书店1997年版,第5页。

的"司法创新"冲动,从而招致"司法能动主义"的指责①,有可能危及案例指导制度自身。

在这方面,判例法国家所采取的经验主义式的先例确定方式值得我们借鉴。在判例法制度下,法官在判决时并不能决定判决的哪部分最终成为先例,决定何为先例的是以后裁判同类案件的法官:"法官并不在判决中明确指出'判决理由'是什么,这将在以后由另一位法官,在研究这个判决对于他所受理的诉讼是否为适用的先例时加以确定。"②这种先例确定方法可被借鉴在我国的指导性案例的筛选机制上。具体而言,不应由主审的法官或审理法院向上推荐指导性案例,而应由之后适用该案例的法官或法院向上推荐,然后再由省高级人民法院或最高人民法院进行甄别筛选。这样做的优点有二:一是被筛选出来的案例将既能体现省高级人民法院和最高人民法院的主观意图,又能体现下级法院的审判需要;二是抑制法官的"司法创新"冲动,使法官在裁判时更多倾向维护司法共同体的统一性。

第二,加强针对案例指导制度中有关技术性问题的学术研究,充分发挥学界力量。目前在针对案例指导制度建言的各种官方或非官方研究成果中,"另一个相关的问题却几乎被人们所忽略了。那便是案例研究或者说判例研究本身。尽管也有少量文献提到了案例研究或者判例研究,甚至直接以'案例研究'或者'判例研究'作为标题,但是,其中涉及的问题并不是针对案例研究本身的,并没有探讨案例研究到底该如何做。"③案例指导制度的运行不应自我封闭于司法体系内,而应开放吸收学术研究的力量。在案例筛选、案例适用、案例区别等各个技术性问题上,学术界长时间积累下的智识资源可以发挥两个重要作用:一是为司法系统输送研究成果,从而减轻法官压力,提高司法效率;

---

① 从"司法能动主义"角度批评案例指导制度的观点请参见李仕春:《案例指导制度的另一条思路——司法能动主义在中国的有限适用》,载《法学》2009年第3期。

② [法]勒内·达维德:《当代主要法律体系》,漆竹生译,上海译文出版社1984年版,第356页。

③ 解亘:《案例研究反思》,载《政法论坛》2008年第4期。

二是对案例指导的运行状况进行监督,防止封闭运行所可能带来的制度异化。

具体而言,加强案例研究至少可以从两个方面着手:一是建立案例研究的学术组织。学术组织本身并不能产出案例研究成果,但却可以成为案例研究的催化剂和助产房。可喜的是,目前这种以案例研究为主旨的学术组织在我国已初露端倪。从 2008 年开始,由北京航空航天大学、中国政法大学、浙江大学、浙江工商大学、南开大学、南京大学、四川大学和上海交通大学等高校的学者自发组织的"判例研读沙龙"正式启动。二是建立针对案例研究的学术激励机制。目前有关案例的学术研究尚处于学者自发研究阶段,凭着各自的兴趣进行,因而呈现出各自为政、势单力孤的状况。其中的关键原因就在于针对个案进行的学术研究目前尚不被主流法学期刊所认可,学者的积极性和主动性自然也就大打折扣。相比之下,日本案例研究不仅被一般的学术刊物所认可(比如日本的《法学协会杂志》《民商法杂志》),且有专门的学术刊物在推动案例研究(比如《判解研究》)。在我国台湾地区,有的学术刊物也辟出专门栏目发表针对案例研究的论文(比如《月旦法学杂志》)。这种学术刊物的推动力量是极为巨大的,某种意义上它也是哈耶克所称的"能够协调种种个别努力的非人格机制"的一种。①

第三,建立涵盖包括法官、学者、律师在内的法学共同体,以在更大范围内形成有关案例指导的技术性共识。如果说上述的案例筛选机制的革新有利于形成法官内部的司法共同体,加强案例研究有利于形成学者内部的学术共同体,那么打通二者的界限,形成涵盖法官、学者甚至律师在内的大的法律共同体则是更为宏大的远景构想。这种法律共同体的影响早已超越案例指导制度的范围,余者不赘,仅就案例指导制度而言,其对形成有关案例指导的技术性共识意义重大。比如在案例研究中,针对案例研究的对象是包括裁判文书及背景资料在内的综合

────────────

① ［英］弗里德利希·冯·哈耶克:《自由秩序原理》,邓正来译,生活·读书·新知三联书店 1997 年版,第 5 页。

资源还是裁判文书本身,学术界大致分成两派:一种观点认为,案例研究的对象不能仅局限于裁判文书本身,而应结合主审法官个人的思维过程、案件的内卷、该案的裁判背景等综合起来对案件作出评价。①另一种观点认为,案例研究的对象应限于裁判文书本身,也就是说,尽管某些学者可能会接触到特定案件的内部资料,但在研究时却只能以裁判文书本身作为素材,因为大部分学者以及普通民众所能接触到的只是裁判文书,因此对裁判文书的解读只能在对大多数人而言可能的解读空间里进行。②

应当说,这两种观点代表了两种案例解读方式,两者都有其合理性。第一种观点是现实主义法学的思维方式,强调裁判背后的社会因素和法官的主观因素;第二种观点是实证主义法学的思维方式,强调裁判本身逻辑的自洽和社会解读的客观性。但是,如同对法律文本的解读不能单采某一种解释方法一样,在我国推行案例指导制度的过程中,单纯强调以上任何一种案例解读方式都不够全面。如果单纯采用第一种观点,可能会出现法官群体与学者、普通群众的认识分歧,因为法官群体是较容易利用"综合资源"解读案例的,而学者与普通群众只能在忽略"幕后"的情况下关注"台前"。如果单纯采用第二种观点,对于法官而言这将成为"不可能完成的任务",因为学者只关注案例的解读,而法官在解读之后更重要的是将其适用于所审判案件。在中国目前审判实践强调"社会效果和法律效果的统一"的大背景下,既然所审判案件要结合社会效果进行综合考虑,那么解读参考指导性案例时,法官就不可能只局限于裁判文书本身进行分析。换句话说,法官在所审判案件的社会效果因素上必然也会受到指导性案例的影响。即使对普通群众而言,他们在解读一些轰动性案例的时候,恐怕也不只是针对裁判文书

---

① 参见上海交通大学法学院主办的第二期判例研读沙龙发言稿(章剑生教授发言部分),收录于上海交通大学法学院《宪法行政法研究所 2008 年度报告》。

② 参见南京大学主办的第三期判例研读沙龙发言稿(朱芒教授发言部分),载 http://law.nju.edu.cn/Article/ShowInfo.asp?ID=1442,最后访问时间:2013 年 6 月 15 日。

本身进行分析。①

　　这两种案例解读方式之间的紧张关系应如何调处,目前并无良策。但是一个基本的解决思路应当是,大力增进法官、学者乃至律师等群体之间的沟通交流,在一个大的共同体层面通过渐进的方式形成大家对案例解读的技术性共识。法律共同体内部共识的形成,又会引领普通群众对案例解读的认识,从而实现较大范围内案例解读方式的统一。应当说,这种思路本质上也是一种经验主义的进路。

　　案例指导制度顺利推行的前提是厘清其基本定位,即对案例指导的根本目的——同案同判——需要达成共识。在根本目的之下,可以有其他一些附带目的,但是这些附带目的必须从属于根本目的,在与根本目的发生冲突时应当让位于根本目的。只有建立起这样一种优先秩序井然的方向性共识,案例指导制度的推行才会步调一致,平稳进行;否则,极有可能走向分歧丛生、半途而废的深渊。在确立案例指导制度的根本目的之后,制度建设应当是接下来的首要工作。原有依托非正式制度运行的案例指导,有其内在的弊端,以正式制度支撑案例指导,才有可能实现该制度真正意义上的"功能"。作为硬件建设的制度建构尚属于案例指导制度推行过程中较为容易的部分,真正的困难在于软件建设。这种困难的原因一是在于软件建设费时费力,不易见功;二是在于软件建设所需要的经验主义思维很容易与中国理性主义的惯性发生龃龉。但不管怎样,案例指导制度应该积极进行这方面的尝试,因为这种尝试惠及的将不仅仅是案例指导制度本身。

　　（二）本书研究方法

　　作为一本主要基于司法经验进行研究的著作,案例研究方法不可回避。然而,之所以稍显"浓墨"地在开篇进行探讨,是由于笔者在整理案例过程中确实遇到了很多棘手的方法问题。以笔者的了解,这些问题目前学界并未给出令人信服的答案。案例研究目前已在我国行政法

---

　　①　参见韩思阳:《论案例研究的两种角度:制度导向与先例导向》,载《政治与法律》2013 年第 3 期。

学界呈现风生水起之势,但多数是探讨案例指导制度应如何建立,或者属于案例研究的实际运用。正如学者所指出的,"尽管也有少量文献提到了案例研究或者判例研究,甚至直接以'案例研究'或者'判例研究'作为标题,但是,其中涉及的问题并不是针对案例研究本身的,并没有探讨案例研究到底该如何做"。①这种现象本身也许具备一定的合理性,因为如果按照经验主义的进路,实践完全可以走在理论前面,案例研究方法的完善完全可以在案例研究大面积铺开、相关问题充分暴露之时再着手进行,但是本书却必须在开篇首先进行"建构",因为作为一本试图将案例研究贯穿始终的著作,案例研究方法的运用对于本书的成败至关重要。如若不具备方法上的较好前提,笔者恐怕会在接下来的写作过程中有"如临深渊,如履薄冰"之感。

1. 研究定位:制度导向抑或先例导向

笔者在案例研究方法上的困惑可以概括为:本书的案例研究视角在整个案例研究中处于何种定位? 相应地,本书所运用的案例研究技术以及所得出的结论又应作何种限定? 我们知道,案例研究可以从不同角度进行。日本早期的川岛武宜教授曾将案例研究作了如下分类:"(1)裁判上之先例的研究;(2)裁判中所表明的法律论的研究和批评;(3)裁判在政治上、经济上以及社会上之含义、背景以及影响等的研究;(4)裁判的心理判断过程的研究。"②近期的日本新锐派学者则将案例研究分类为"为了深化对案例理解的研究;为了抽出理论的研究;为了发现问题的研究;针对案例中所显现的纷争形态的研究;以及探寻判决对某个纷争所产生之影响的研究等。"③在我国,余凌云教授将案例研究的种类大致分为:(1)结合案例对理论进行扩展;(2)就某

---

① 解亘:《案例研究反思》,载《政法论坛》2008 年第 4 期。

② [日]川岛武宜:《判例と判例——民事裁判に焦点をおいて》,载《川岛武宜著作集第 5》,岩波书店 1982 年版。转引自解亘:《案例研究反思》,载《政法论坛》2008 年第 4 期。

③ [日]大村敦志、道垣内弘人、森田弘树、山本敬三:《民法研究ハンドベック》,有斐阁 2000 年版。转引自解亘:《案例研究反思》,载《政法论坛》2008 年第 4 期。

个问题进行专题性的案例研究,包括侧重问题总括的研究和侧重历史梳理的研究。①我国台湾地区的叶俊荣教授将管制理论运用到行政法案例研究中,提出了行政法案例的三层次分析法,即第一层次权利与救济、第二层次制度与程序、第三层次政策与策略②,实际上是在用一种多层次的分析方法将不同的案例研究角度统合起来。

　　笔者认为,真正的案例研究至少应具备两个要件:第一,能够提供案例研究所应提供的贡献;第二,在研究技术和结论范围上有所限定。事实上,这两个要件是相互关联的,不同的案例研究角度会有不同的研究技术和结论范围,相应也会提供不同的贡献。如果以上看法大致成立,那么笔者将案例研究主要分成两种,一种是侧重从案例中提取司法经验或者发现实践问题的研究。由于不管是学习司法经验还是发现法律漏洞,最终的指向都是制度的建设或完善,所以笔者将其称为"制度导向"的案例研究。③另一种是侧重从案例中抽取先例性规范的研究。这种研究的终极指向广义上也可以是制度的建设或者完善,但在狭义上却是一种与立法进路不同的判例进路④,因此笔者将其称为"先例导向"的案例研究。⑤这两种案例研究在角度上的不同只是表面上的,重要的是它们在研究技术和结论范围上有着不同的限定。具体而言,体现在两个方面:一是研究素材的选取范围和解读方式;二是不同研究素

---

　　①　余凌云:《徜徉在经验与方法之中——对行政法案例研究方法的思考》,载《行政法案例分析与研究方法》,中国人民大学出版社 2008 年版。

　　②　参见叶俊荣:《行政法案例分析与研究方法》,台湾三民书局股份有限公司 1999 年版。有关的评论参见骆梅英:《行政法学的新脸谱——写在读叶俊荣〈行政法案例分析与研究方法〉之后》,载《行政法论丛》第 9 卷,法律出版社 2006 年版。

　　③　叶俊荣教授的三层次分析法其实就属于一种制度导向的案例研究。余凌云教授认为三层次分析法的后两个层次其实可以合并,对此笔者也有同感,后两个层次其实都属于制度层面的思考。

　　④　正是在这个意义上,这种类型的案例研究也可以称作判例研究。

　　⑤　其实日本学界主要的案例研究类型也是分成两种,一种是以东京大学法学部所掌控的《法学协会杂志》为代表的"判民型",另一种则是以京都大学法学部掌控的《民商法杂志》为代表的"民商型"。(参见解亘:《案例研究反思》,载《政法论坛》2008 年第 4 期。)按照笔者的理解,这两种类型其实大致可以分别对应笔者提出的先例导向的案例研究和制度导向的案例研究。

材所代表的意义。

2. 研究过程:主观方式抑或客观方式

案例研究在研究素材的选取范围和解读方式上所存在的主要问题即主观与客观之争。

(1) 研究素材的选取范围

在研究素材的选取范围上,主观方式的选取范围多是不限渠道、不限范围,甚至不限于案例。针对所研究的某个问题,只要是与其相关的案例,统统搜集起来。特别是某些公开渠道寻找不到的案例,研究者更视为至宝,所谓"独门暗器",也纳入研究素材当中。有些学者甚至将某些"未被起诉的案件,以及只能称得上是一种行政事例的'案件'"纳入研究素材中。①与主观式的选取范围不同,客观式的选取范围一般限定只从公开渠道寻找案例,并且只寻找案例,没有进入司法审查的事件一般不纳入研究视野。表面上看,两种选取范围各有道理:主观式的选取范围较广,因此所归纳出的问题、所得出的结论也就比较全面。客观式的选取范围具有公共性,因为公开渠道搜集的案例对于所有人而言都可以查阅,因此可以说对所有人而言都存在,而私人渠道搜集的案例一般人是看不到的,因此对这些人而言可以说并不存在。那么究竟应该采取何种选取范围呢?

其实,两种选取范围之争的背后是不同的案例研究角度之争。换句话说,不同的案例研究角度应当对应不同的素材选取范围,在这个问题上采取主观式或者客观式都是相对的,并没有绝对之规。具体而言,制度导向的案例研究应当尽量采取主观式的选取范围,而先例导向的案例研究应当尽量采取客观式的选取范围。在制度导向的案例研究中,就提取司法经验而言,案例的搜集当然是多多益善,因为更多的案例代表更多的实践想象力,某些公众无法知晓的"非公开案例"更可能蕴藏着尚不为大家所知的制度改进空间。就发现实践问题而言,不管

---

① 参见余凌云:《徜徉在经验与方法之中——对行政法案例研究方法的思考》,载《行政法案例分析与研究方法》,中国人民大学出版社 2008 年版。

研究所基于的案例是公开的还是未公开的,其所发现的问题都是真实存在的,即使是那些"准案例",只要能够揭示问题,也完全可以纳入研究素材中。与此相反,在先例导向的案例研究中,由于重视的是先例性规范的提取,换句话说,是重视案例中所可能对公众产生效力的那部分,因此所选案例的公共性就成为必备要求。一个公众并不确定是否存在的案例是不可能对公众产生效力的。总之,应当先确定案例研究的角度,然后匹配相应的研究素材选取范围。

需要注意的是,这里的主观式和客观式选取范围只能"尽量"做到而无法完全做到。主观式选取范围无法完全做到的原因是很明显的,无远弗届意味着无从措手,一个研究者永远不可能搜集到关于某个问题的所有案例,有时甚至根本就无从知晓某些案例的存在。在这个意义上,所有制度导向的案例研究都是"个案式"或"切片式"的归纳型研究。这种研究的科学性和全面性要靠相关研究的不断累积来达到。客观式的选取范围比较容易做到,但难度在于不容易界定何为"客观"。比如针对某一问题,究竟媒体上检索到的案例属于客观还是数据库中提供的案例属于客观? 还是二者都属于客观? 如果某一研究者将自己通过私人渠道搜集的案例通过发表研究成果的形式公开出来,该案例是否也就变成了一种客观性的素材? 笔者对此尚没有答案,在此仅将疑问提出,就教方家。

(2) 研究素材的解读方式

在案例研究中,针对案例研究的对象是包括裁判文书及背景资料在内的综合资源还是裁判文书本身,学界大致分成两派。一种观点认为,案例研究的对象不能仅仅局限于裁判文书本身,而应结合主审法官个人的思维过程、案件的内卷、该案的裁判背景等综合起来对案件作出评价。比如有学者认为:"判决书背后的元素是我们理解判决书内容不可缺少的材料……可能当我们在评论某个案例时,主审法官就躲在背后笑,你们讨论的根本不是我们当初的意思。所以这个背后的元素,我们应该关注,但我们确实很难了解它……每个案件尤其是有影响性的案件,它总是生存于特定背景;离开了这种特定的背景,有时我们很难理解法官如此下判的理由。"①另一种观点认为,案例研究的对象应仅仅限于裁判文书本身:"我们的研究必须按照判决书表面的理由来研究,这是对公众的公示。"②也就是说,尽管某些学者可能会接触到特定案件的内部资料,但在研究时却只能以裁判文书本身作为素材,因为大部分学者以及普通民众所能接触到的只是裁判文书,因此对裁判的解读只能在对大多数人而言可能的空间里进行。以上前一种观点可以概括为采取主观式的案例解读,意图将案例放置于一个具体的场景中,充分发掘其内涵。后一种观点可以概括为采取客观式的案例解读,案例的场景与内涵并不重要,重要的是案例自身。其实,以上主观式和客观式的案例解读可以分别对应制度导向和先例导向的案例研究,其本身并没有绝对的是非之分。对于制度导向的案例研究,结合案例背景对案例的提炼能够发现其中真正的经验和问题,这样做"穿凿附会"可以避免,"弦外之音"可以得闻。对于先例导向的案例研究,既然大多数公众只能通过公布出来的裁判文书解读案例,那么可能对公众产生效力的也就仅限于裁判文书所传达出的信息,换句话说,案例的裁判文书也就等于案例本身。

需要注意的是,案例研究素材的两种解读方式在具体操作中同样存在困难或争议。就主观式解读而言,由于种种现实困难,探寻法官"当初的意思"往往不可能,"主审法官就躲在背后笑"的情景也就免不了经常出现。至于客观式的解读,对于法官而言这将成为"不可能完成的任务"。因为学者只关注案例的解读,而法官在解读之后还要将其适用于所审判案件。中国目前的审判实践比较强调"社会效果与法律效果的统一"。如果所审判案件要结合社会效果进行综合考虑,那么解读

---

① 参见上海交通大学法学院主办的第二期判例研读沙龙发言稿(章剑生教授发言部分),载上海交通大学法学院《宪法行政法研究所 2008 年度报告》。

② 参见南京大学主办的第三期判例研读沙龙发言稿(朱芒教授发言部分),载 http://law.nju.edu.cn/Article/ShowInfo.asp? ID = 1442,最后访问时间:2013 年 9 月 15 日。

参考指导性案例时,法官就不可能只局限于裁判文书本身进行分析。换句话说,法官在所审判案件的社会效果因素上必然也会受到指导性案例的影响。即使对普通民众而言,他们在解读一些轰动性案例的时候,恐怕也不是只针对裁判文书本身进行分析。对于这种在先例效力上出现的学者主张与社会现实不尽一致的情况,笔者也无解决良方,而只是将希望寄托于一个比较空洞的"法律共同体"设想的实现。

(3) 结论限定

以上所探讨的研究素材的选取范围和解读方式,其实属于案例研究技术层面的问题,需要指出的另一个问题是,经由不同的案例研究角度确定不同的案例研究技术后,相应得出的结论范围也必须与之匹配,不能越界。具体而言,当进行制度导向的案例研究时,必须采用主观式的案例选取和解读,得出的结论也就相应地应当是司法经验和实践问题层面的,不能掺杂抽取先例性规范的作业。当进行先例导向的案例研究时,客观式的案例选取和解读自不必说,得出的结论也应当尽量限于抽取了何种先例性规范,案例给人的制度启发再汹涌也最好另文倾泻。

3. 研究意义:个案科学抑或统计科学

传统的案例研究主要基于个案进行,尽管有时也基于若干个案进行,但案例的选取存在一定随机性,缺乏统计手段的运用。随着审判实践的拓展,案例研究素材已成井喷之势,"科学帝国主义"对社会科学的入侵也使研究者开始尝试将统计手段运用到案例研究中。但问题是,基于案例的个案研究与统计研究各自代表什么意义? 基于个案的研究成果是否具有普遍意义? 是否基于统计结果得出的结论就一定优于基于个案整理得出的结论?

(1) 从个案研究如何得出普遍结论

我们知道,广义上的案例研究存在于整个社会科学领域,[①]关于这

[①]　一般认为,广义上的案例研究是一种运用历史数据、档案材料、访谈、观察等方法收集数据,并运用可靠技术对一个事件进行分析从而得出带有普遍性结论的研究方法。(参见张梦中、[美]马克·霍哲:《案例研究方法论》,载《中国行政管理》2002 年第 1 期。)

种研究方式最重要的一个质疑就是:从个案研究如何得出普遍结论?对此有学者认为:"案例研究法如同实验法一样,同样可以通过归纳得出具有理论色彩的结论。从这个意义上说,案例研究法如同实验法一样,其研究主旨并不仅仅在于某一'样本'。在进行案例研究时,你的目的是归纳出理论(分析归纳),而不是计算频率(统计归纳)。"①以上辩护用于广义上的案例研究基本可以成立,也可以解决个案研究如何得出普遍结论的问题。但是该辩护适用于法学视野下的案例研究则尚需作稍许修正。广义上的案例研究也许只是从一个或多个案例中归纳,案例与案例之间由于缺乏共同的基础因此无法进行统计归纳,但是法学视野下的案例可以在某些部分存在共同基础,因此是可以运用统计归纳方法的。

接下来的问题是,基于个案整理得出的结论和基于统计结果得出的结论可以进行比较吗?后者的科学性就一定优于前者吗?

(2)个案科学还是统计科学

回答这个问题同样需要联系案例研究的角度定位问题。对于制度导向的案例研究而言,个案整理和统计结果分别代表不同的意义。实践中总有个别案例,法院在裁判结论或推理过程上标新立异。一开始,这种情况只是偶发性的,我们无需追究其产生的原因,即使追究也是无多大意义。我们需要关注的是案例本身的价值(说理是否透彻、问题是否真正得到解决等)。如果案例本身具备一定价值,那么学术研究的作用是将其宣扬推广,使其经验为更多人所认同。如果案例本身不具备价值,那么学术研究可以对其进行批判,揭示其中存在的问题,使之为更多人所了解。比如,在中国银行诉北京市工商局案中,法院认为:"根据《担保法》的规定,设立抵押登记制度的目的是为防止重复抵押,保证抵押权的实现。为此,抵押登记机关对抵押申请人用于抵押的财产权属及是否属于《担保法》规定的抵押财产范围给予审查,以保证抵押关

---

① 〔美〕罗伯特·K.殷:《案例研究:设计与方法》,周海涛等译,重庆大学出版社2004年版,第13页。

系双方权利和义务的稳定。市工商局在对亚视公司、中国银行申请抵押的财产所有权进行审查时对开具购物发票的亚丰贸易公司的经营资格未予严格审查,使亚视公司骗取抵押登记,有一定过错,但不构成行政法律上的违法。"①本案中法院的思路可概括为:"非书面调查—未履行非书面调查—有过错但不违法"。这一裁判思路在一般人看来是十分奇怪的。大部分此类案例中,法院要么采取"非书面调查—未履行非书面调查—违法"的裁判思路,要么采取"书面调查—履行书面调查但与事实不符—违法但无过错"的裁判思路,又或者采取"书面调查—履行书面调查但与事实不符—不违法"的裁判思路,很少有案例是采用本案这样的裁判思路的。此时,中国银行诉北京市工商局案就只具有偶发性。就这一案例而言,法院的裁判思路既与传统行政行为合法理论龃龉过大,又不符合行政法上过错制度的设计初衷,因此似乎属于一种"昙花一现"的司法尝试。

当针对某一问题我们可以搜集到很多案例时,统计分析也就成为可能。在这种情况下,如果某一结论为较高统计数据所支持,那么表明该结论所代表的司法尝试已经杀出重围,在激烈的司法竞争中存活壮大。这时我们需要分析其成功存活下来的原因,对其进行制度内和制度外的各种分析,新的贡献也许会由此产生。这还不够,存在未必合理,可信未必可爱,我们尚需对该种司法尝试是否可欲进行探究。如其不可欲,那么新的问题也许会由此发现。比如,很多房产登记类的案例中,法院最后的判决结果是"撤销房产证书",而非"撤销房产登记行为"。表面上,这是一个无足轻重的细节,但细究根源,我们可以从中品出当下行政诉讼对管辖权界限重视不够的问题。如果说行政行为是否可以审查民事行为尚需探讨的话,那么行政诉讼不应介入民事纠纷似乎是毫无疑义的,否则会对现有的司法审判体制造成强烈冲击,其所产生的收益远远不足抵消所带来的问题。

对于制度导向的案例研究,以上是对待个案整理和统计结果的正

---

*①　裁判文书参见"北大法宝"数据库。

确态度。正是在此意义上我们可以说,基于统计结果得出的结论未必比基于个案整理得出的结论更科学,二者的处理过程是根本不同的。

至于先例导向的案例研究,一般而言,并不适合采用统计分析方法,这一点很类似于前述广义上的案例研究。原因在于,以抽取先例性规范为目的的案例研究,统计数据的高低与其效力的强弱之间并无直接联系。换句话说,一个先例性规范的成立并不取决于采用这种先例性规范的案例的数量①,而取决于作出该裁判的法院居于何种层级等其他因素。

(3)操作难点

在处理不同的研究素材时,不同的案例研究角度有各自的难点。对制度导向的案例研究而言,如何为数量众多的案例寻找一个共通的统计基础是一个难点。何海波教授在《行政行为的合法要件》一文中,对《人民法院案例选》中判决撤销行政行为的法律依据进行了统计。②这里的法律依据是指《行政诉讼法》第54条第2项所列举的五种情形,法院在作出裁判时一般都会以同一种方式涉及,因此可以说是一种共通的统计基础。但是对于没有法条依据的司法裁判整理,如何建立一个共通基础就颇费思量。千人千面,万法万别,严格来说,没有两个案例是完全相同的。我们在案例研究中运用统计方法时,要把握好共通性与特殊性之间的平衡点,不能太过牺牲特殊而强求共通,也不能太强调特殊而否认共通。

对于先例导向的案例研究而言,如何提炼个案中的"重要事实",如何区分"先例性规范"与"傍论",都是其中的难点,对此学者已有论述,笔者不赘。③另外一个难点是,如何在案例与案例之间、案例与法条之间建立联系,使得不同案例的先例性规范之间以及先例性规范与法条

---

① 在我国现阶段,一个蕴含先例性规范的案例对之后案例的效力影响尚不能通过统计方法予以证实和描述,根源就在于法官判案时无法也不必援引案例。因此,尽管我们可以在经验上认可某些案例的事实效力,但是我们却无法对其进行科学证明。

② 参见何海波:《行政行为的合法要件》,载《中国法学》2009年第4期。

③ 参见解亘:《案例研究反思》,载《政法论坛》2008年第4期。

之间组成一张严密的网。①这一工作需要大量学者长时间的努力才能完成,而紧迫之处在于目前学界大部分学者尚没有就此达成共识。

（4）结论限定

当然,与研究素材的选取范围和解读方式相同,在处理不同的研究素材时,不同的案例研究角度也就意味着不同的结论范围。制度导向的案例研究,不管基于个案整理还是基于统计结果,经验提取、原因分析或制度建言都是题中应有之义。先例导向的案例研究,不管基于一个还是几个案例,“何种内容的效力”以及“效力的射程”恐怕应成为结论的中心。

行文至此笔者一直在作“澄清”和“区分”的工作,这是因为目前为止的案例研究尚处于一种“混淆”状态。但这并不意味着以上探讨的两种案例研究角度不能在同一研究中共存。只要研究者时刻保持自己对研究角度的清醒定位,并谨慎选择研究技术,细致限定研究结论,制度启发与先例规范完全可以成为同一案例研究的不同贡献。另外,先例导向的研究是一切案例研究的基础,如果连裁判文书都没有真正读懂,那么一切基于案例展开的研究都是毫无意义的。

4. 制度导向:本书所用案例研究方法

详尽探讨以上两种案例研究角度的目的,是为交代本书的案例研究定位铺垫。本书的案例研究,主要是制度导向的,案例当中所能提取的制度想象力是笔者的关注重点。如前所述,这样一种案例研究定位意味着:

第一,本书的案例选取范围是主观式的。笔者之所以采取“全数据库式”的案例检索,一方面是因为笔者选取的研究角度是从整个行政行为层面研究行政调查强度,另一方面是因为笔者所确立的案例研究目标是通过案例整理为行政调查强度的制度完善寻求司法经验支撑,因此所选取的案例素材应多多益善。当然,即使是“全数据库”式的案例检索,也不可能穷尽现存的所有相关案例。但笔者自信目前所确定的

---

① 在这方面,已经有学者率先进行了探索,参见朱芒:《“行政行为违法性继承”的表现及其范围》,载《中国法学》2010 年第 3 期。

案例选取范围已经达到相当广度,从所选取的案例素材中得出的结论,可以说已经比较接近客观实际。

第二,本书的案例解读方式是主观式的。在整理案例过程中,笔者要求自己尽可能详尽地了解每一个案例的前因后果、案情内外,以使自己对案例的解读最大限度地接近法官真意。当然,条件和精力所限,笔者对很多案例的解读仍然是客观式的,即仅从裁判文书中获取信息。相对比较主观的解读主要体现在对来源于《最高人民法院公报》《人民法院案例选》和《中国审判案例要览》的相关案例的解读上。

数据库所收录的案例一般只包含法院正式的裁判文书,而来源于《最高人民法院公报》《人民法院案例选》和《中国审判案例要览》的案例则大部分附带了"评析"或"解说"(以下简称"附论")。这些评论或说明性的文字主要是由该案件的主审法官所撰写,因此对于了解裁判真意、丰富对裁判内容的理解具有很高的价值。①另外,由于刊载这些附论的刊物具有较权威的地位,因此这些附论相较于其他解析案例的材料具有更高的价值。在实际的整理过程中,主观式的解读主要体现在两个方面:第一,如果笔者对裁判文书的解读与附论不一致,则以附论为准。在严某娣诉苏州市房管局案中,法院的裁判文书从内容表述上看,似乎认定房管机关是负有非书面调查义务的,而由该案主审法官撰写的附论则坚称房管机关只需进行书面调查。在这种情况下,笔者对该案裁判要旨的解读便遵循附论。②第二,如果裁判文书的内容非常模糊,而附论的表述相对清晰,则以附论内容充实对裁判文书的理解。在林某

---

① 比如,《最高人民法院办公厅关于加强〈人民法院案例选〉编辑工作的通知》(法办〔2005〕275号)对《人民法院案例选》中"评析"部分的编写要求如下:"评析应与要点提示、案件争点内容相呼应。编写人应当从案例的重要性、指导性、准确性、权威性角度对该案例在确立裁判规则、应用法律方法、发展裁判理论等方面的成败得失进行分析。特别是在'审判'部分说理不够充分的情况下,编写人应当紧扣相应的法律规定,重点分析该案如何从一般性的法律条文中解释出具体裁判规则的法律推理和解释过程。评析部分所列小标题不应当简单重复法律条文的内容,而要体现案例所确立的特有规则。对于没有争议的法律论点,或者已经得到普遍认可并且在本案中没有新发展的裁判规则,不作评析。"

*② 参见江苏省苏州市中级人民法院(2007)苏中行终字第31号行政判决书。

芬诉扬州市房管局案中,二审法院的裁判文书既可以从书面调查方向诠释,也可以按非书面调查意思理解,而由二审主审法官撰写的裁判文书则鲜明指出房管机关只负书面调查职责。①与此类似的案例还有周某平诉江苏省经贸委案②、中国农业银行乌鲁木齐市友好路支行诉乌鲁木齐市房管局案、③吴某发诉长泰县工商局案④、连某辉诉龙海市民政局案等。⑤附带说明的是,本书所引案例凡是属于典型案例(一般带有附论)的,其引注前都会以"＊"标记。

第三,本书将同时采用个案解读与统计分析方法。如前所述,个案解读的方式比较简单,只抽取司法经验,无需介入制度成因层面。运用统计分析方法则可以开拓出更广阔的案例研究视野,并非仅仅出于增强论证说服力的目的。至于统计分析所涉及的共通的基础问题,如前所述,笔者将尽量把握好特殊性与共通性之间的平衡点,既不太过牺牲特殊而强求共通,也不太强调特殊而否认共通。

第四,本书将对研究结论作有意识的限定。本书的研究过程基本不涉及抽取先例性规范的作业,因此也基本不会在某一案例对之后相关案例的影响层面立论。本书试图得出的研究结论主要是制度层面的,虽不一定上升至立法,但解决行政调查强度的相关问题是本书的核心诉求。

最后需要说明的是,本书对案例的列举将分成四个层次:个别案例——类似案例——子表统计——母表统计。层级越往前,所列举结果越接近真实,当然也越复杂。层级越往后,所列举结果越简单,当然也越容易失真。在展示法院态度时,笔者将尽量引用裁判原文,这一方面是为了避免笔者在概括裁判要旨过程中失真,另一方面是为了方便读者判断笔者对案例的解读是否准确。

＊① 参见江苏省扬州市中级人民法院(2007)扬行终字第 10 号行政判决书。

＊② 参见江苏省高级人民法院(2007)苏行终字第 73 号行政判决书。

＊③ 参见新疆维吾尔自治区乌鲁木齐市中级人民法院(2004)乌行终字第 19 号行政判决书。

＊④ 裁判文书参见"北大法宝"数据库。

＊⑤ 参见福建省龙海市人民法院(2004)龙行初字第 27 号行政判决书。

第一章

行政调查强度的体系归属

第一节　案例遴选过程与案例整理标准

案例的遴选和整理是整个案例研究的基础环节,关系到整个案例研究的成败,因此在切入正题之前,笔者认为有必要对本书的案例遴选过程和案例整理标准作一个交代。

一、案例遴选过程

目前,国内的主流案例数据库有"北大法宝""北大法意""中国裁判文书网"等。笔者根据案例数量、数据质量、便捷程度等标准进行了综合比较,①最终确定以"北大法宝"作为案例选取的基础数据库,并以其他数据库的案例以及笔者自行搜集的少数案例作为补充。截至2022年9月1日,笔者通过搜索排除、逐个阅读的方法从中找到涉及行政调查强度的案例共244个,笔者对它们进行了解读和整理。

在案例检索和解读过程中,笔者总体上秉持一种"严挑慎选"的态

---

① 与"北大法意""中国裁判文书网"等其他数据库相比,"北大法宝"具有以下优点:(1)所收案例较多;(2)有关典型案例的资料较为全面;(3)案例下载较为方便。

度,主要表现为以下几方面:

(一) 认定行政调查强度问题

某一行政行为领域的所有案例中,只有出现了至少一个法院认定行政机关只负书面调查职责的案例,笔者才将该领域认定为存在行政调查强度问题。硬币是两面的,只有出现了"书面调查"的问题,才意味着存在"非书面调查"问题,也意味着存在行政调查强度的问题。如果所有案例都是"事实清楚"的要求,那意味着该行政行为领域不存在行政调查强度问题。

(二) 判断行政调查强度案例

第一,法院肯定行政行为的案例一般不认定为存在行政调查强度问题。法院肯定行政行为的案例,有时候也会在裁判文书中出现"事实清楚或权属清楚"的字眼,但这种案例严格来说无法判定是否存在行政调查强度问题。在张某东诉北京市规划和自然资源委员会案中,法院认为:"本案中,现有证据材料能够证明高宇宏、农行密云支行在申请对涉案房屋进行抵押权设立登记时,提交了前述规定材料,房屋登记机关经审查认为权属清楚、产权来源资料齐全,核准登记,并颁发被诉他项权证,符合《城市房屋权属登记管理办法》第 10、11、13、27 条之规定,并无不当。"[①]本案中法院未对行政机关的调查职责进行直接判定,那么这里就存在两种可能:一是法院认为行政机关只负有书面调查职责而书面调查结果恰好与事实相符。二是法院认为行政机关应负非书面调查职责,且调查结果也与事实相符。这种情况下,除非法院明示或结合裁判文书上下文能够作出判定,笔者一般不将该案例认定为存在行政调查强度问题。

第二,法院否定行政行为的案例,在未明示的情况下一般推定为法院持非书面调查态度。法院否定行政行为的案例,存在行政调查强度问题的几率比较大,但如何判断法院认为行政机关应负何种调查职责呢? 在朱某军诉郑州市房管局案中,法院认为,"郑州市房改办、郑州市

---

① 北京市第三中级人民法院(2018)京 03 行终字第 903 号行政判决书。

房管局作为出售公有住房的批准单位及法定的权属登记机关,对油泵油嘴公司的申报材料未严格审查,即同意其出售有争议的房屋并为朱某军颁发第 0101053545 号房屋所有权证的事实不清、证据不足,且违反了房改政策的有关规定,应予撤销"。①本案中,法院尽管认定行政行为"事实不清、证据不足",但并未对行政调查强度作出明确判断,那么这里也存在两种可能:一是法院认为行政机关只负书面调查职责而书面调查结果恰好与事实不符。二是法院认为行政机关应负非书面调查职责,且调查结果也与事实不符。之所以笔者认为存在第一种可能,是因为很多案例中出现了法院明确认为行政机关只负书面调查职责,而书面调查结果恰好与事实不符从而以事实不清为由撤销行政行为的情况。在方某诉武汉市黄陂区不动产登记局案中,法院认为:"《房屋登记办法》第十一条第三款规定,申请人应当对申请登记材料的真实性、合法性、有效性负责,不得隐瞒真实情况或者提供虚假材料申请房屋登记。即申请人应对申请登记资料的真实性和合法性负责,颁证机关只对材料进行形式上的审查。原黄陂区住房保障和房屋管理局为自称方某的人办理抵押权登记时根据其提供的资料办理抵押登记尽到了形式上的审查义务,现因申请材料中的抵押借款合同被法院确认无效,公证书被原公证机关撤销,方某要求撤销原黄陂区住房保障和房屋管理局颁发的他项权证之诉讼请求,于法有据,本院予以支持。"②

在这种情况下,笔者采取了未明示即推定为非书面调查的做法。凡是法院以事实不清、证据不足等为由否定行政行为的,只要法院或行政机关没有对调查强度明确表述,则笔者推定法院要求行政机关承担非书面调查职责。之所以如此推定,是因为"事实清楚"是对行政行为的自然要求,不需要明确的理由论证,而"书面调查"作为对传统行政行为合法要件的特殊方式,需要相对明确的理由表达。

---

① 河南省郑州市金水区人民法院(2002)金行初字第 48 号行政判决书。
② 湖北省武汉市黄陂区人民法院(2018)鄂 0116 行初字第 8 号行政判决书。

（三）处理特别行政调查强度

本书所整理的行政调查强度案例，以适用全国性法律规范的案例为主。如果案例中所适用的地方性法律规范与全国性法律规范基本一致，则也在整理范围之内。如果案例中所适用的地方性法律规范与全国性法律规范相比具有较大特殊性，则不在整理范围之内。在山东省莱阳市总工会诉海南省工商局案中，法院认为："海南省企业法人实行依法直接登记制，申请企业法人登记只须提交投资者和法定代表人的合法资格证明、投资者签章的组织章程及投资者签署的协议。上述文件一经核准，即发给企业法人营业执照。对企业法人申办时提供的其他文件，法律没有设定义务必须进行审查，工商机关可不予审查。"①本案中，根据经济特区的特殊规定，海南省企业法人实行直接登记制，相应地，工商机关在调查强度方面也会具有一定特殊性，但这种特定地区的特别行政调查强度不在本书关注的范围之内。

（四）统计行政调查强度案例

对于同一法院审理的多个案例，笔者将其计为多个；对于诉讼标的同一，可以构成共同诉讼的多个案例，笔者将其计为一个。

（五）列举行政调查强度案例

本书所遴选出的案例，主要按照房产登记、企业登记、其他类型这样的行政行为领域进行列举，这种列举方式只是出于方便目的，并无特定含义。本书第三章也已证明特定行政行为领域的行政调查强度问题主要并不是由该领域的立法决定的，因此行政调查强度问题上的行政行为领域之分并不具有太大意义。当然，也有一些例外，具体可参考本书第二章。

二、案例整理标准

案例整理过程中，一个很重要的问题是行政调查强度标准的界定问题。哲学上讲"没有两片完全相同的树叶"。案例也是这样，没有两

---

① 海南省高级人民法院(2000)琼行终字第 5 号行政判决书。

个案例是完全相同的。如果秉承这样一种看法,系统性的案例整理就是不可能的,因为案例与案例之间缺少共通的比较基础。其实,不管制度导向还是案例导向的案例研究,把裁判内容进行一定程度的概括,从而在案例与案例之间建立共通比较基础的做法,是可行的。本书的案例整理过程也贯穿了这样一种概括。需要注意的是,这种概括不能基于学说概念、制度名词甚或个人臆想进行,而必须从案例出发,寻找案例样本中存在的最大公约数,进而形成标准,然后再以之为工具去衡量案例。这样一个过程,如前所述,仍不可避免具有一定主观性。但笔者认为,只要把握得当,在保持案例的客观性与案例整理的系统性之间取得恰切平衡,这种做法就是值得肯定的。

(一)形式审查与实质审查

所有案例中,有关行政调查强度标准的表述,被用到较多的是"形式审查"与"实质审查"。

在卢某新诉天津市河北区市场和质量监督管理局案中,法院认为:"被告天津市河北区市场和质量监督管理局受理第三人天津振新盛基商贸有限公司的设立登记申请后,对申请人提交的有关申请材料和文件是否齐全,是否符合法定形式进行了形式审查,已尽到了形式审查义务。"①本案中,法院将形式审查界定为审查相关材料是否齐全、是否符合法定形式。

在程某梅诉徐州市房管局案中,法院认为:"参照建设部《城市房屋权属登记管理办法》第十条、第二十七条之规定,登记机关应当对权利人(申请人)的申请进行审查,审查的范围既应包括产权手续、材料是否齐备等程序审查,又应包括产权来源材料的真实性、权属是否清楚等实质审查。"②本案中,法院将实质审查界定为:不仅审查申请材料是否齐全,也审查申请材料是否真实、权属是否清楚。

在刘某明诉株洲市工商局案中,法院认为:"根据《中华人民共和国

---

① 天津市河北区人民法院(2018)津0105行初字第155号行政判决书。
② 江苏省徐州市泉山区人民法院(2000)泉行初字第32号行政判决书。

公司登记管理条例》第二条的规定,申请办理公司登记,申请人应当对申请文件、材料的真实性负责。因此,原审第三人在变更资料中是否使用伪造的公章、股东决议是否存在伪造签名不是被上诉人办理变更登记过程中应当审查的范围。股东会决议是否符合法律的规定,根据《中华人民共和国公司法》第二十二条第二款规定,股东会或者股东大会、董事会的会议召集程序、表决方式违反法律、行政法规或者公司章程的,或者决议的内容违反公司章程的,股东可以自决议作出之日起六十日内,请求人民法院撤销。上诉人对股东会决议有异议,可以向人民法院申请撤销。股东会决议是否合法亦不是被上诉人应当审查的范围。在该案中,被上诉人尽到了形式审查的义务。"①本案中,法院将形式审查界定为无需审查申请材料是否真实、权属是否清楚。

在张某琴诉成都市公安局交通管理局车辆管理所案中,法院认为:"根据《中华人民共和国机动车登记办法》的相关规定,被告对申请车辆过户登记的材料只进行形式审查,即只需要确定申请材料形式上具有真实性即可,而本案中四川省旧机动车交易发票及所盖印章均为真实,符合形式真实的条件,被告无需对发票上记载的交易是否真实作进一步的实质审查。"②本案中,法院将形式审查界定为"只需要确定申请材料形式上具有真实性即可",将实质审查界定为"对交易真实作进一步的审查"。

很多案例中,行政机关也提到了"形式审查"或"实质审查"的调查强度标准,有的行政机关对两种调查强度的内涵作了具体界定,有的则没有。相关的案例有:山东华洋制药有限公司诉淄博市淄川区人民政府案③、刘某诉昌图县市场监督管理局案④、钟某明诉萍乡市房管局案⑤、孟某杰诉漯河市工商局郾城分局案⑥、李某诉河南省漯河市郾城

① 湖南省株洲市中级人民法院(2010)株中法行终字第 6 号行政判决书。
② 四川省成都市中级人民法院(2005)成行初字第 3 号行政判决书。
③ 参见山东省淄博市中级人民法院(2018)鲁 03 行初字第 125 号行政判决书。
④ 参见辽宁省铁岭市银州区人民法院(2018)辽 1202 行初字第 77 号行政判决书。
⑤ 参见江西省萍乡市中级人民法院(2006)萍行终字第 1 号行政判决书。
⑥ 参见河南省漯河市召陵区人民法院(2010)召行初字第 1 号行政判决书。

区民政局案等。①

(二) 审慎审查或谨慎审查

有的案例中,法院提到了"审慎审查"或"谨慎审查"的行政调查强度标准。

在方某敏诉承德市双桥区市场监督管理局案中,法院认为:"工商登记实行形式审查制度,虽然行政机关不对材料实质内容的真实性负责,但仍然负有审慎审查的义务。在行政诉讼中,行政机关负有证明申请人申请变更登记所提交材料真实性的证明责任,行政机关不能举证的,应承担相应的不利后果。"②本案中,法院将审慎审查界定为审查相关材料的真实性。

在夏某荣诉徐州市建设局案中,法院认为:"在竣工综合验收合格后,徐州市建设局向原审第三人恒信房产公司颁发《住宅竣工验收合格证书》,是凭借由国家公权力形成的政府机关公信力,来担保该住宅小区的建筑质量达到了可以交付使用的水平。徐州市建设局在颁发该证书前,必须保证该证书所依据的每个事实都真实,以免因此而破坏政府机关的公信力。在竣工综合验收中,徐州市建设局虽然不直接审阅有关验收资料,但却是综合验收小组的组织者,对综合验收小组提交的住宅小区竣工综合验收报告负有审查职责。《建设工程规划许可证》是住宅小区竣工综合验收报告所附的验收资料之一,对该证件的真实性,当然由参加综合验收小组的徐州市规划局工作人员先行审查,但徐州市建设局不能因此而推脱自己最终审核的责任。特别是在恒信房产公司只提交了108号规划许可证复印件的情况下,徐州市建设局更应当谨慎审查。"③本案中,法院也将谨慎审查界定为审查相关材料的真实性。

---

① 参见河南省漯河市中级人民法院(2009)漯行终字第34号行政判决书。
② 河北省承德市中级人民法院(2016)冀08行终字第188号行政判决书。
*③ 江苏省高级人民法院(2006)苏行再终字第1号行政判决书。

类似的案例还有:江苏新隆公司诉上海市工商局案①、邬某阳诉浙江省台州市路桥区民政局案②、刘某多诉南阳市宛城区政府案(一审)③、魏某诉长葛市房管局案(一审)④、胡某法诉徐州市丰县工商局案(一审)⑤、上海望族公司诉上海市工商局案(一审)等。⑥

个别案例中,行政机关也有相似的表述,如江苏新隆公司诉上海市工商局案。⑦

(三) 其他的调查强度标准

除了以上标准外,还有个别法院提出了一些看起来比较"独特"的行政调查强度标准。

1. 以形式审查为主、实质审查为辅

在河南省漯河市某运输公司诉漯河市某工商局案中,法院认为:"工商行政管理机关审查法定代表人变更登记材料的方式是以形式审查为主、实质审查为辅。行政机关只对申请人所提交材料是否符合法定形式、法定要求进行审查,而由申请人本人对材料实质内容的真实性负责。"⑧本案中,法院所提出的"形式审查为主、实质审查为辅"的调查标准意指在某些特殊的条件情况下,行政机关应履行实质审查职责,但法院没有指出实质审查的内容,也没有说明何种条件下应启动实质审查。

2. 全面审查

在谌某诉重庆市房管局案中,法院(附论)认为:"从我国房地产登记的实际情况看,并无实质审查和形式审查的分类,登记机构主要是按照法定的各类登记的具体审核内容和要求,对有关的登记申请进行审

---

① 参见上海市第一中级人民法院(2005)沪一中行终字第 259 号行政判决书。
② 参见浙江省台州市路桥区人民法院(2009)台路行初字第 5 号行政判决书。
③ 参见河南省南阳市中级人民法院(2009)南行终字第 46 号行政判决书。
④ 参见河南省许昌市中级人民法院(2009)许行终字第 19 号行政判决书。
⑤ 参见江苏省徐州市中级人民法院(2009)徐行终字第 130 号行政判决书。
⑥ 参见上海市第一中级人民法院(2005)沪一中行终字第 253 号行政判决书。
⑦ 参见上海市第一中级人民法院(2005)沪一中行终字第 259 号行政判决书。
⑧ 河南省漯河市中级人民法院(2009)漯行终字第 25 号行政判决书。

核,且我国对房地产登记机关登记行为职能的认识也在逐步改变……所以,我们审理房地产登记类案件,不要去纠缠是实质审查,还是形式审查,而应按照法律、法规对各类房地产登记行为审查的法律要件的规定,根据登记机构的职权范围,进行全面审查。房地产登记机关在接到申请后,必须对权利变更的前提条件是否完备进行审查,即要审查关于设立、变更、废止房地产物权所必须具备的相关材料,其中最重要的就是相关当事人对该房地产权利变更的合意;审查还包括对人的审查,确定作出权利处分的人是否是有权处分的人;为保护善意第三人的利益,法律要求申请人提供的资料必须是可以公开的且有证明力的。"①本案中,所谓的"全面审查"标准是指严格按照法律规定进行审查,行政机关对此无裁量权。

(四) 对调查强度标准的要求

前述法院所运用的行政调查强度标准反映了法院对行政调查强度的不同认识,都有值得借鉴之处。但是它们都不适合作为本书案例整理的标准,因为它们都有两个共同的问题:第一,作为抽象概念其标准内涵不确定;第二,案例与案例的标准内涵之间存在分歧。

无论是"形式审查""实质审查""审慎审查""谨慎审查",还是"全面审查",它们有一个共同特点即都是抽象概念,其具体内涵需要通过法院在个案中解释才能得知,而这又造成接下来的问题:如果不同案例之间法院对某种行政调查强度的内涵理解不一致,就会造成比较上的"名同而实不符"的情况。

在张某琴诉成都市公安局交通管理局车辆管理所案中,法院认为:"根据《中华人民共和国机动车登记办法》的相关规定,被告对申请车辆过户登记的材料只进行形式审查,即只需要确定申请材料形式上具有真实性即可,而本案中四川省旧机动车交易发票及所盖印章均为真实,符合形式真实的条件,被告无需对发票上记载的交易是否真实作进一

※① 重庆市第一中级人民法院(2005)渝一中行终字第 73 号行政判决书。

步的实质审查。"①本案中,法院所提到的形式审查其实包含了审查申请材料是否真实的职责。在葛某诉南京市工商局案中,法院(附论)认为:"对公司登记注册申请进行形式性审查,主要是指工商行政管理机关在审查申请材料时,不可能对申请材料所载内容的真实性进行全面审查,但对申请材料本身的真实性可以依一定程序和一定形式给予保证,以减少虚假登记的发生。否则,不管是什么样的申请人,只要提交了相应的材料,都可以设立公司,虚假的市场主体将会大量出现。不符合我国公司法律法规的立法意图。"②本案中,法院所指的形式审查也包含了一定的审查申请材料是否真实的职责。

以上两案对形式审查的理解与大部分案例中法院对形式审查的理解(形式审查仅指材料齐全、符合法定形式)并不一致。在这种情况下,如果将它们作为本书案例整理的标准,那么本书标准与案例标准的并存将容易造成混乱:案例中所用到的"形式审查"也许是本书所指的形式审查,也许并不是。

所谓"全面审查"标准存在的问题也是如此。在李某诉河南省漯河市郾城区民政局案与邬海阳诉浙江省台州市路桥区民政局案中,同样是依据《婚姻登记条例》第11第1款,法院却得出了截然相反的行政调查强度标准。③

另外,对于"审慎审查""谨慎审查"以及"形式审查为主、实质审查为辅"这种内涵更加不确定的调查标准来说,重点其实并非在于弄清它们在个案中的具体内涵,而在于将它们转化为"在某某条件下,行政机关应履行某某具体的调查职责"。这样,采用这些行政调查强度标准的案例与其他案例之间就有了可以共通比较的基础。

基于以上考虑,本书所选用的案例整理标准应具备以下特点:第一,概念较为具体,属于对调查强度标准的直接描述,最好一望即知;第

---

①　四川省成都市中级人民法院(2005)成行初字第3号行政判决书。

*②　江苏省南京市白下区人民法院(2002)白行初字第22号行政判决书。

③　参见河南省漯河市中级人民法院(2009)漯行终字第34号行政判决书;浙江省台州市路桥区人民法院(2009)台路行初字第5号行政判决书。

二,不同案例之间对概念内涵的理解基本一致;第三,基本上能涵盖笔者所检索到的所有案例、所有情形。

根据以上要求,笔者最终确定的行政调查强度标准为"两种两项",即书面调查与非书面调查两种,非书面调查又包括调查材料是否真实与调查权属是否清楚两项。

(五)书面调查与非书面调查

顾名思义,所谓书面调查,是指行政机关只需对申请材料是否齐全、是否符合法定形式进行调查。所谓非书面调查,是指行政机关需要对申请材料之外的相关事项进行调查,具体又包括两项:调查材料是否真实与调查权属是否清楚。

之所以将非书面调查又具体分为两项,是因为笔者在案例整理过程中发现,材料真实与权属清楚两者有时合为一体有时又互有区别。在两者合为一体的情况下,材料真实即代表权属清楚,此时可以根据具体案情判断法院的态度是指向前者还是后者。在两者互有区别的情况下,材料真实不一定代表权属清楚,此时法院的非书面调查强度就可以具体分为:材料真实而非权属清楚、材料真实且权属清楚。

一般来说,书面调查、调查材料是否真实以及调查权属是否清楚三者之间是一种递进的调查强度关系,越往后调查强度越大。

在吴某珠诉珠海市房地产登记中心案中,法院认为:"至于上诉人认为当事人之间的意思合意是登记机关登记发证的法律基础的问题。合同确实是当事人意思合意的载体,登记机关在认定房地产转移登记时应该充分尊重当事人申请登记时的真实意思,但由于本案中涉及的《房地产买卖合同》不是当事人的真实签名,因此,也就不可能有当事人的真实意思表示。"[1]本案中,材料真实与权属清楚是合为一体的,且法院态度侧重的是行政机关应调查材料是否真实。[2]

---

[1] 广东省珠海市中级人民法院(2007)珠中法行终字第 10 号行政判决书。

[2] 这种情况下笔者就将法院的态度归类为非书面调查(材料真实),类似的,如果侧重点是行政机关应调查权属是否清楚,笔者就将法院的态度归类为非书面调查(权属清楚)。

在张某琴诉成都市公安局交通管理局车辆管理所案中,法院认为:"根据《中华人民共和国机动车登记办法》的相关规定,被告对申请车辆过户登记的材料只进行形式审查,即只需要确定申请材料形式上具有真实性即可,而本案中四川省旧机动车交易发票及所盖印章均为真实,符合形式真实的条件,被告无需对发票上记载的交易是否真实作进一步的实质审查。"①本案中,法院区分了"形式真实"与"交易真实","形式真实"是指审查材料是否真实,"交易真实"是指调查权属是否清楚。法院认为行政机关只需履行前一种调查职责即可。类似的案例还有,陈某寿诉屯昌县政府案②、黄某洪诉武汉市工商局汉南分局案等。③

在程某梅诉徐州市房管局案中,法院认为:"参照建设部《城市房屋权属登记管理办法》第十条、第二十七条之规定,登记机关应当对权利人(申请人)的申请进行审查,审查的范围既应包括产权手续、材料是否齐备等程序审查,又应包括产权来源材料的真实性、权属是否清楚等实质审查。"④本案中,材料真实与权属清楚也是分离的,且法院要求行政机关既调查材料是否真实又调查权属是否清楚。类似的案例还有,许某礼诉上海市工商局案⑤、吕某平等诉上海市工商局案⑥、朱某诉上海市工商局案、⑦刘某益等诉于都县房管局案等。⑧

本书在第二章将会论述到,调查材料是否真实的行政调查强度,主要涉及行政行为的成本制约问题,而调查权属是否清楚的行政调查强度,则主要涉及行政行为介入民事纠纷问题。所以二者其实是不同的问题,对它们进行区分非常有必要。

需要注意的是,笔者所选用的两种两项行政调查强度标准是从所

---

① 四川省成都市中级人民法院(2005)成行初字第 3 号行政判决书。
② 参见海南省高级人民法院(2006)琼行终字第 98 号行政判决书。
③ 参见湖北省武汉市中级人民法院(2008)武行终字第 38 号行政判决书。
④ 江苏省徐州市泉山区人民法院(2000)泉行初字第 32 号行政判决书。
⑤ 参见上海市徐汇区人民法院(2004)徐行初字第 110 号行政判决书。
⑥ 参见上海市徐汇区人民法院(2004)徐行初字第 123 号行政判决书。
⑦ 参见上海市徐汇区人民法院(2004)徐行初字第 111 号行政判决书。
⑧ 参见江西省赣州市中级人民法院(2008)赣中行终字第 47 号行政判决书。

有案例中提取出来的概念,因此本质上是源于案例的,并非笔者的主观建构。当然,一定的概括性是免不了的,比如"权属清楚"一项中的"权属"既包括房产登记领域的民事财产关系,又包括婚姻登记、户口登记领域的民事人身关系,还包括企业登记领域的商事关系。

通过以上标准笔者对所遴选的行政调查强度案例进行了整理,详细的整理结果参见本书附录总表1—3。

第二节 行政调查强度的体系归属

本节主要探讨行政调查强度在行政法学理论体系中的归属问题。只有精确地找到体系归属,才谈得上运用相应的理论工具,也才可能找到正确的解决方案。现有研究或者对行政调查强度定位不清,或者根本就没有注意到此问题。

一、案 例 整 理

在进行制度和学说层面的梳理之前,我们不妨看看司法实践对该疑问的解答。在笔者所搜集到的244个相关行政法案例中,大部分案例将行政调查强度问题置于行政行为合法要件的框架中讨论。

(一) 调查强度与事实问题

绝大多数案例中,法院都是将行政调查强度与事实问题联系在一起,主要表现为:当行政机关没有履行应负的调查职责,或者虽履行了应负的调查职责但行政行为内容与事实不符时,法院会以"事实不清"或"主要证据不足"为由对被诉行政行为予以否定。[①]在赵某诉潍坊市房管局案中,法院认为:"被告潍坊市房产管理局在颁发房屋权属证书

---

① 严格来说,"事实不清"与"主要证据不足"是有区别的,但在笔者所整理的案例中,大多数案例都没有区分这两者,因此笔者在此也暂将它们视为同一问题。

前,应当进行权属审核。本案所涉房屋所在地的潍坊市坊子区眉村镇驸马营二村村民委员会先后出具三份证明,即第三人赵增寿的建房规划证明、建房占地证明和原告赵卫之父赵增福在本村建房4间的证明,两者在建房主体上相互矛盾,应视为该房屋的权属不清。在此情形下,被告潍坊市房产管理局为第三人赵增寿颁发房屋产权证书,该具体行政行为所依据的事实不清、主要证据不足。"①在卢某新诉天津市河北区市场和质量监督管理局案中,法院认为:"被告天津市河北区市场和质量监督管理局受理第三人天津振新盛基商贸有限公司的设立登记申请后,对申请人提交的有关申请材料和文件是否齐全,是否符合法定形式进行了形式审查,已尽到了形式审查义务……由于第三人周荣提供了虚假材料,导致被告天津市河北区市场和质量监督管理局作出核准第三人天津振新盛基商贸有限公司设立登记的行政行为。因此,第三人周荣应当对提交虚假材料的行为及后果承担相应责任。综上所述,依据《中华人民共和国行政诉讼法》第七十条第(一)项的规定,判决如下……"②

由于将行政调查强度与事实问题联系在一起的案例众多,笔者在此暂不一一列举,下文的表1将会对此进行细致统计。③

(二) 调查强度与法律问题

少数案例中,法院将行政调查强度与法律适用问题相联系,但值得注意的是,在笔者所发现的此类案例中,法院都将适用法律错误与主要证据不足合在一起作为否定被诉行政行为的理由。在陈某才等诉瓦房店市国土资源局案中,法院认为:"在第三人未提供其他证明文件的情况下,原普兰店市村镇建设办公室依据第三人吴成有提交的领取房产执照申请书、宅基地使用证为其颁发普农房字第027480号房产执照的房屋登记行政行为属事实不清,证据不足,适用法律错误,应予撤销。"④与

---

① 山东省潍坊市坊子区人民法院(2007)坊行初字第17号行政判决书。

② 天津市河北区人民法院(2018)津0105行初字第155号行政判决书。

③ 文后总表1—3中凡是以"主要证据不足"定性的案例,法院基本上都是将行政调查强度与事实问题联系在一起的。

④ 辽宁省庄河市人民法院(2017)辽0283行初字第106号行政判决书。

此类似的案例还有,汶上县第三建筑公司诉汶上县房管局案①、吴某珠诉珠海市房地产登记中心案②、李某兰诉南召县政府案③、殷某诉淮安市工商局案④、夏某荣诉徐州市建设局案等。⑤

(三)调查强度与程序问题

笔者通过对大量案例进行整理后发现,行政审判中,行政调查强度与程序问题的关系最为复杂。

1. 调查强度只属于程序问题

少数案例中,法院将行政调查强度定性为单纯的程序问题,并以"违反法定程序"为由否定被诉行政行为。在方某敏诉承德市双桥区市场监督管理局案中,法院认为,"承德市兴达通用自动化设备制造有限公司申请变更登记时所提交的股东会议决议和公司章程中'方某敏'的签字二上诉人均无有效证据证明系方玉敏本人签字。该登记行为不符合公司登记的法定要件,上诉人承德市双桥区市场监督管理局未尽到审慎的审查义务,属于违反法定程序,应当予以撤销"。⑥与此类似的案例还有,姚某志诉南阳市房管局案⑦、李某海等诉温县房管局案⑧、何某娣诉惠州市公安局案⑨、陈某惠诉海口市工商局新华分局案⑩、孟某杰诉漯河市工商局郾城分局案等。⑪

2. 调查强度同时属于程序问题和事实问题

很多案例中,法院将行政调查强度同时定性为程序问题和事实问

---

① 参见山东省汶上县人民法院(2008)汶行初字第9号行政判决书。
② 参见广东省珠海市中级人民法院(2007)珠中法行终字第10号行政判决书。
③ 参见河南省南阳市中级人民法院(2009)南行终字第208号行政判决书。
*④ 参见江苏省高级人民法院(2005)苏行再终字第4号行政判决书。
*⑤ 参见江苏省高级人民法院(2006)苏行再终字第1号行政判决书。
⑥ 河北省承德市中级人民法院(2016)冀08行终字第188号行政判决书。
⑦ 参见河南省南阳市中级人民法院(2009)南行终字第160号行政判决书。
⑧ 参见河南省焦作市中级人民法院(2008)焦行再终字第4号行政判决书,其中一二审法院的认定。
⑨ 参见广东省惠州市中级人民法院(2003)惠中法行终字第7号行政判决书。
*⑩ 裁判文书参见"北大法宝"数据库。
⑪ 参见河南省漯河市召陵区人民法院(2010)召行初字第1号行政判决书。

题,这点与将行政调查强度定性为法律问题的情况类似。在廖某云诉咸阳市不动产登记局案中,法院认为:"本案中,上诉人显然没有对双方当事人进行询问,没有尽到审查义务,以至于依据虚假的赠与合同为原审第三人寇艳艳办理了涉案房屋权属转移登记,并向其核发了房屋所有权证……故案涉房屋转移登记行为程序违法且主要证据不足,依法应当予以撤销。"[①]与此类似的案例还有,赵某合诉新乡市房管局案[②]、邹某诉怀远县政府案[③]、重庆市工商局长寿区分局诉重庆市长寿区房管局等案[④]、刘某文诉浚县政府案[⑤]、沈某妹诉诏安县政府案[⑥]、许某燕诉文昌市政府案[⑦]、王某云等诉沈阳市房管局案[⑧]、齐某风诉南阳市房管局案[⑨]、李某金等诉桐柏县房管局案[⑩]、陈某玲诉驻马店市房管局案[⑪]、刘某益等诉于都县房管局案[⑫]、云南光宇公司诉泉州市泉港区工商局案[⑬]、陆某良等诉徐州市新沂工商局案等。[⑭]

3. 调查强度不属于程序问题而属于事实问题

少数历经两审的案例中,一二审法院就行政调查强度的定性问题进行了正面交锋,行政调查强度究竟属于程序问题还是事实问题,此时真正成为一个争议。值得注意的是,所有此类案例的终审裁判都将行政调查强度确认为了事实问题。在朱某铜诉北京市工商局昌平分局案中,法院认为:"昌平工商分局对马赫公司提交的变更登记申请材料未

---

① 陕西省咸阳市中级人民法院(2018)陕 04 行终字第 50 号行政判决书。
② 参见河南省新乡市中级人民法院(2009)新行终字第 104 号行政判决书。
③ 参见安徽省蚌埠市中级人民法院(2005)蚌行初字第 12 号行政判决书。
④ 参见重庆市第一中级人民法院(2006)渝一中行终字第 6 号行政判决书。
⑤ 参见河南省浚县人民法院(2009)浚行初字第 19 号行政判决书。
⑥ 参见福建省诏安县人民法院(2007)诏行初字第 3 号行政判决书。
⑦ 参见海南省文昌市中级人民法院(2007)海南行初字第 162 号行政判决书。
⑧ 参见辽宁省沈阳市中级人民法院(2008)沈行终字第 26 号行政判决书。
⑨ 参见河南省南阳市中级人民法院(2009)南行终字第 13 号行政判决书。
⑩ 参见河南省南阳市中级人民法院(2009)南行终字第 164 号行政判决书。
⑪ 参见河南省驻马店市中级人民法院(2010)驻法行终字第 51 号行政判决书。
⑫ 参见江西省赣州市中级人民法院(2008)赣中行终字第 47 号行政判决书。
*⑬ 裁判文书参见"北大法宝"数据库。
⑭ 参见江苏省徐州市中级人民法院(2009)徐行终字第 150 号行政判决书。

尽到审查职责,其为该公司进行的公司变更登记事实不清,根据不足,应予撤销。一审判决认定事实清楚,程序合法,结果正确,但认为昌平工商分局为马赫公司进行的公司变更登记属程序违法并不准确,本院予以纠正。"①与此类似的案例还有张某兰诉北京市建委案。②

4. 作为事实问题的调查强度与程序问题之间的关系

少数案例中,法院将行政调查强度明确定性为事实问题,但同时又对程序问题与行政调查强度之间的关系进行了探讨。在黄某良等诉文昌市政府案中,法院将论证重点集中在房管机关的调查程序上,其中隐含着只要登记行为程序合法,房管机关即尽到了调查职责的态度。③与此截然相反的是,在韩某明诉重庆市涪陵区政府案中,法院认为:"涪陵区房管局收到办理产权转移登记的申请后,虽然进行了询异公告,作出了审查意见,但更应当对房屋产权的来源进行严格审查。"④即尽管房管机关履行了程序义务,行政程序合法,但这不代表房管机关同时尽到了调查职责。与此类似的案例还有,车某英诉辉县市政府案⑤、滕某宽诉南京市房管局案等。⑥

(四) 调查强度与职权问题

极少数案例中,法院将违反行政调查强度与滥用职权联系在一起。值得注意的是,和把行政调查强度归属为法律问题、程序问题的情形一样,此类案例中法院也是将职权问题与事实问题共同作为行政调查强度的对应物,然后作出裁判。在彭某锋诉确山县政府案中,一审法院认为:"确山县人民政府在勘丈绘图和登记审批时将该部分走廊全部确认在彭东锋名下,并颁发房屋所有权证的行为,存在认定房屋面积证据不足和滥用职权的情形,为彭东锋颁证的行为不具有合法性。"⑦二审法

* ① 北京市第一中级人民法院(2008)一中行终字第 21 号行政判决书。
* ② 参见北京市第一中级人民法院(2007)一中行终字第 1184 号行政判决书。
③ 参见海南省高级人民法院(2006)琼行终字第 76 号行政判决书。
④ 重庆市涪陵区人民法院(2007)涪行初字第 59 号行政判决书。
⑤ 参见河南省辉县市人民法院(2010)辉行初字第 1 号行政判决书。
* ⑥ 裁判文书参见"北大法宝"数据库。
⑦ 河南省驻马店市中级人民法院(2010)驻法行终字第 12 号行政判决书。

院维持原判。

目前为止笔者所搜集到的相关案例中,尚未发现有将违反行政调查强度问题归属为超越职权或明显不当的样本。

（五）调查强度是事实问题

以上司法实践对行政调查强度的定位,笔者主要进行的是个案整理,其中不乏司法智慧的闪耀,不足之处是上述整理结果缺乏整体感:我们了解到司法实践中行政调查强度被置于行政行为合法要件的框架下讨论,但具体是被置于何种要件下讨论或者说主要是置于何种要件下讨论,我们并不清楚(笔者运用的是"极少数""少数""很多""绝大多数"这样的模糊量词)。为了将案例整理引向深入,笔者接下来尝试用统计分析方法对案例作进一步挖掘。

表1　行政调查强度在行政行为合法要件中的定位情况（单位:个）

合法要件	事实清楚	适用法律正确	符合法定程序	不滥用职权	不超越职权
案例数量	121	6 (全部与事实并列)	18 (5个与事实并列)	1 (与事实并列)	0
所占比例	82.8%	4.1%	12.3%	0.6%	0

通过表1的统计分析我们发现,有高达82.8%的案例将行政调查强度归属为事实问题,将行政调查强度归属为法律问题、程序问题和职权问题的案例加起来只占17%。在将行政调查强度归属为法律问题、程序问题和职权问题的25个案例中,又有12个将事实问题合并到其对行政调查强度的归属中。如此看来,广义上认可行政调查强度属于事实问题的案例数量可达133个,所占比例可达91.1%。在相差如此悬殊的统计数据面前,我们基本上可以说,在司法实践中,行政调查强度主要被归属为行政行为合法要件中的事实问题。

二、制 度 整 理

有关行政调查强度在现行制度上的归属,我们可以从总论性质的行政法规范和部门法性质的行政法规范两个层面分别进行整理。

（一）总论行政法规范

总论性质的行政法规范中,基本没有关于行政调查强度的明文规定。比较接近的条文似乎只集中在行政行为合法要件领域。关于行政行为的合法要件,《行政诉讼法》第70条规定的行政行为违法情形有六种:(1)主要证据不足;(2)适用法律、法规错误;(3)违反法定程序;(4)超越职权;(5)滥用职权;(6)明显不当。①《行政复议法》的规定基本与《行政诉讼法》一致。综合看来,现行行政救济制度下的行政行为合法要件就是六项:(1)事实清楚;(2)适用法律正确;(3)符合法定程序;(4)不超越职权;(5)不滥用职权;(6)不明显不当。

（二）部门行政法规范

一些部门行政法规范对行政调查强度进行了规定。比如《行政许可法》第34条规定:"行政机关应当对申请人提交的申请材料进行审查。申请人提交的申请材料齐全、符合法定形式,行政机关能够当场作出决定的,应当当场作出书面的行政许可决定。根据法定条件和程序,需要对申请材料的实质内容进行核实的,行政机关应当指派两名以上工作人员进行核查。"这种有关行政调查强度的规定过于具体,很难在宏观层面为行政调查强度问题提供一个定位。已经失效的《城市房屋权属登记管理办法》第10条规定:"房屋权属登记依以下程序进行:(一)受理登记申请;(二)权属审核;(三)公告;(四)核准登记,颁发房屋权属证书。"第27条规定:"登记机关应当对权利人(申请人)的申请进行审查。凡权属清楚、产权来源资料齐全的,初始登记、转移登记、变更登记、他项权利登记应当在受理登记后的30日内核准登记,并颁发房屋权属证书。"上述两条有关行政调查强度的规定比较宏观,似乎分别将行政调查强度视为登记行为的程序问题和事实问题,但它们在本质上也分别对应行政行为合法要件中的程序要件和事实要件。因此,我们可以认为,部门行政法规范对行政调查强度的规定要么太过具体而

---

① 同法第72条规定了不履行法定职责,第75条规定了无效行政为,但两者均非独立的违法情形。

无法定位,要么基本上可以被涵盖在行政救济制度所确立的六项合法要件中(详细的部门行政法规范整理请参考本书第三章)。

（三）评析

从实务角度看,法院将行政调查强度置于行政行为合法要件中考虑是容易理解的。如前所述,总论性质的行政法规范基本不涉及行政调查强度问题,部门行政法规范虽有涉及,但其相关规定不能直接作为评价行政行为的尺子。我国现行行政救济制度是以行政行为的合法性审查为中心,这意味着行政行为是否合法是任何一个行政诉讼必须给出的回答,因此法院对行政调查强度的判断必须落实到具体的行政行为的合法要件上。行政行为的合法要件就像横亘在行政诉讼唯一出口的六扇大门,所有行政争议都必须选择一扇或几扇门走出去,而一旦作出选择就意味着行政争议与一个或几个行政行为合法要件之间建立起了某种联系。①

至于为何六个行政行为合法要件中,法院倾向于选择事实问题与调查强度匹配的问题,似乎也不难回答。行政调查强度是指行政机关作出行政行为时对事实进行调查所需要达到的广度和深度。本质上,它是对传统行政行为合法要件中的事实要件所作的修正,因此很自然地可以归结到六要件中的事实问题下。其他五个要件中,法律适用问题、职权问题、明显不当问题都"很不靠谱",只有程序问题与行政调查强度有些近似,因此两者的联接也相应地在案例中出现较多。然而程序问题毕竟是与事实问题并列的行政行为合法要件,它具有自身的独特内涵。下文将会指出,行政调查强度主要探讨行政行为应依据"客观事实"还是"法律事实"作出,指向的是行政行为所面对的事实要求,而行政程序主要规范行政行为的过程,包括但不限于事实要求。行政机关不履行调查职责也许会同时违反程序合法与事实清楚两个要件,但单纯的行政行为程序合法绝不意味着行政机关尽到了调查职责。从这

---

① 文后总表所列案例中,有极少数是没有对行政调查强度作任何定性的,但这其实是一种不规范的做法。当然,肯定性的裁判结果(维持行为或驳回请求)不作定性是正常的。

个意义上说,前述韩某明诉重庆市涪陵区政府案的裁判结论是值得称道的。因此,在程序问题和事实问题之间,行政调查强度明显更接近于事实问题,这一结论不管从制度层面还是从学说层面都是成立的。

总之,从制度层面看,司法实践将行政调查强度归属在行政行为合法要件框架下,具体说来是事实要件的做法,是基本正确的。

三、学 说 整 理

在行政法的学说层面,可能与行政调查强度产生联系的理论区域似乎只有行政调查与行政行为的合法要件。

(一) 行政调查框架不合适

行政调查是指,"行政主体在行政程序开启之后、行政决定作出之前,为了查明案件事实依据职权所进行的资料收集、证据调取的活动。无论行政程序是由行政相对人的申请而启动还是因行政主体依据职权而启动,也无论行政主体将要作出消极的行政制裁还是作出积极的行政许可,都必须进行相应的调查活动"。[①]行政调查是专为研究行政机关查明事实的过程而设的概念,涵盖几乎所有类型的行政行为。表面上看,将行政调查强度放在行政调查框架下研究再合适不过。其实不然。传统理论下,行政调查以查清事实为不言自明的前提,所谓"行政调查的目的是为了查清与案件有关的事实。事实清楚是行政主体作出一切行政决定的前提,而行政调查则是掌握案件事实的必由之路。"[②]相应地,理论研究的重点主要集中在行政调查的性质、如何控制行政调查权等方面。[③]在这种情况下,提出一个行政调查强度概念并进而对行

[①] 胡锦光:《行政法与行政诉讼法》,高等教育出版社 2007 年版,第 183 页。

[②] 胡锦光:《行政法与行政诉讼法》,高等教育出版社 2007 年版,第 184 页。

[③] 有关行政调查的研究参见黄学贤:《行政调查及其程序原则》,载《政治与法律》2015 年第 6 期;应松年、庄汉:《行政调查的现状与未来发展方向》,载《江苏社会科学》2008 年第 5 期;周佑勇:《作为过程的行政调查——在一种新研究范式下的考察》,载《法商研究》2006 年第 1 期;金自宁:《论行政调查的法律控制》,载《行政法学研究》2007 年第 2 期;王麟:《行政调查中权力的可能边界》,载《法律科学》2008 年第 6 期;张娟:《行政调查基本概念初探》,载《法学杂志》2009 年第 5 期。

政调查的研究框架进行重整,虽有难度但并非不可能。问题在于这样做的话研究视野未免过于狭窄,我们可以总结出哪些领域的行政调查存在特性,甚至可以分析出一些具体的理由,但若要从根本上回答为何行政行为在某些情况下不需要事实清楚的问题,行政调查的框架显然不够用,我们需要一个更大更基础的理论平台,而这非行政行为的合法要件莫属。

(二) 行政行为的合法要件

行政行为的合法要件是指合法的具体行政行为所必须具备的条件。[①]与行政行为的成立、生效要件有时会使行政行为逸脱依法行政原则的约束不同,行政行为的合法要件将行政行为牢牢控制在由若干纲目组成的大网中,是依法行政原则在行政法上的直接体现。[②]有关行政行为合法要件的具体构成,各国的制度实践与学理认识并不相同。

英国的司法审查根据主要有三点:自然公正、程序上的越权和实质上的越权。[③]传统上,事实问题通常不被看作是一条独立的审查根据,法院对行政机关所认定事实的审查也非常节制。但如果行政行为完全没有事实根据,建立在错误的事实根据上,以及错误理解或者没有考虑相关的事实,该决定也可能被法院撤销。[④]

《美国联邦行政程序法》第 706 节规定,出现下列情况的行政机关的行为、裁定和结论为不合法:(1)专横、任性、滥用自由裁量权或其他的不符合法律;(2)违反宪法的权利、权力、特权或特免;(3)超越法定的管辖权、权力或限制,或者没有法定的权利;(4)没有遵守法律要求的程序;(5)适用第 556 节和第 557 节规定的案件,或者法律规定的其他依

---

① 参见叶必丰:《行政法与行政诉讼法》,武汉大学出版社 2008 年版,第 205 页。

② 参见胡建淼主编:《行政行为基本范畴研究》,浙江大学出版社 2005 年版,第 17—18 章。

③ 王名扬:《英国行政法》,中国政法大学出版社 1987 年版,第 150—177 页。

④ W. Wade & C. Forsyth, Administrative Law (8th ed., Oxford University Press, 2000), pp.278—285; Michael Fordham, Judicial Review Hand-book (3rd ed., Hart Publishing, 2001), pp.225—228, 729—740.转引自何海波:《行政行为的合法要件——兼议行政行为司法审查根据的重构》,载《中国法学》2009 年第 4 期。

行政机关的听证记录而审查的案件,没有实质性的证据支持;(6)没有事实的根据,达到事实必须由法院重新审理的程度。①

　　法国行政法院传统上把越权之诉的违法形式分为四项:(1)无权限;(2)形式上的缺陷;(3)权力滥用;(4)违反法律。其中违反法律包括了行政决定标的直接违反法律、行政决定的法律根据错误、行政决定的事实根据不符合法律规定三种情形。②

　　德国法上,毛雷尔教授将行政行为的合法要件概括为三点:(1)行政机关对本案有权通过行政行为作出处理(行政行为的适法性);(2)符合有关管辖权、程序和形式的规定(行政行为的形式合法性);(3)行政行为的内容合法(行政行为的实体合法性)。③同时,毛雷尔教授也指出,违法性是合法性的反光镜,而违法性"不仅表现为没有查清或错误理解准据法,错误援引准据法,而且表现为没有查清或错误认定作为决定根据的案件事实。"④汉斯·J.沃尔夫教授等所著的《行政法》中指出,行政行为一般违法性的表现被归纳为:(1)内容瑕疵和无事务管辖权;(2)程序瑕疵、形式瑕疵和无地域管辖权;(3)其他一般违法的情形。在申请人不具备特殊个人特征的前提下,恶意隐瞒、贿赂或者胁迫构成一般违法。⑤

　　在我国台湾地区,吴庚大法官将行政处分的合法要件分为五类:行政机关管辖、组成、行政处分之方式、程序及内容。其中的内容要件包括事实认定错误:"具体而言指行政机关对处分之构成要件事实,判断结果与真相不符。"⑥许宗力教授将行政处分的合法要件总体划分为形

　　① 王名扬:《美国行政法》,中国法制出版社 2005 年版,第 673 页。
　　② 王名扬:《法国行政法》,中国政法大学出版社 1988 年版,第 685—696 页。
　　③ [德]哈特穆特·毛雷尔:《行政法学总论》,高家伟译,法律出版社 2000 年版,第230 页。
　　④ [德]哈特穆特·毛雷尔:《行政法学总论》,高家伟译,法律出版社 2000 年版,第229 页。
　　⑤ [德]汉斯·J.沃尔夫等:《行政法(第 2 卷)》,高家伟译,商务印书馆 2002 年版,第 90—92 页。
　　⑥ 参见吴庚:《行政法之理论与实用》,中国人民大学出版社 2005 年版,第 244—249 页。

式合法要件和实质合法要件,其中形式合法要件包括管辖权、程序、方式,实质合法要件包括法律的授权、内容不抵触上位阶法规范、内容具有明确性与实现可能性。其中的内容不抵触上位阶法规范,"除视是否正确解释与适用该法规范而定外,尚应留意有无正确调查与评价相关事实"。①

在我国大陆行政法学界,有关行政行为合法要件的具体构成,学者们的意见也存在分歧。

叶必丰教授认为行政行为合法要件包括五项:(1)行政主体合法;(2)行为权限合法;(3)行为内容合法;(4)行政程序合法;(5)行为形式合法。其中,内容合法要件要求:"具体行政行为具有事实根据,意思表示真实、完整和确定,适用法律正确"。②

胡建淼教授将行政违法的具体情形分为:(1)行政失职;(2)行政越权;(3)行政滥用职权;(4)事实依据错误;(5)适法错误;(6)程序违法;(7)行政侵权。③

杨建顺教授将行政行为的合法要件分为:(1)内容要件;(2)主体要件;(3)程序要件;(4)形式要件;(5)时间要件。其中,行政行为合法的内容要件要求"行政行为必须具有事实根据,意思表示真实、完整和确定"。④

章剑生教授将行政行为合法要件划分为四项:(1)权限要件;(2)事实要件;(3)依据要件;(4)程序要件。⑤

方世荣教授、石佑启教授合著的《行政法与行政诉讼法》中指出,行

---

① 参见翁岳生主编:《行政法》,中国法制出版社 2009 年版,第 662—667 页。

② 参见叶必丰:《行政法与行政诉讼法》,武汉大学出版社 2008 年版,第 205—206 页。

③ 参见胡建淼主编:《行政法与行政诉讼法》,清华大学出版社 2008 年版,第 315—333 页。

④ 参见杨建顺:《行政规制与权利保障》,中国人民大学出版社 2007 年版,第 322—330 页。

⑤ 参见章剑生:《现代行政法基本理论》,法律出版社 2008 年版,第 138—140 页。

政行为的合法要件包括:(1)行政主体必须合法;(2)行政权限必须合法;(3)行政内容必须合法、适当、真实和明确;(4)行为程序必须合法;(5)行政行为形式必须合法。其中,"行政行为的内容真实,是指行政行为必须基于行为主体的真实意思表示,行为主体因重大误解而作的行政行为,受行政相对人欺骗、胁迫而作的行政行为,行政公务人员故意歪曲行政主体的决定而作的行政行为等,都是行政主体非真实意思表示的行为,它们不具有合法性和有效性"。①

(三)评析

综合以上有关行政行为合法要件的学说主张与制度实践,我们可以从中得出以下初步结论:各国有关行政行为合法要件的构成互不相同,但共通之处是几乎都把事实问题作为必备要件②,尽管具体的表现形式不同(或直接作为要件或包含在内容要件中或作为不言自明的前提)。至于事实要件中是否包含行政调查强度,学界尚没有就此形成普遍共识。笔者认为,行政调查强度应当被置于行政行为合法要件的理论体系下进行研究,具体而言应作为事实要件的一个子问题进行研究(至于为何不作为程序要件或其他要件的子问题,前文已述,此处不赘)。理由在于,行政调查强度的最大意义,就在于挑战了传统行政法对行政行为事实问题的认识,在行政行为事实领域提出了"法律事实"的鲜明主张。我国行政法学界之所以没有将行政调查强度认定为行政行为事实问题,在笔者看来,主要是缘于学界一直以来对行政行为事实问题的忽视。

---

① 参见方世荣、石佑启:《行政法与行政诉讼法》,北京大学出版社 2005 年版,第150—152 页。

② 有学者认为:"多数国家理论上并不把行政决定的事实根据作为一个独立的审查根据,但也不是完全不考虑事实根据。"何海波:《行政行为的合法要件——兼议行政行为司法审查根据的重构》,载《中国法学》2009 年第 4 期。笔者认为,确实有不将事实问题作为独立审查根据的情况,但这种情况并不多见。少数不将事实问题作为独立审查根据的情况也只是简练而严谨的概念表述所造成的错觉。

本 章 小 结

　　本章主要探讨行政调查强度的体系归属。司法实践中,行政调查强度主要被看作一个事实问题。现有制度涉及行政调查强度的规定,要么太过具体而无法定位,要么基本上可以被涵盖在行政救济制度所确立的六项合法要件中,具体而言是事实要件。目前国内学界尚没有注意到行政调查强度的体系归属问题,由于行政调查强度主要是对传统行政法上行政行为事实要件的反动,因此应当纳入到行政行为合法要件的框架中讨论。通过以上案例、制度和学说层面的细致整理和比较分析,笔者认为,行政调查强度应当被看作一个事实问题,它隶属于行政行为的合法要件,有关行政调查强度的讨论只有在此框架下进行才能够真正深入。

第二章

行政调查强度的理论基础

第一节　行政调查强度问题的分布领域

本章试图探讨行政调查强度问题的理论基础。本章的案例整理主要分成两部分，首先是扫描行政调查强度问题分布的领域。通过整理得出哪些领域存在、哪些领域不存在的现状后，我们可以进一步对此现状进行分析。然后再结合各个案例中法院对行政调查强度成因或个别或集中的表述，勾勒出一幅有关行政调查强度问题起源的完整图谱。当然，在以案例整理为核心的前提下，笔者也会辅之以制度和学说层面的评析，力争使笔者所绘制的图谱更立体、更丰满。

一、案例整理

"全数据库"搜索案例的好处之一是可以将行政调查强度问题在整个行政行为领域的分布状况进行比较全面的统计，以下是根据统计结果制成的简表（表2）。

从表2可以看出，司法实践中，行政调查强度问题的分布状况为：

表 2　行政调查强度问题的分布领域

依申请行政行为（共计 244 个案例）											依职权行政行为
房产登记	企业登记	婚姻登记	抵押登记	车辆登记	船舶登记	资产登记	户口登记	合同许可	零售许可	竣工验收	
145	63	12	10	8	1	1	1	1	1	1	0

　　第一，行政调查强度问题主要出现在依申请行政行为领域，依职权行政行为领域笔者目前尚未找到涉及行政调查强度问题的案例，比如行政处罚领域就未找到相关案例。第二，在依申请行政行为领域内，行政调查强度问题主要出现在房产登记、企业登记、婚姻登记等行政登记领域。也就是说，并非所有依申请行政行为领域都存在行政调查强度问题，比如行政裁决领域就未找到相关案例。第三，出现行政调查强度问题的行政行为领域中，既有一般被认定为行政确认的各种登记行为，也有许可行为，比如企业登记、合同许可、零售许可等。其中既有仅涉及财产问题的行政行为（比如房产登记、抵押登记等），也有涉及人身问题的行政行为（比如婚姻登记、户口登记等）。

　　极个别的案例中，法院也对行政调查强度问题在行政行为领域的分布状况作了简单判定。在安某源诉北京市工商局房山分局案中，法院（附论）认为："本案所引发的争论在今后的行政管理和司法实践中还将广泛存在，因为其（行政调查强度问题）不仅仅涉及企业登记类的案件，而且也涉及房地产登记、行政许可等其他行政管理领域同类情况的案件。"①

二、制　度　整　理

　　以笔者阅读所及，目前我国有关行政调查强度的法律规定几乎都集中在依申请行政行为领域。这种规定又具体分为两种情况：一是比较直接地规定行政调查强度的法律，比如上文提到的《行政许可法》第34 条；二是条文本身比较模糊，但司法实践中经常被解释为针对行政

＊①　北京市房山区人民法院（2007）行字第 74 号行政判决书。

调查强度的法律,比如《公司登记管理条例》第21条。

依申请行政行为领域的法律规定中,有关行政调查强度的条文又主要汇聚在行政登记领域,比如《房屋登记办法》《企业法人登记管理条例》《企业法人登记管理条例施行细则》《公司登记管理条例》《企业法人法定代表人登记管理规定》《婚姻登记条例》以及《机动车登记规定》等。

依职权行政行为领域的法律规定中,笔者目前尚未发现有关行政调查强度的条文,反而是在一些依职权行政行为法律中发现了排斥行政调查强度的规定,比如《行政处罚法》第30条规定:"公民、法人或者其他组织违反行政管理秩序的行为,依法应当给予行政处罚的,行政机关必须查明事实;违法事实不清的,不得给予行政处罚。"

三、学 说 整 理

学说上的细致整理详见本书导论部分。简单概括就是,目前国内有关行政调查强度的研究文献主要集中在依申请行政行为领域,具体主要分布在房产登记、企业登记、婚姻登记等行政登记领域。

四、结　　论

综合以上案例、制度、学说三个层面的简单整理,我们可以初步得出结论:行政调查强度问题主要分布在依申请行政行为中的行政登记领域。

针对以上分布现状,我们的问题是:为何行政调查强度问题只出现在依申请行政行为领域? 又为何主要与依申请行政行为中的行政登记发生勾连? 回答了上述问题,也就找到了行政调查强度问题存在的理论基础。

第二节　行政调查强度理论
基础之一:成本制约

下文的案例整理与制度学理评析力图回答第一个问题:成本制约

是导致行政调查强度问题只出现在依申请行政行为领域的主要原因。

一、行政审判视野中的成本问题

许多案例中,法院以成本制约或能力有限为由判定行政机关只负书面调查职责。

在张某才诉北京市工商行政管理局案中,法院认为,"关于上诉人所称东城工商分局未尽实质审查义务的上诉意见,首先要看东城工商分局是否具有对相关企业变更登记材料进行实质审查的义务,本院认为,结合北京市公司企业登记管理实际情况,在公司企业数量巨大的情况下,要求工商登记机关针对企业变更登记事项进行实质审查,不符合行政成本与行政管理目标之间的适当性、相称性。同时,对企业变更登记材料进行形式审查,是加快行政审批速度,提高行政效率,避免因行政管理抑制经济活力的优化选择,且《公司登记管理条例》中对相应企业变更登记事项未规定行政机关需对具备形式要件的材料进行实质审查,综上所述,东城工商分局不具有对世纪天鼎公司企业变更登记材料进行实质审查的义务"。[①]本案中,法院以成本制约为由否定了上诉人非书面调查的主张。在罗某红等诉株洲市房管局案中,一审法院认为:"因被告的审查只能是在其职权范围内的有限审查,而公章及签名的真伪并非能随意确定,需经过专业的技术鉴定才可认定,并且该事实是于2008 年经刑事技术鉴定后所得出的结论,也并非被告当时所能预见,被告作为房屋登记机关在登记时无法也无须辨别其真伪,当然就不能以事后通过刑事侦查手段查明的事实,来作为衡量行政机关在先前所作出的涉诉具体行政行为是否合法的事实依据。"[②]实际上,所谓"行政机关不具有非书面调查(材料真实)的能力",一定意义上我们也可以理解为"行政机关无法承担非书面调查(材料真实)的成本"。因为鉴别材料是否真实对房管机关而言并非不可能,只是需要另行委托专

---

① 北京市第二中级人民法院(2017)京 02 行终字第 1715 号行政判决书。
② 湖南省株洲市中级人民法院(2010)株中法行终字第 3 号行政判决书。

业机关进行,而这从成本角度看是不可行的。类似的案例还有杨某云诉重庆市房管局案①、王某萍诉上海市工商局案②、李某诉上海市工商局案等。③

成本不限于费用,还包括人力、物力、效率和制度成本。在朱某铜诉北京市工商局昌平分局案中,法院不仅仅明确将行政调查强度与成本问题相联系,并对上述成本内涵作了很好的注解。该法院(附论)认为:"在我国,确定工商登记机关在工商登记中所担负的是何种审查义务,必须考虑我国现阶段整体社会经济和法律发展水平。我国是社会主义市场经济国家,市场经济具有其自身的规律。形式审查制度快捷、方便、低廉的特征适应了市场经济对于效率的追求,推动了市场经济的快速发展。形式审查制度是工商登记审查制度适应社会主义市场经济的必然结果。"④类似的案例还有安某源诉北京市工商局房山分局案。⑤

在连某辉诉龙海市民政局案中,法院(附论)认为:"由于目前我国人口众多,地域广阔,在全国城乡各地,尚未建立户籍信息计算机联网管理系统。婚姻登记机关对《婚姻登记条例》第七条规定(即婚姻登记机关应当对结婚登记当事人出具的证件、证明材料进行审查并询问相关情况。对当事人符合条件的,应当当场予以登记,发给结婚证)的执行存在客观上的困难,多数地方的登记机关尚无审验证件真假的技术设备。因此,类似案件出现在所难免。"⑥本案说明,将行政调查强度与成本问题相联系的案例并不限于房产登记、企业登记领域。

部分案例中,行政机关也以成本制约作为其只负书面调查职责的理由,如张某瑞诉儋州市工商局案。⑦

---

① 参见重庆市高级人民法院(2005)渝高法行终字第60号行政判决书。
② 参见上海市徐汇区人民法院(2005)徐行初字第147号行政判决书。
③ 参见上海市第一中级人民法院(2005)沪一中行终字第201号行政判决书。
*④ 北京市第一中级人民法院(2008)一中行终字第21号行政判决书。
*⑤ 参见北京市房山区人民法院(2007)行字第74号行政判决书。
*⑥ 福建省龙海市人民法院(2004)龙行初字第27号行政判决书。
⑦ 参见海南省海南中级人民法院(2007)海南行终字第81号行政判决书。

二、学说理论视野中的成本问题

行政机关出于降低成本和提高效率的考虑而降低行政调查强度,这并不难理解。实际上,目前学界给出的解释理由也大都集中于此。[①]问题是为何依职权行政行为领域就不存在行政调查强度问题? 难道是因为依职权行政行为所耗费的成本一定比依申请行政行为少? 答案显然不是。

(一) 成本控制机制不同

真正的原因也许在于依职权行政行为采取了与依申请行政行为不同的成本控制机制。我们知道,学界对由依申请行政行为产生的行政不作为多没有异议(法定期限内对申请不予答复),而对于依职权行政行为产生的行政不作为则聚讼纷纭。[②]制度层面,《行政诉讼法》第12条将部分行政不作为明确纳入了行政诉讼受案范围,具体包括:申请颁发许可证和执照而不予答复行为、申请履行法定保护职责而不予答复行为和没有依法履行行政给付职责行为。前两种属于依申请产生的行政不作为,涵盖范围较宽,后一种属于依职权产生的行政不作为[③],且适用范围相对而言比较狭窄。实践中,公民一般没有要求行政机关履行某项职权义务的请求权,行政机关单纯地不履行职权义务一般也不

---

① 参见李林启:《形式审查抑或实质审查:实现担保物权案件审查标准探析》,载《政治与法律》2014 年第 11 期;李晓东:《对公司变更登记应以形式审查为主》,载《人民法院报》2009 年 10 月 30 日;鲍伟民:《关于启动企业登记实质审查问题的思考(上)》,载《中国工商报》2009 年 10 月 24 日;王金根:《实质审查主义批判》,载《企业改革与管理》2006 年第 1 期;陈彦峰、钱力军:《对企业登记实质审查若干问题的思考》,载《中国工商管理研究》2006 年第 12 期。

② 2008 年 10 月 23 日在浙江杭州举行的"第三届全国公法学博士生论坛"上,中国法学会行政法研究会会长应松年教授就当时正在审议的《国家赔偿法》修正案草案进行了说明。作为该修正案草案的专家组成员,应松年教授透露,此次《国家赔偿法》修正案草案之所以不对行政不作为赔偿问题作出专门规定,是因为目前对于行政不作为的判定还不成熟,尤其是实践中依职权的行政不作为问题较为复杂。

③ 依职权行政行为与依申请行政行为的划分并非绝对,在一定情况下,两者有互相转化的可能。参见胡建淼主编:《行政行为基本范畴研究》,浙江大学出版社 2005 年版,第 78—79 页。

构成行政不作为。①从另一个角度看,我们可以认为行政机关在面对数量众多的职权义务时可以运用行政裁量权选择"调查此或调查彼",从而有效地控制了执法成本。②

如果以上观点大致成立,那么我们可以作一个简单的对比(见表3):

表3 依申请行政行为与依职权行政行为的成本控制机制对比

	依申请行政行为	依职权行政行为
调查选择	必须进行调查,否则不作为	可以不调查,不构成不作为
调查强度	可以只进行书面调查	必须事实清楚

也就是说,成本问题同时体现在依申请行政行为和依职权行政行为身上,但是以不同的制度形式存在。依申请行政行为无法从调查选择角度控制成本,因此只能在调查强度上打折扣,而依职权行政行为可以从调查选择层面突围,因此也就不存在调查强度问题。

极个别的案例中,法院也表达了类似的意见。在安某源诉北京市工商局房山分局案中,法院(附论)所列举的一个观点就认为:"客观而言,在我国市场经济快速发展的背景下,工商登记机关日常受理的公司登记事项甚为繁多,若要求其在审查过程中对每份申请文件、材料的真实性均作出准确无误的认定实属苛刻,也很难付诸实践。若其在没有发现存在虚假材料等实质问题的情况下不予变更登记,即构成行政不作为。"③

(二) 仅限于受益权范围

一般而言,依申请行政行为与依职权行政行为的区分标准可以分为法定说、事实说与请求权说,其中法定说是通说。④本书采用的是法定说,即行政相对人依据法律规定可以提出申请的行政行为才属于依

---

① 参见王和雄:《行政不作为之权利保护》,台湾三民书局股份有限公司1994年版,第50—51页;许志雄等编:《月旦法学教室(3)》,台湾元照出版公司2002年版,第244页。

② 当然,依职权行政行为存在审查选择并非成本问题一语可以概括,可能也会有其他的原因,但笔者认为成本制约至少是其中一个解释,甚至是主要的一个解释。

*③ 北京市房山区人民法院(2007)行字第74号行政判决书。

④ 参见胡建淼主编:《行政行为基本范畴研究》,浙江大学出版社2005年版,第3章。

申请行政行为。依据该说,依申请行政行为涵盖范围仍然较广。但是实际上,并非所有的依申请行政行为领域都存在调查强度问题,这意味着笔者尚需对上述以成本为核心的解释框架作进一步限定。

行政行为是传统行政法学体系的核心架构,但并非基础架构,因此追踪依申请行政行为在行政行为理论和制度上起源,应当从更上游的公权利理论开始。无论从历史脉络还是从理论内容来看,公权利理论都奠定了行政法学的基础架构。①

公权利概念的提出源于对民法中"权利"概念的模仿②,但是这种模仿由于公法的特殊性而遇到很多困难。正如有学者所指出的,"相对而言,行政法则呈现相异之构造,现代行政法根植于宪法上'法治国家'原理,而法治国家的核心要义即'无法律则无行政'与'行政受法和法律拘束'。在这一宪法理念影响下,行政法在形成之初即被定位于落实'依法行政'的规则体系,因此,行政法的规范重心是'行政与法的关系',而不是'行政与私人的关系',这一点从行政法的主要规定事项(包括行政的组织结构、职责权限、行为方式、行为效力等)即可见一斑。由于行政法欠缺'主体间关系'或私人'主观权利'的系统描述,所以行政法虽然能够确切地说明'什么样的行政是合法的',却时常对'谁有权要求依法行政'语焉不详"。③换个角度看,公法语境下,行政机关以追求公共利益为己任,其在执行公务过程中对个人利益产生的影响只是附带的,并非行政行为的目的,因此只是反射利益,个人无法以此为基础与国家之间建立起权利义务关系。④

在格尔伯(C.F.Gerber)、耶利内克(G.Jellinek)、布勒(O.Buhler)以

---

① 格尔伯(C.F.Gerber)被公认为是公权利理论之父,其《公权论》出版于1815年。虽然奥托·迈耶被公认为是现代行政法之父,但其《德国行政法》实际上迟至1896年才出版。

② 王和雄:《行政不作为之权利保护》,台湾三民书局股份有限公司1994年版,第21页。

③ 鲁鹏宇、宋国:《论行政法权利的确认与功能——以德国公权理论为核心的考察》,载《行政法学研究》2010年第3期。

④ 参见杨小君:《试论行政作为请求权》,载《北方法学》2009年第1期。

及巴霍夫(Bachof)等学者的努力下,公权利理论得以创建并发展。格尔伯的理论较为原始①,暂且不论。从耶利内克开始,公共利益中有关保护个人利益的因子被挖掘出来。耶利内克也认为,通常情况下,公共利益的保护无需与个人利益的保护相分离:"为了共同利益,公法的法律规范要求国家机关为特定的作为或不作为。这种作为或不作为的结果可能会有利于特定个人,尽管法制并无扩大个人权利领域的意图。这种情形可以被称为客观法的反射作用。"②但是,特定情况下,个人利益的保护需要从公共利益的保护中独立出来:"公共利益不是必须和个体利益相关联,但是可能和个体利益相关联。当公共利益和个体利益相一致并被国家确认时,国家就赋予了公民个体对其特定行为的请求权并提供法律手段给个体使用来实现这种请求权。"③基于此,布勒给出了他有关公权利的经典定义:人民基于法律行为或为保护个人利益而制定之强行法规,得援引该法规要求国家为某种行为或不为某种行为之法律上地位。结合这一经典定义,布勒阐述了公权利成立的三要件:(1)存在强行性法规(公法法规课予行政机关一定的作为、不作为或者容忍的强制性义务,而不能是裁量授权);(2)具有私益保护目的(公法法规的规范目的不只是为了维护公益,也寓有保障个人利益的规范意旨);(3)援用可能性(公法法规赋予个人得维护自己利益的法律上之力)。④在此基础上,巴霍夫进一步对其进行修正,缓和了三要件适用的严格性,拓展了公权利的范围,"保护规范理论"或者"保护目的理论"由

① 有关评述参见王和雄:《行政不作为之权利保护》,台湾三民书局股份有限公司1994年版,第48页;徐银华、肖进中:《行政法上之公权与反射利益理论的历史演变》,载《公法评论》第4卷,北京大学出版社2007年版。

② [德]格奥格·耶里内克:《主观公法权利体系》,曾韬、赵天书译,中国政法大学出版社2012年版,第64页。

③ [德]格奥格·耶里内克:《公法权利体系》(Georg Jellinek, System der subjektiven offentlichen Recht, Neudruck der 2. Auflage Tubingen 1919, Scientia Verlag Aalen 1964, SS.116.)。转引自徐以祥:《耶里内克的公法权利思想》,载《比较法研究》2009年第6期。

④ [日]石川敏行:《ドイツ公権理論の形成と展開》,《法学新報》1977年第84卷。转引自鲁鹏宇:《德国公权理论评介》,载《法制与社会发展》2010年第5期。

此诞生。[1]

之后公权利理论的发展，基本上朝着放宽公权利成立要件、加强公民权利救济的方向发展，主要表现为五个方面：一是"保护规范"的范围不断扩大，从一般公法规范到宪法规范再到公法基本原则。二是对"保护目的"的解释不断放宽，从"公法权利"到"法律所保护的利益"再到"法律值得保护的利益"，乃至到"事实上的利益"。三是保护对象从行政相对人扩展到第三人。四是公权利内容从消极的自由权扩展到积极的受益权。五是司法救济手段从撤销诉讼进化到课予义务诉讼。[2]

在我国，《行政诉讼法》规定的"利害关系"标准在实践中伸缩空间大，但在理论上无法自圆其说。相比之下，保护规范理论尽管存在操作上的模糊地带[3]，但可以提供一套更有解释力的规则体系。在部分案例中，法院也在运用保护规范理论解决原告资格问题。在刘某明诉张家港市人民政府案中，法院认为："保护规范理论或者说保护规范标准，将法律规范保护的权益与请求权基础相结合，具有较强的实践指导价值。即以行政机关作出行政行为时所依据的行政实体法和所适用的行政实体法律规范体系，是否要求行政机关考虑、尊重和保护原告诉请保护的权利或法律上的利益（以下统称权益），作为判断是否存在公法上利害关系的重要标准。"[4]类似的还有许某法诉北京市工商行政管理局海淀分局案。[5]

值得注意的是，尽管享有公权利的主体范围在不断扩大，但公权利与反射利益的区分仍存在，即使在大陆法系国家中批判公权利理论最为猛烈的日本，"实践操作中还是坚守反射利益理论的立场。特别是关

---

①　参见鲁鹏宇：《德国公权理论评介》，载《法制与社会发展》2010 年第 5 期。

②　以上是笔者的简单概括，细致的整理参见王和雄：《行政不作为之权利保护》，台湾三民书局股份有限公司 1994 年版，第 19—138 页。

③　参见赵宏：《保护规范理论的历史嬗变与司法适用》，载《法学家》2019 年第 2 期。

④　最高人民法院(2017)行申字第 169 号行政判决书。

⑤　北京市第一中级人民法院(2019)京 01 行终字第 368 号行政判决书。

于广大国民的共同利益,许多判例认为,对于某个特定的国民来说,即只不过是反射性利益而已。"①换言之,个人与国家之间尚未建立起完全的一对一的请求权。②在此背景下我们可以认为,依申请行政行为的实质,就是在行政机关与公民个人之间建立起了全面的公权利关系。这种全面的公权利关系仅限于特定领域,但在公法制度中仍显得比较特殊。尽管这种公权利关系并非实体意义上的(行政机关可以在实体上拒绝),而只是程序意义上的(行政机关无法在程序上拒绝),但这也足以令行政机关面临不可控的成本压力(理论上,所有公民可以同时向行政机关提出申请,而行政机关必须处理)。当这种成本压力从潜在可能性变为现实时,行政机关无法破除原有的"依申请行政行为无调查选择"的制度壁垒,只能向其他方向突围,于是"依申请行政行为存在调查强度"的机制由此产生。

需要强调的是,以上的依申请行政行为并不包括法定标准下的所有依申请行政行为,而仅指其中一部分。自耶利内克开始,公权利理论下公民与国家的关系就被分为四种:被动的身份、消极的身份、积极的身份以及主动的身份,而相应的公权利种类也被分为自由权、受益权与参政权(自由权同时对应被动和消极的身份)。自由权是指公民享有的个人自由免遭国家权力侵害的权利。受益权是指公民享有的以物质利益为核心内容的权利,具体包括利益保护请求权、利益满足请求权和利益斟酌请求权。所谓的利益斟酌请求权是指请求国家机关处理有关个人利益事项的权利,比如国家赦免请求权、行政复议请求权等。参政权

---

① 徐银华、肖进中:《行政法上之公权与反射利益理论的历史演变》,载《公法评论》第 4 卷,北京大学出版社 2007 年版。

② 值得注意的是,即使在英国,也存在与公权利理论类似的"公共义务原则"对个人利益和公共利益进行区分。"当受害人所受损害是由于行政管制作用所产生,不能和私法中的关系相比时,法院可能认为行政机关的这些义务只是对上级机关所负的义务,受害人不能请求损害赔偿……受害人必须证明行政机关所负的法定义务是为他所规定的义务,不是为公众所规定的义务。他所受的损害是直接由于行政机关违背义务而产生,而且这种损害是法律有赔偿意图所规定的损害。只有符合这些条件才能得到赔偿。通常,法定的义务是为一般公众所规定的义务,受害人不能请求赔偿。"参见王名扬:《英国行政法》,中国政法大学出版社 1987 年版,第 223 页。

是指公民享有的请求参与国家意思形成的权利,比如选举和被选举权、政府信息公开请求权等。①本书解释框架中的依申请行政行为仅是受益权意义上的,不包括自由权与参政权意义上的。自由权与参政权意义上的依申请行政行为,具有一定特殊性,本书暂不作讨论。至于受益权中的利益斟酌请求权,虽也具有特殊性,但仍可在本书的解释框架中找到安身之处,具体可参考下文有关"结构性成本"的讨论。

(三)两种机制可否互调

在成本控制机制问题上,依申请行政行为对应调查强度、依职权行政行为对应调查选择的现状并不一定可欲。如果现状可欲,那当然没有问题。如果现状不可欲,那么我们可能需要对两种行政行为的成本控制机制进行调整,比如改成依申请行政行为对应调查选择,而依职权行政行为对应调查强度。因此目前两种行政行为所各自对应的成本控制机制是否可欲就成为一个需要探讨的问题。

目前学界很少探讨某种行政行为分类的起源。换言之,行政行为的分类主要是从整理现状的角度提出,随波逐流,较少从批判建构的层面审视,正本清源。②就依申请行政行为和依职权行政行为而言,其起源主要来自行政行为所自然具有的授益与负担两种性质。授益性质的行政行为,对行政相对人而言是一种权利,具有选择性,行政机关无法强加给行政相对人,而应当由其申请作出。负担性质的行政行为,对行政相对人而言是一种损害,不可能由其申请作出,而只能由行政机关依职权作出。③在德国和我国台湾地区,行政处分可依是否须当事人的参与分成须当事人参与的行政处分与片面处分(或职权处分)。前者是指须经行政相对人申请或同意始能作成或生效的行政处分,后者是指既

---

① 参见王和雄:《行政不作为之权利保护》,台湾三民书局股份有限公司1994年版,第43—47页;徐以祥:《耶里内克的公法权利思想》,载《比较法研究》2009年第6期。

② 参见叶必丰:《行政行为的分类:概念重构抑或正本清源》,载《政法论坛》2005年第5期。

③ 以上有关授益行政行为和负担行政行为的表述只是一般意义上的,并非没有例外。

无须行政相对人的申请,亦不用行政相对人同意的行政处分。其中,授益处分通常为须当事人参与的处分,而负担处分多属于片面处分。[①]

如果以上匹配关系大致成立,那么我们发现,依申请行政行为对应调查强度、依职权行政行为对应调查选择的现实,具有很大合理性。依申请行政行为由于主要是授益性质的,因此其调查强度的放松对行政相对人而言不仅不是负担,相反是一种额外授益,行政相对人因此也比较容易接受;[②]依职权行政行为主要是负担性质的,其调查强度的放松意味着行政相对人受损的几率增大,因此不利于行政相对人权益的保护。[③]质言之,行政调查强度只适合存在于以授益行政行为为主的依申请行政行为中。

笔者的观点也在部分案例中得到了印证。在杨某见诉成都市青白江区房管局案中,法院认为:"现行法律、法规及规范性文件虽对注销备案登记的相关程序未作明确具体的规定,但考虑到该行为对合同相对人,特别是买受人的利益影响至巨,因此,行政机关在备案登记确需注销的情况下,应认真审查申请人提供的材料,严格谨慎地作出具体行政行为。"[④]本案中,法院将行政调查强度与对当事人权益的影响相联系,认为即使是注销登记这样的依申请行政行为,只要影响到当事人权益,就需要提高行政调查强度。由此逻辑我们也可以推出:极大影响行政相对人权益的依职权行政行为也应提高行政调查强度,甚至不应存在行政调查强度。类似的案例还有,魏某林等诉禹州市房管局案[⑤]、姚某诉南阳市房管局案等。[⑥]

---

① 参见翁岳生主编:《行政法》,中国法制出版社 2009 年版,第 644 页。

② 当然,对潜在的第三人而言未必是一种授益,甚至意味着一种风险,然而行政相对人的反对毕竟是制度推行最直接的阻力。

③ 也存在由于书面调查而导致没有发现违法行为的情况,这对于行政相对人而言甚至是一种"授益",但一般而言,在不确定受损还是受益的情况下,普通公众对基于书面调查而作出的负担行政行为还是怀有恐惧的。

④ 四川省成都市中级人民法院(2007)成行终字第 70 号行政判决书。

⑤ 参见河南省禹州市人民法院(2009)禹行初字第 58、65 号行政判决书。

⑥ 参见河南省南阳市中级人民法院(2010)南行终字第 10 号行政判决书。

总结来看,依申请行政行为对应调查强度、依职权行政行为与调查选择相勾连的现状,具有很大合理性。换言之,依职权行政行为领域不存在且不应存在调查强度问题,行政调查强度问题只存在且只应存在于依申请行政行为领域。①

三、更具决定作用的结构性成本

行文至此,疑问仍然存在。事实上,行政机关在面临成本制约时的应对之策不只降低调查强度与进行调查选择两项,其他选项还包括延长审查期限、增加人力和物质资源等。目前看来相对而言,降低调查强度与进行调查选择还是较其他选项"更有效果"。但是不排除将来随着技术手段的突飞猛进(比如行政机关之间联网鉴别证件真伪),现有的成本问题会被基本消解。因此从表面看起来,行政调查强度似乎只是一个暂时性问题。

实际上,行政调查强度不是一个暂时性问题,它甚至会永远存在。可通过技术手段去除的成本只是行政性成本,而行政行为中存在着一种无法通过技术手段去除的成本,笔者称之为"结构性成本"。它的产生是由行政行为的自身性质决定的,在有关行政行为的制度框架不发生大变化的前提下,结构性成本将持续存在,而这也决定了行政调查强度问题不会消亡。

司法案例可以很好地呈现这个问题。在刘某东诉北京市建委案中,法院认为:"本案中,因朱某荣与蔡某会只签订了房屋转让合同,并未办理房地产权属转移登记,故未发生法律意义上的所有权转移。第

---

① 实际上,除了调查强度与调查选择两方面的区别外,处理期限也是依职权行政行为与依申请行政行为的重要区别。由于行政事务的复杂性与广泛性,法律往往并不为也无法为依职权行政行为规定具体的处理期限。依申请行政行为则相反,处理期限往往是其必备要素。参见胡建淼主编:《行政行为基本范畴研究》,浙江大学出版社2005年版,第81—82页。依职权行政行为与依申请行政行为在处理期限方面的差别可以进一步支持笔者有关两种行政行为各自成本控制机制的论证。简单而言,依职权行政行为有调查选择,又无处理期限限制,相应地也就无调查强度问题;依申请行政行为无调查选择,又有处理期限限制,相应地也就产生了调查强度问题。

三人王某栓虽经蔡某会购买了平谷区平谷镇太和东园 15 号楼 7 单元 101 号房屋,但原卖房人朱某荣与第三人王某栓又重新签订了房屋买卖协议书并共同到被告处办理房地产权属转移登记,亦是朱某荣真实意思表示。被告经审查登记在朱某荣名下的房屋所有权证,房屋买卖协议、身份证件及其他材料认为符合房屋所有权转移登记的形式要件。被告以房屋所有权证为据认定朱某荣为原房屋所有权人,为第三人王某栓办理房地产权属转移登记,并颁发平私移字第 47436 号房屋所有权证,事实清楚,证据充分,法律依据准确,程序合法,本院应予支持。平谷区平谷镇太和东园 15 号楼 7 单元 101 号房屋原是朱某荣与原告刘某东夫妻关系存续期间所购买,朱某荣持有的房屋所有权证没有共有人的记载,这表明朱某荣在领取房屋所有权证书之后,原告刘某东未向登记机关申请权利登记,主张共有权。原告认为被告为第三人王某栓办理《房屋所有权证》的行为未征求原房屋共有人的意见,且违反法定程序,要求确认被告变更房屋登记的行为违法及判令撤销被告上述行政行为的主张,没有事实根据及法律依据,本院不予支持。"①

本案是典型的房屋共有和一房二卖案件,一审法院和被告都以原告不是行政相对人反驳原告,但问题的关键并不在此,因为即使不构成行政相对人也可以利害第三人身份提起行政诉讼。问题的关键在于,本案中不管房屋共有还是一房二卖,都属于当事人对自身民事权利的处分,房产登记申请人没有报告此类事实的法定义务。除非登记之前或之后当事人就登记事实发生争议(向房管机关提出异议或提起民事诉讼、行政诉讼),否则,房管机关在作出登记行为之前不可能知晓。这种行政行为调查困境的出现与一般的行政性成本无关,而毋宁是缘于一种行政行为自身的"结构性成本"。我们知道,与司法行为普遍采用法院——原告——被告的三方结构不同,行政行为主要采用的是行政

---

① 北京市平谷区人民法院(2008)平行初字第 17 号行政判决书。

机关——行政相对人的双方结构。①在三方结构下,当事人主义的诉讼模式要求原被告双方各自提供对自己有利的事实或对对方不利的事实,案件事实的查清有了基本的动力或成本保障。在双方结构下,申请人单方提供的事实基本等于"一面之词",行政机关虽可对某些材料的真实性进行验证(行政性成本),但却无法对某些潜存的权属争议进行调查(结构性成本)。如同本案所揭示的,行政机关甚至连这些争议是否存在都无从知晓,因此所谓的"非书面调查"也就变成"无处下手"或"漫天撒网"。在这种情况下,"事实清楚"对行政机关而言只能是一种不可承受之重。

当然,现代行政法学已经与传统行政法学大不相同。"行政过程论"和"绿灯理论"的发展已经使控制行政权的重心从立法、司法向行政自身转移②,越来越多的公民参与到行政决策过程中来,"利益衡量"模式的行政行为得到倡导③,行政机关作出行政行为时所面对的信息量已被空前放大。事实上,笔者也在极个别案例中发现了行政机关的这种努力。在冯某中诉佛山市禅城区工商局案中,法院认为:"被上诉人在接受原审第三人申请材料后,向原法定代表人冯某中发出通知,询问其对原审第三人变更法定代表人的意见,在其提出异议的情况下,被上诉人又找盈科公司占78%表决权的其他股东——核实股东会决议及其他申请材料的真实性,在其他股东均确认股东会决议及其他申请材料真实合法的情况下,依照《中华人民共和国公司登记管理条例》的规定作出变更登记,被上诉人已经尽到了行政审查核实的义务,其作出的被诉行政登记行为认定事实清楚,证据确凿,适用法律法规正确"。④本

---

① 某些特殊行政行为也采用了类似司法行为的三方结构,比如行政裁决、行政复议。但耐人寻味的是,这种采用三方结构的行政行为基本不存在调查强度问题,换言之,事实清楚是对它们的必备要求。

② 参见[英]卡罗尔·哈洛、理查德·罗林斯:《法律与行政》,杨伟东等译,商务印书馆2004年版,第145页。

③ 参见[美]理查德·B.斯图尔特:《美国行政法的重构》,沈岿译,商务印书馆2002年版,第7—8页。

④ 广东省佛山市中级人民法院(2006)佛中法行终字第171号行政判决书。

案中,工商机关在第三人尚未提出异议时主动向其询问,从而在获取信息方面掌握了主动权,登记行为的内容自然也就与客观事实相符。

以上变化当然会削弱结构性成本对行政行为事实问题的影响,从而令行政调查强度问题一定程度上褪色。但这里至少存在两个问题,一是行政机关的主动调查行为如果没有法律依据,可能涉嫌违反法律保留原则。在云南敝阔经贸有限公司诉禄劝彝族苗族自治县住房和城乡规划建设管理局案中,法院认为:"在权属争议的情况下,法律法规未授予房屋登记机构否定已有登记、另行确认权属的职权,也未授予其实质审查商品房购销合同并确认合同性质和效力的职权,故禄劝住建局越权认定争议房屋属村民小组所有、越权认定买卖合同虚假,并基于越权认定的事实而撤销敝阔公司的房产登记,属行政行为缺乏事实依据、认定事实不清、适用法律错误情形。"①类似的案例还有,朱某华诉靖江市国土资源局案。②二是行政机关的主动调查行为不会从根本上改变行政行为的双方结构,从而也就无法根除行政调查强度问题。进一步讲,从根本上改变行政行为双方结构的做法也是不可欲的。如果行政行为被彻底改造成立法行为或者司法行为,那么行政行为本身的价值就不存在了,原有立法行为与司法行为的价值同样会消失。亚里士多德有过"分配正义"与"矫正正义"的区分③,如果分配正义变成了矫正正义,纠纷尚未出现就统统扼杀于萌芽,那么行政效率将会低到多么可怕的程度。质言之,前文所述"在有关行政行为的制度框架不发生大变化的前提下"不仅是一个假设,更是一种应然,行政行为的结构性成本以及由此产生的行政调查强度问题将会长久存在。

行政性成本与结构性成本两相比较,何者对行政调查强度问题影响更大,笔者没有答案。但两者确有不同:第一,行政性成本是一种暂时性成本,而结构性成本很大程度上属于行政行为的固有属性。第二,

---

① 云南省昆明市中级人民法院(2016)云 01 行终字第 208 号行政判决书。
② 江苏省泰州市中级人民法院(2017)苏 12 行终字第 278 号行政判决书。
③ 参见[古希腊]亚里士多德:《政治学》,颜一、秦典华译,中国人民大学出版社 2003 年版,第 102 页。

实践中的非书面调查包括调查材料是否真实与调查权属是否清楚两个层面,一般而言,行政性成本对应的是前者,而结构性成本对应的是后者。也就是说,行政性成本导致行政机关常常无法查清申请材料是否真实,而结构性成本导致行政机关每每无法知晓民事权属的客观状态。

第三节　行政调查强度理论基础之二:民事介入

一、回顾回答

通过对大量案例的整理,我们得出了行政调查强度问题的分布现状,其中两个特点是:第一,行政调查强度问题主要存在于依申请行政行为领域而非依职权行政行为领域。第二,行政调查强度问题主要存在于依申请行政行为中的行政登记领域。基于此现实,笔者尝试运用案例、制度和学说等智识资源进行解释。解释的结果为:第一,依申请行政行为罕见地在公民与国家之间建立起一对一的公权利关系,为规避由此可能带来的成本危机,行政调查强度机制应运而生。第二,行政调查强度机制只应存在于依申请行政行为领域,依职权行政行为另有调查选择机制可供利用。第三,除去行政性成本,行政行为中还存在一种结构性成本,它决定了行政调查强度不是一个暂时性问题,而是长期存在的。

至此,我们已经基本完成了对行政调查强度分布现状第一个特点的解释,即回答了为什么行政调查强度问题只出现在依申请行政行为领域。在这之后,为何该问题主要存在于行政登记领域仍需进行解释。很显然,其他依申请行政行为领域并非不存在行政性成本和结构性成本。

在论证之前,笔者先把自己的答案简要列举如下:

首先,任何行政领域都是存在行政性成本的,依申请行政行为领域也不例外,但是如前所述,存在成本制约并不意味着一定存在调查强度问题,所以仅运用行政性成本工具无法解释这里的问题。

其次,如前所述,结构性成本属于行政行为固有的成本,普遍存在于各种行政行为当中,但这只是就行政行为的一般情况而言,并非没有例外。一方面,某些依申请行政行为模仿司法行为而设置成三方结构,典型如行政裁决、行政复议,因此基本不存在结构性成本问题。另一方面,实践中,某些依申请行政行为基本上不存在行政第三人,比如高校的学位授予行为。不存在行政第三人也就无所谓三方结构,因此基本也不存在结构性成本问题。不存在结构性成本问题的行政行为领域,出现行政调查强度问题的几率也就较低。

最后,行政调查强度问题较集中的依申请行政行为领域一般会具有几个特征:第一,不具备类似司法行为的三方结构。第二,实践操作中,经常存在行政第三人。第三,调查内容经常涉及民事行为。行政登记恰好全部满足这些条件,因此笔者认为这也基本上可以解释行政调查强度问题为什么主要集中于行政登记领域。

以上只是简要的回答,未必会令人信服,尤其是最后一点中的第三个特征:调查内容经常涉及民事行为。一定会有这样的疑问被提出来:为什么调查内容经常涉及民事行为就会导致出现行政调查强度问题?笔者认为,回答了这个问题,也就基本上回答了行政调查强度问题的第二个成因,以及该问题为何会集中出现在行政登记领域。

二、案 例 整 理

(一)登记机关没有权力调查民事行为

很多案例中,法院认为登记机关无权调查民事行为,从而判定登记机关只负书面调查职责。

在罗某红等诉株洲市房管局案中,一审法院认为:"对于据以登记颁证的基础,即申请人之间的有关合意,如抵押合同、授权委托、抵押物的价值确认等有关合同,登记机关既无条件辨别其效力、真伪,也不拥有对申请人之间的合意是否有效的审查判断权,更无权改变合同当事人自愿建立的民事法律关系,否则有悖意思自治的合同原则。"①本案中,法院认定房管机关既无需查明调查材料是否真实,也无需查明调查权属是否清楚,其中后者的理由在于房管机关"无权"调查民事行为。二审法院维持原判。

在上海建灵置业有限公司诉上海市工商局闵行分局案中,一审法院认为:"行政机关所作审查应在法定范围内按照法律设定的条件进行,而被告准予同瑞公司股权变更登记的民事基础是股权转让合同书、产权交易合同及产权转让交割单,如进而对合同的效力作出判断则超出其行政职责权限。原告如对该民事基础关系存有异议,应通过其他途径予以解决。"二审法院维持原判。法院(附论)也认为:"被告除依据《行政许可法》的相关规定对申请材料是否真实、合法进行审查外,其无权也无能力对合同的效力作出判断。对于民事基础关系的争议,应该通过其他途径予以救济。"②

类似的案例还有傅某琳诉上海市房管局案③、林某淮等诉儋州市工商局案、④王某琴诉郑州市公安局交通警察支队车辆管理所案等。⑤

不仅仅是法院,很多案例中,行政机关也表达了类似的看法。

在徐甲诉上海市房产登记处案中,行政机关认为:"上诉人对抵押借款合同效力提出的争议,应另行诉讼解决。登记机关对合同效力问题无审查职能。"⑥

---

①　湖南省株洲市中级人民法院(2010)株中法行终字第 3 号行政判决书。

＊②　上海市第一中级人民法院(2008)沪一中行终字第 101 号行政判决书。

＊③　裁判文书参见"北大法宝"数据库。

④　参见海南省海南中级人民法院(2008)海南行终字第 116 号行政判决书。

⑤　参见河南省郑州市二七区人民法院(2010)二七行初字第 2 号行政判决书。

⑥　上海市第二中级人民法院(2009)沪二中行终字第 219 号行政判决书。

在徐某诉上海市工商局案中,行政机关认为:"工商机关无权对公司股东会程序是否合法、股东会决议是否有效作出确认。"①

在邬某阳诉浙江省台州市路桥区民政局案中,行政机关认为:"确认精神病人为无民事行为能力人,应由其利害关系人通过民事诉讼途径向人民法院申请适用特别程序审理,否则任何人都不得推定公民为无民事行为能力人。"②

类似的案例还有,无锡市第六建筑工程公司海南分公司诉海口市房管局案③、魏某诉长葛市房管局案④、孙某一等诉沈阳市工商局案⑤、朱某铜诉北京市工商局昌平分局案⑥、王某琴诉郑州市公安局交通警察支队车辆管理所案⑦、张某琴诉成都市公安局交通管理局车辆管理所案等。⑧

有些房产登记案例中,法院明确区分了非书面调查的两种情况:实地调查与权属调查,并认为房管机关可以实地调查房屋物理现状,但不能进行权属调查。在王某干诉盐城市房管局案中,法院(附论)认为:"需要说明的是,《城市房地产转让管理规定》第七条第(四)项还规定:'房地产管理部门核实申报的成交价格,并根据需要对转让的房地产进行现场查勘和评估。'我们是否可以根据这一规定理解为登记机关有实体审查的权力和职责呢? 笔者认为不可,登记机关的这一职责,是对交易价格与市场价格的明显偏离进行把关,是基于维护公共交易安全的需要,所以这种'根据需要'进行的'现场查勘和评估',应针对房地产的区位、状态、面积等权利的客观方面进行,而不应触及占有、使用、权属等权利的主观方面,从根本上讲,这是由两个法律原则所决定的:一是

---

① 上海市第一中级人民法院(2004)沪一中行终字第38号行政判决书。
② 浙江省台州市路桥区人民法院(2009)台路行初字第5号行政判决书。
③ 参见海南省高级人民法院(2006)琼行终字第49号行政判决书。
④ 参见河南省许昌市中级人民法院(2009)许行终字第19号行政判决书。
⑤ 参见辽宁省沈阳市中级人民法院(2006)沈行终字第158号行政判决书。
⑥ 参见北京市第一中级人民法院(2008)一中行终字第21号行政判决书。
⑦ 参见河南省郑州市二七区人民法院(2010)二七行初字第2号行政判决书。
⑧ 参见四川省成都市中级人民法院(2005)成行初字第3号行政判决书。

不动产登记簿具有真实权利推定的效力,登记机关仅以审查权属证书为已足;二是如前所述,行政权力对私权领域不宜介入。"①类似的案例还有周某新诉武汉市房管局案。②

(二) 是否有权调查民事行为存在争议

当然,也有很多案例,法院认为登记机关有权调查民事行为,因此应负非书面调查职责。由于这类案例中,法院的态度常常不明显,大都是通过对行政调查强度的判断间接表达出来,因此笔者在此不一一列举。表4反映的是涉及此类问题的案例中,法院认为登记机关有权调查民事行为与无权调查民事行为的案例数量与比例。

表4　有关登记机关是否有权调查民事行为的法院态度(单位:个)

	房产登记	企业登记	婚姻登记	抵押登记	车辆登记	船舶登记	户口登记	资产登记	案例总数	所占比例
有权调查民事行为	78	13	6	3	1	1	0	1	103	54.2%
无权调查民事行为	44	27	5	5	5	0	1	0	87	45.8%

以上案例数量与比例如何解读值得思考。数量多与比例高的案例,其法院态度未必就具备合理性;数量少与比例低的案例,其法院态度也未必不合理。合理与不合理的判断单靠上述数据是不够的,还需其他方面的支撑,本书对此暂不作判断。不过上述统计数据至少可以说明一点,即当下的行政审判中,法院在登记机关有无调查民事行为的职权这一问题上存在争议,且这种争议在行政登记领域普遍存在。

(三) 行为性质决定无权调查民事行为

多数案例中,法院将行政登记的性质作为立论基础,认为既然行政登记是一种行政确认,那么登记机关就无需调查民事行为,而只需负书面调查职责。在林某芬诉扬州市房管局案中,法院(附论)认为:"行政登记是登记机关依行政相对人的申请,对当事人之间的民事法律关系

＊① 江苏省盐城市中级人民法院(2007)盐行终字第47号行政判决书。

② 参见湖北省武汉市中级人民法院(2009)武行终字第82号行政判决书。

状态加以记载、予以确认的一种行政行为。行政登记行为并不创设新的权利义务关系，登记机关不能以自己的意志决定当事人是否享有某一权利。当事人之间民事实体权利义务的变动，取决于当事人本身的法律行为，而非取决于登记机关的登记行为。行政登记的功能，在于推定了其所登记的民事法律关系的合法性，即登记簿的记载，起公示作用，使之具有社会公信力。行政登记的这一法律功能，决定了登记机关依法进行登记行为时，完全不享有自由裁量权，且依法只应负有形式审查的义务。登记机关只能依相对人的申请，对相对人申请登记的事项依照法律规定进行审查，是否给予登记取决于相对人的申请是否符合法律规定的条件。登记机关的职责，在于审查申请人是否依法提交了申请登记所需的材料，申请登记事项有无违反法律禁止性或限制性规定，申请材料内容之间是否一致等。"①类似的案例还有廖某等诉成都市房管局案②、严某娣诉苏州市房管局案（附论）③、王某干诉盐城市房管局案（附论）等。④

当然，并不是所有的案例中，法院都把行政登记定性为行政确认。也有个别案例，法院将行政登记定性为行政许可，并进而认为登记机关应对民事行为进行调查，即登记机关应负非书面调查（权属清楚）职责。在中国银行诉北京市工商局案中，法院（附论）认为，"取得企业动产抵押权登记行政行为是实现抵押合同生效的法定要件，是行政许可行政行为……关于行政许可行为应当分为普通和特殊两种，普通许可是法律规定只要符合法定的条件就可以取得许可的行政行为，如身份证、结婚证；特殊许可是法律限制某种许可的范围，如烟草。本案是一种特殊的许可。《担保法》第37条和《企业动产抵押物登记管理办法》第14条均规定了禁止抵押的内容的规定，以约束抵押人和抵押权人。作为被告对抵押物登记申请进行审查时，应当根据上述法律法规的规定，对申

* ① 江苏省扬州市中级人民法院(2007)扬行终字第10号行政判决书。
  ② 四川省成都市中级人民法院(2007)成行终字第124号行政判决书。
* ③ 参见江苏省苏州市中级人民法院(2007)苏中行终字第31号行政判决书。
* ④ 参见江苏省盐城市中级人民法院(2007)盐行终字第47号行政判决书。

请人的申请进行审查,应当查验申请人提交的材料是否齐全,是否符合规定,是否排除《担保法》第 13 条禁止的动产后,才能颁发登记证。因此,被告的法定审查职权应当是符合法律规定的审查,而不能只是书面材料是否齐备的审查"。①

并不是所有法院都认可"行政确认＝书面调查""行政许可＝非书面调查"的组合。个别案例中,有的法院认为确认型登记要求登记机关进行非书面调查(权属清楚)。有的法院认为即使是许可型登记行为,也无权对民事行为进行调查,登记机关只负书面调查职责即可。

在赵某诉河南省济源市建委案中,法院认为:"房屋转移登记是房屋登记机关对房屋买卖民事法律关系的确认。本案中,高某才与张某顺之间没有发生房屋买卖的事实,双方是为办理房屋转移登记而签订了虚假的买卖合同,市建委依据该房屋买卖合同为高某才颁发济源市济水办字第 00013000 号房屋所有权证,属于认定事实不清,主要证据不足。"②本案中,尽管法院认为房产登记是一种行政确认,但仍认为房管机关应负非书面调查(权属清楚)职责。

在上海建灵置业有限公司诉上海市工商局闵行分局案中,法院(附论)认为:"该诉请已涉及股权转让各方的民事基础关系。被告除依据《行政许可法》的相关规定对申请材料是否真实、合法进行审查外,其无权也无能力对合同的效力作出判断。对于民事基础关系的争议,应该通过其他途径予以救济,故股权转让方是否支付股权转让款,并不影响本案工商登记行为的合法性。"③本案中,尽管法院认为企业登记是一种行政许可,但仍认为工商机关仅需负书面调查职责。

三、制　度　整　理

制度层面的细致整理笔者将在第三章完成,这里只简单交待一下

＊①　裁判文书参见"北大法宝"数据库。

②　河南省济源市中级人民法院(2009)济中行终字第 1 号行政判决书。

＊③　上海市第一中级人民法院(2008)沪一中行终字第 101 号行政判决书。

结论,以房产登记领域和企业登记领域为例。

在房产登记领域的调查强度问题上,2007 年 10 月 1 日以前,房管机关应以《城市房屋权属登记管理办法》作为主要法律依据,承担非书面调查(权属清楚)职责;2007 年 10 月 1 日以后,特别是 2008 年 7 月 1 日以后,房管机关应以《物权法》《民法典》和《房屋登记办法》为主要法律依据,承担书面调查职责。

在企业登记领域的调查强度问题上,1988 年的《施行细则》首次确立了企业登记领域工商机关应负非书面调查(材料真实且权属清楚)职责,而 2001 年 3 月 15 日生效的《国家工商总局第 67 号文》则首次实现了非书面调查(材料真实且权属清楚)向书面调查的转变。2004 年 7 月 1 日生效的《行政许可法》进一步强化了《国家工商总局第 67 号文》所带来的这种转变,规定除非有法律规范的明文授权,许可机关一般只负书面调查职责。

总体来看,在登记机关是否有权调查民事行为这个问题上,现行制度的有关规定经历了一定的起伏变化。

四、学 说 整 理

学理层面,如前所述,目前我国有关行政调查强度的研究文献主要集中在行政登记领域。学术观点异彩纷呈,如果简要概括,行政登记领域相关研究的主流观点大致是,行政登记的调查强度应由其性质决定;行政登记包括确认型登记与许可型登记;确认性质的登记行为无权调查民事行为,登记机关只需负书面调查职责,许可性质的登记行为有权调查民事行为,登记机关需负非书面调查(权属清楚)职责。比如有学者认为,"对登记机关审查义务的讨论必然要建立于登记行为类型化的基础上……而特殊行业的市场准入以及事业、社会团体法人以及民办非企业法人的登记目前法律所设定的审查标准较为严格,这类登记无异于行政机关的审批活动,是国家管制的一种具体手段,因而,实质审查是其实现管制目的的根本要求。从应然的角度而言,非许可类登记应当是一种非表意行为……非表意行为并不为相对人设定任何权利义务，而仅依赖法律规定发生效果。作为典型的非表意行为，登记凭证所记载的权利义务从根本上取决于基础民事法律关系或法律事实……登记的作用只是在相对人的民事权利上叠加了一层官方认可的色彩，其行为效果完全基于法律的直接规定而非行政机关的意思产生……目前，构建迅捷、简易的登记程序，采用'窗口审查'方式是各国登记制度发展的共同趋势"。①

当然并非所有学者都从行政登记的性质角度立论，也有学者直接从对法律规定的解释中得出结论：行政登记无权调查民事行为，登记机关只负书面调查职责。②还有学者认为各种形式的调查强度都不过是以书面调查为基础进行微调。③

五、评　析

综合来看，有关行政登记是否有权调查民事行为的问题，在法律规定起伏变化的情况下，司法实践与学说理论间呈现出某种默契：行政登记的定性是前提，确认性质的登记行为无权调查民事行为，许可性质的登记行为有权调查民事行为。以上思路值得商榷。行政登记的性质是行政确认还是行政许可实质上涉及的是行政行为对民事行为的效力问题④，而行政登记是否有权调查民事行为根本上应取决于行政机关与其他国家机关的专业分工。换言之，确认性质的行政登记未必一定无

---

① 李昕：《论我国行政登记的类型与制度完善》，载《行政法学研究》2007 年第 4 期。类似观点参见戴涛：《行政登记侵权之诉研究》，载《行政法学研究》2001 年第 4 期；栾兴良：《论行政登记机关的审查方式》，载《今日南国》2008 年第 4 期；郭晋：《行政登记若干法律问题研究》，中央民族大学 2007 年硕士学位论文；龚严峰：《行政登记法律属性分析——以上海市地方性法规和规章为研究对象》，华东政法大学 2004 年硕士学位论文。

② 郭庆珠：《论行政登记合法的事实基础与司法审查——兼及行政登记机关的责任承担》，载《南阳师范学院学报（社会科学版）》2010 年第 5 期。

③ 梁君瑜：《论行政登记在司法审查中的两个误区——以房屋登记行政诉讼案为切入点》，载《中国石油大学学报（社会科学版）》2015 年第 1 期。

④ 有关行政行为对民事行为的效力问题参见朱新力、陈无风：《公私法视野中的行政登记》，载《法治研究》2007 年第 4 期。

权调查民事行为,而许可性质的行政登记未必一定有权调查民事行为,这当中存在一个跨度,根本是两个不同的问题。在这个意义上,前述赵某诉河南省济源市建委案①、上海建灵置业有限公司诉上海市工商局闵行分局案的出现并非偶然。②

至于从行政机关与其他国家机关的专业分工来看,行政登记是否应当调查民事行为的问题,由于牵涉领域较广,本书不作探讨。这里我们只能作出一个实然判断:在相关法律规定起伏变化的情况下,司法实践和学说理论对行政登记是否有权调查民事行为存在普遍争议,并进而对登记机关需负书面调查职责还是非书面调查职责争论不休。换句话说,行政登记的性质决定了其天然容易介入到民事行为中,而行政登记是否有权调查民事行为又存在不确定性,这导致行政调查强度问题频繁在行政登记领域出现。③

需要指出的是,本书有关行政调查强度成因的解释框架,并非封闭性、排他性的。在成本制约与民事介入之外,必定尚有其他原因存在。比如,行政审批改革的目标是提高行政审批效率,从而方便行政相对人。④从此入手,我们也可以找到行政调查强度产生并主要存在于行政登记领域的一个原因。但是相对而言,其他原因大都比较零散,无法对行政调查强度在整个行政行为领域的起源作系统解释,因此笔者只将其作为本书解释框架的补充。

另外,以上对行政调查强度成因的探讨,部分是以行政调查强度案例的分布现状作为立论基础,而这种逻辑推演可能存在一定问题。因为某些行政行为领域可能也存在行政调查强度问题,但相关争议不容易引发诉讼,或者该领域的行政调查强度问题还比较新,相关案例尚未

---

① 参见河南省济源市中级人民法院(2009)济中行终字第 1 号行政判决书。

＊② 参见上海市第一中级人民法院(2008)沪一中行终字第 101 号行政判决书。

③ 如果再进一步探究,我们会发现,存在行政调查强度案例最多的领域恰好是行政登记中最频繁接触民事行为的领域。

④ 有关行政审批改革的历史回顾参见马怀德主编:《共和国六十年法学论争实录·行政法卷》,厦门大学出版社 2009 年版,第 5 专题。

大量涌现,这些都可能影响笔者结论的准确性。只是就目前来讲,笔者尚未找到更好的解释框架,因此暂且立此存照,留待日后完善。

第四节　具备合理性的行政调查
强度也具备合法性

　　上文费尽周折所能证明的,最多也就是行政行为存在调查强度的合理性,但应然不代表实然、合理不代表合法。如果行政调查强度根本上是与我国现行制度抵触的,那么反思相关立法应该是题中应有之义。如果行政调查强度可以与我国现行制度共存,那么本书之后的相关讨论就可以顺理成章展开。本节以行政调查强度的合法性论证为核心,由于此处合法性论证的基本思路是立足于上文的合理性论证的,二者密不可分,因此本节附于有关行政调查强度合理性论证的章节下。

　　传统理论和制度下,行政机关作出行政行为时应事实清楚、证据充分,而行政行为存在调查强度则暗示行政机关在某些情况下不需事实清楚也可以作出行政行为。那么自然而然的问题是,行政调查强度具备合法性么?

一、合　宪　性

　　有学者认为:"'以事实为基础,依法律为准绳'是我国宪法确定的一切执法机关在执法中,应当遵循的一项基本原则,违反该原则的执法行为,均属于违法行为。按照这一原则的要求,行政机关必须查清事实后,才能作出具体行政行为。行政机关作出的具体行政行为认定的事实主要证据不足,也就意味着该具体行政行为缺乏事实基础,违反了该原则,故属于违法具体行政行为。"①事实上,我国《宪法》并没有"以事

---

　　①　蔡小雪:《行政审判与行政执法实务指引》,人民法院出版社 2009 年版,第 651 页。

实为基础,依法律为准绳"之类的明文规定。即使是将其作为一项不成文宪法原则,那也并非只能从中得出"行政机关必须查清事实后,才能作出具体行政行为"这一条结论。实际上,运用法律解释的方法完全可以使行政调查强度与"以事实为基础,依法律为准绳"的要求并存,具体的解释方法见下文。

二、合 法 性

《行政诉讼法》第70条第1项明文要求行政机关作出具体行政行为时应事实清楚、证据充分。那么行政调查强度是否违反了该条文?

(一) 行政行为也可以基于法律事实作出

《行政诉讼法》第5条规定:"人民法院审理行政案件,以事实为根据,以法律为准绳。"[①]一个学界基本达成的共识是,此条文中的"事实"是指"法律事实"而非"客观事实"。为此,《最高人民法院关于行政诉讼证据若干问题的规定》第53条规定:"人民法院裁判行政案件,应当以证据证明的案件事实为依据。"[②]行政诉讼通过举证责任这样一种制度设计将客观事实进行剪裁,形成法律事实,并以此作为裁判基础。行政诉讼的实质是复审,行政行为的实质是初审,既然复审只需基于法律事实,那么初审也可以基于法律事实作出。

在王某等诉如皋市工商局案中,法院(附论)认为:"人民法院对工商登记行为的审查标准,虽不完全等同于行政审查标准的形式审查,但也不是客观真实性审查,而是法律真实性审查……在诉讼过程中,法官运用证据认定事实状态是一种形式真实的状态,而符合案情本来目的的事实状态才是实质真实的状态。法官认定的形式真实状态的事实与实质真实状态的事实完全一致,那么这种认定无疑是公正的。但是,由

---

① 《民事诉讼法》第7条规定:"人民法院审理民事案件,必须以事实为根据,以法律为准绳。"《刑事诉讼法》第6条规定:"人民法院、人民检察院和公安机关进行刑事诉讼,必须依靠群众,必须以事实为根据,以法律为准绳。"

② 《最高人民法院关于民事诉讼证据的若干规定》第63条规定:"人民法院应当以证据能够证明的案件事实为依据依法作出裁判。"

于当事人的举证能力、诉讼水平、客观环境的影响,很难使一个已经过去的客观真实和盘托出,这样使两者达到完全一致近乎不可能。在不可能的情况下,法律给法官的选择只能是法律上的真实。只要法官排除干预,严格按照诉讼程序要求,贯彻平等诉讼原则,最大限度地保证法律真实接近客观真实,从盖然性的角度来说,法官这样认定事实也同样是公正的,无可挑剔的。"①本案中,法院极力论证了法律事实相比于客观事实的优点,但同时认为法院对行政行为的审查"不完全等同于行政审查标准的形式审查",也就是说行政行为在认定事实方面不适用法律事实标准。笔者的疑问是,法院都做不到的事情为什么要求行政机关去做呢?相比于行政行为,司法行为没有结构性成本的束缚,同时又具有终局性,理应对事实进行更准确的认定,而对其提出的要求仅是法律事实清楚。由此看来,成本负担轻的终局性行为都达不到的标准,却被拿来要求成本负担重的非终局性行为,这种情形是非常不合理的。

也许有观点认为这是因为行政机关更专业,理应做得更多。的确,传统行政法学虽基本不重视行政行为事实问题的研究,但也有为数不多的几个关注点,其中之一就是行政诉讼对行政机关所认定事实的调查强度问题,其要旨为:行政机关在某些领域的事实认定更为专业,行政诉讼应对其持尊重态度,审查强度应较弱。②在这个意义上,我们可以说,行政行为的事实认定标准可以高于司法行为。然而,以上原则并非通用。就行政调查强度而言,面对的问题恰恰是行政机关在某些领域的事实认定可能不够准确、不够专业。此时如果还照搬以上原则,不免文不对题。

在行政机关对事实的认定可能不够专业的情况下,行政诉讼也应对其持尊重态度。这种尊重,是在行政机关已尽自身调查职责情况下对行政机关的理解和肯定。这种尊重既建立在"己所不欲勿施于人"的

---

* ① 江苏省南通市中级人民法院(2001)通中行终字第 10 号行政判决书。
　② 比如,美国行政法上,在涉及比较专业性的问题时,法院一般会选择尊重行政机关的判断,只在特殊情况下才对事实进行重新审查。参见王名扬:《美国行政法》,中国法制出版社 2005 年版。

伦理基础上,也建立在"勿以不可能完成之任务要求行为主体"的法治原则基础上,即行政机关作出行政行为所基于的事实也可以是法律事实。行政行为存在调查强度并不意味着行政相对人或第三人权利必然受损。行政行为在事实调查方面的不足完全可以由行政诉讼和民事诉讼补足。与其强求行政行为的完美,不如思考各种国家机关间的相互协作。

并非没有人认识到行政行为中的客观事实与法律事实问题。比如有学者就认为:"也就是说要保证作出的行政行为是合法的,首先要保证涵摄于'法律要件'的事实是'客观真实'的。当然这儿所讲的'客观真实'应该是一种法律意义上的客观真实,即通过法律证据能够证实的事实真实。行政登记中形式审查所追求的事实'真实'是一种形式意义上的'真实',即申请材料是符合法定形式的,在行政机关进行事实审查的过程中,除应该审慎地发现明显的瑕疵之外,行政机关并不对所登记的民事法律关系的真实性负责。"①

其实,行政法上有关以法律事实取代客观事实的理论和制度不乏其例,只不过我们大都没有从法律事实与客观事实的关系角度对它们进行探讨罢了,一个典型例子是行政行为合法性判断的基准时问题。

(二)类比行政行为合法性判断的基准时

行政行为作出后,原有事实发生变化或者人类认识水平发生变化导致对事实的认定发生变化,此时行政行为究属合法还是违法——这就是行政行为合法性判断的基准时问题。对于该问题,学界的通说是"行为时",而非"裁判时"。比如毛雷尔教授认为:"合法性判断的基准时是行政行为的作出时间。行政行为作出后,作为其根据的事实状态或法律状态发生变化的,不影响其合法性或违法性……从程序法的角度来看,基准时是作出时间(行政行为已经合法作出);但是,从实体法的角度来看,人们也许会认为:法律依据或事实依据的变化使其处理行

---

① 郭庆珠:《论行政登记合法的事实基础与司法审查——兼及行政登记机关的责任承担》,载《南阳师范学院学报(社会科学版)》2010 年第 5 期。

为的内容不再与现行有效的法律一致,因而变得违法。因此,从程序法角度考察而产生的问题是:'后来违法'的行政行为是否必须撤销,它的执行可能违法。无论如何,应当区分原始违法与'后来违法'。有关行政行为违法的理论限于原始违法的行政行为,而后来违法的行政行为适用废止规则。"①其中的重点在于肯定先前作出的行政行为的合法性,因此适用废止而非撤销规则。作为对行政行为内容与事实不符这一缺陷的弥补,有学者指出可以令行政机关承担废止或变更义务:"行政行为合法性判断的基准时是作出时的事实和法律状态,即行政机关最后一次决定的时间,因为就行政诉讼而言,作出程序和复议程序被视为一个统一的整体,其法律根据是《行政法院法》第 79 条第 1 款。事实或法律状态后来的变化既不能使原先合法的行政行为变得违法,也不能使原先违法的行政行为变得合法。可能存在的情况是,如果根据后来发生变化的事实或者法律状态,行政机关有义务废止或者变更行政行为,则继续维持原先合法的行政行为是违法的,对具有持续效果或者尚未执行的行政行为尤其如此。行政机关废止义务的实体法问题通常不能与是否考虑行政诉讼程序进行期间发生的变化这一问题割裂开来。"②日本和我国台湾地区基本上也持类似的观点。③

在我国大陆地区,章剑生教授也认为:"一般来说,判断一个行政行为是否合法,应当根据行政行为作出时的事实和法律状态。在行政行为作出之后,它所依据的事实和法律状态发生变化的,行政机关可以视具体情况变更、废止已作出的行政行为。"④

对行政行为合法性的判断采用"行为时"而非"审判时"的标准,从本质上看,是承认了行政行为的作出无法建立在客观事实的基础上。

---

① [德]哈特穆特·毛雷尔:《行政法学总论》,高家伟译,法律出版社 2000 年版,第 230—231 页。

② [德]汉斯·J.沃尔夫等:《行政法(第 2 卷)》,高家伟译,商务印书馆 2002 年版,第 92—93 页。

③ 参见王天华:《行政诉讼的构造:日本行政诉讼法研究》,法律出版社 2010 年版,第 95—99 页;翁岳生主编:《行政法》,中国法制出版社 2009 年版,第 662—663 页。

④ 章剑生:《现代行政法基本理论》,法律出版社 2008 年版,第 137 页。

既然行政行为的作出无法以客观事实为基础,那么如何通过一定的制度安排建立起行政行为领域的法律事实就成为一个重要的问题。行政行为的调查强度,在笔者看来,就属于这样一种制度安排。

(三)从法律事实角度行政调查强度合法

由于实务操作中存在高昂的行政成本、难以克服的结构性成本以及不确定是否有权调查的民事行为,行政机关无法在查清客观事实的基础上作出行政行为。这种情况下,行政调查强度机制可以为行政机关的调查职责划定一个合理限度。行政机关尽到调查职责所了解的事实尽管不一定与客观事实相符,但可以作为法律事实承认其合法性。在这个意义上,行政调查强度所对应的事实也是清楚的,只不过是同司法行为一样的"法律事实清楚"。既然法律事实在司法行为中的合法性已得到认可,那么行政调查强度所对应的法律事实的合法性也不应受到怀疑。一言以蔽之,如果我们将《行政诉讼法》第70条第1项中的"事实清楚"解释为"法律事实清楚",那么行政调查强度的合法性问题将迎刃而解。

最后需要指出的是,本章的重心在于探讨行政调查强度存在的合理性,兼及合法性。这样安排是因为目前学界对此尚存有疑问,笔者需要从理论上给出答案,但这并不意味着有关行政调查强度的制度和实践是完美的。恰恰相反,有关行政调查强度的制度和实践还有许多值得完善的地方,对这些问题的整理和思考便构成了本书第三章、第四章、第五章的内容。

第五节　行政调查中行政
相对人的举证责任

行政调查是行政机关在作出行政行为前查清相关事实的活动。这一过程由行政机关主导,行政调查强度就是从行政机关角度讨论其查清事实的责任,但该过程却并非由行政机关独自完成,行政相对人在这一过程中也扮演着重要角色,我们将其称为行政调查中行政相对人的举证责任,实践中该责任大小对行政调查强度有着微妙影响。

举证责任又称证明责任,一般分为提出证据的责任和说服的责任。提出证据的责任是指当事人就某一事实有责任提交足够证据以证明其有理由获得有利于己的事实认定。说服的责任是指当事人按照要求的证明标准,说服审理者基于全部证据确信有关争议事实为真实或具有充分盖然性的责任。当事人若无法依证明标准卸除其所负的说服责任,将在争议问题上承担败诉的结果。[①]两种责任中最重要的是说服责任。因为只要将由事实不清导致败诉的后果在当事人之间进行分配,当事人自然就有动力去承担所谓提供证据的责任,举证活动也就自然会在当事人之间交替进行。基于此,本书所指举证责任主要是说服责任意义上的。

行政调查中的举证责任与行政诉讼中的举证责任有关。如果当事人没有在行政调查中尽到举证责任,则该当事人将在行政诉讼中承担败诉后果,因此在实践中,行政机关在执法过程中常常"按照诉讼法的标准要求自己"。[②]需要注意的是,行政调查中的举证责任又与行政诉讼中的举证责任存在区别。有观点指出:"行政诉讼是复查性诉讼,其中就包括法院复查行政机关是否满足行政程序法中的证据规则,而不应当要求行政机关满足诉讼规则。特别是最高法院自己制定一套证据规则,强行要求行政机关遵守,否则就要承担不利后果,实际上就是将司法解释的效力强行延伸到行政程序中,这样做不仅没有理论上的依据,同时也损害了正常的行政管理。"[③]现有研究忽视的恰恰是这种区别,因此需要有所校正。

提到两种举证责任的区别,最重要一点就是行政调查中的举证责

---

①　齐树洁主编:《英国证据法》,厦门大学出版社 2002 年版,第 171 页。

②③　姬亚平:《论行政证据与行政诉讼证据关系之重构》,载《行政法学研究》2008 年第 4 期。

任配置较为复杂。行政诉讼中,法院居中裁判,行政机关、行政相对人与第三人作为当事人各自承担相应的举证责任。与此不同,在行政调查中,行政机关兼具"裁判员"与"运动员"身份,它既有审查当事人证据的责任,也有自身的举证责任[①],二者常常交织在一起,很难区分。比如有观点认为:"行政机关应当对申请人所提交的申请材料是否齐全、是否符合法定形式的要件等进行审查,并在该范围内承当举证责任。"[②]实际上,该责任是典型的审查责任,并非举证责任。[③]另外,传统观点多认为行政机关应承担查清事实的全部责任,忽视甚至否定行政相对人、第三人在行政调查中的举证责任。基于以上两个方面的现状,本书虽以全面界定行政调查中的举证责任为目标,但具体操作上是以界定行政相对人的举证责任为中心,附带涉及第三人的举证责任。本书认为,只要清楚界定了行政相对人、第三人的举证责任,那么剩下的都是行政机关的职责。至于该职责具体属于举证责任还是审查责任,在本书主题范围内探讨的意义不大。

一、行政相对人举证责任辨析

依据前述的定义,何谓行政相对人的举证责任应该不成问题,但实际上并非如此。众多似是而非的内容充斥在行政相对人的举证责任概念中,使其变成一个无所不包的"大筐"。因此,在切入正题之前,去伪存真应该是一个必要的工作。

(一) 与行政相对人举证权利的区别

现代行政法重视行政相对人在行政程序中的参与权,具体到行政

---

① 有观点认为,行政机关在行政程序中应具有三重身份:证据收集者、证据认定者和证据提供者。本书认为,证据收集者与证据提供者两个角色其实可以合二为一,即举证者,而证据认定也就是证据审查。参见王维民:《行政程序证据制度的特点及功能分析》,载《武警学院学报》2011年第3期。

② 周士逑:《行政证据制度研究》,西南政法大学2006年硕士学位论文。

③ 类似的情形有很多,比如《反垄断法》第43条规定:"被调查的经营者、利害关系人有权陈述意见。反垄断执法机构应当对被调查的经营者、利害关系人提出的事实、理由和证据进行核实。"

调查证据制度,就体现为行政相对人享有在行政调查中提出证据的权利。比如《行政处罚法》第45条规定:"当事人有权进行陈述和申辩。行政机关必须充分听取当事人的意见,对当事人提出的事实、理由和证据,应当进行复核;当事人提出的事实、理由或者证据成立的,行政机关应当采纳。"有观点认为这也属于行政相对人的举证责任。[①]权利与义务、责任合为一体的法律规定当然存在,《宪法》第46条规定的公民受教育权就是一个典型例子。但在此处,无论从字面含义还是从立法精神上看,该条文都只是在赋予行政相对人以权利。行政相对人当然可以选择放弃该权利,并可能因此承担一定不利后果,但这种后果与举证责任意义上的败诉后果并不相同。

当然,行政相对人的举证权利与举证责任在具体内容上可能会存在一定重合,但二者在本质上还是有区别的。

(二) 与行政相对人协力义务的区别

尽管有学者指出,在负担行政中,行政相对人的协力义务与参与权之间存在内在冲突,[②]但一般认为,行政相对人的协力义务是普遍存在于各个行政管理领域的[③],行政调查领域也不例外。比如《突发公共卫生事件应急条例》第36条规定:"国务院卫生行政主管部门或者其他有关部门指定的专业技术机构,有权进入突发事件现场进行调查、采样、技术分析和检验,对地方突发事件的应急处理工作进行技术指导,有关单位和个人应当予以配合;任何单位和个人不得以任何理由予以拒绝。"其中的"配合"就是行政调查领域的一种协力义务,而"应当""不得拒绝"则凸显了其强制性。再比如,《审计法》第31条规定:"审计机关有权要求被审计单位按照规定报送预算或者财务收支计划、预算执行

---

① 参见徐继敏:《行政程序证据规则与案例》,法律出版社2011年版,第65—66页。

② 参见章剑生:《论行政处罚中当事人之协助》,载《台湾行政法学会学术研讨会论文集(2006)》,台湾元照出版公司2006年版,第278页。

③ 参见叶必丰、李煜兴:《行政程式中参与人协力义务的实定法比较》,载《台湾行政法学会学术研讨会论文集(2006)》,台湾元照出版公司2006年版,第263页。

情况、决算、财务报告,社会审计机构出具的审计报告,以及其他与财政收支或者财务收支有关的资料,被审计单位不得拒绝、拖延、谎报。"这里不仅指出了行政相对人的协力义务,更是赋予了行政机关"有权要求"这样的权力。

有观点认为,在行政调查领域,行政相对人的协力义务就是其举证责任,至少也是其举证责任的一部分。①当然,如同行政相对人的举证权利一样,行政相对人的协力义务与举证责任在内容上也完全可能出现重合。但二者还是存在本质不同。比如在德国,有学者就指出:"《联邦行政程序法》第24条和第26条没有像民事诉讼法那样明确规定参加人的主观证明责任(提供证据的责任),因此可以认为在行政程序法中参加人没有提供证据的责任。第24条第1款第2句规定的提出证据申请的机会以及配合义务都不能改变这种情况。"②换句话说,行政相对人的协力义务与其举证责任之间不能相互替代。其中的原理也许在于,行政相对人的协力义务来源于现代行政活动中人民从"参与到合作"的角色转变③,实质上是行政调查权的对应物,而行政相对人的举证责任则属于诉讼法上为便于查清事实而作出的制度安排,所以二者一属实体法领域,一属程序法领域,存在根本区别。从法律后果上看,如果行政相对人未尽到举证责任,则应承担行政程序和诉讼程序中不利后果;如果行政相对人未履行协力义务,则也可能承担一定的不利后果,但这种不利后果是独立于原行政程序的,与未尽到举证责任的不利后果不同。比如,《电力安全事故应急处置和调查处理条例》第11条第3款规定:"任何单位和个人不得故意破坏事故现场,不得伪造、隐匿或者毁灭相关证据。"这是有关电力事故调查中行政相对人协力义务的规

---

① 参见徐继敏:《行政程序证据规则与案例》,法律出版社2011年版,第55—70页。

② [德]汉斯·J.沃尔夫等:《行政法》(第二卷),高家伟译,商务印书馆2002年版,第225页。

③ 参见陈爱娥:《行政程序制度中之当事人协力义务》,载《台湾行政法学会学术研讨会论文集(2006)》,台湾元照出版公司2006年版,第343页。

定。同法第 28 条规定了行政相对人未履行这些协力义务时会受到的行政处罚。这种行政处罚是独立于事故调查处理程序的。如果同一行政相对人既对事故负有责任，同时又未履行协力义务，则其所应受的处罚是双重的。

需要说明的是，行政相对人的举证责任与协力义务存在区别，并不意味着二者不能共存，恰恰相反，二者之间存在重要的互补关系。以负担行政行为为例，原则上行政相对人不应自证其罚，因为这与刑法上的"不得自证其罪""无罪推定"等举证原则相龃龉[1]，但某些对行政相对人不利的证据可能恰恰掌握在其手中。此时行政机关就需要借助行政相对人的协力义务这一制度工具完成取证。另外，在授益行政行为领域，某些对行政相对人有利证据的取证，完全没有必要以协力义务的形式强加于行政相对人，而只需要将其设定为行政相对人的举证责任，由其自负其责即可。

（三）与限制行政相对人滥用举证权利的区别

有一种观点将行政相对人的举证责任与对行政相对人滥用举证权利的限制相混淆。比如王名扬教授认为："提供证据不仅是当事人的权利，也是当事人的义务。正式裁决中的当事人，有义务把他所掌握的全部和案件有关的证据，在行政听证阶段提出，否则法院认为当事人已放弃利用这项证据的权利，不能在以后的司法审查中再提出。"[2]以上观点，王名扬教授是在行政相对人的举证责任意义上论述的。这种观点影响广泛。[3]实际上，该种制度属于对行政相对人滥用举证权利的限制，或者属于在行政相对人举证权利上附加的一种义务，与行政相对人的举证责任并无多大关系。实际上，即使是王名扬教授，其在论述行政调查中的举证责任时，也主要是在"提出证据的责任"和"说服的责任"的层面进行探讨，也就是说，其举证责任的内涵仍主要是传统

---

① 参见章剑生：《现代行政法基本理论》，法律出版社 2008 年版，第 405—406 页。

② 王名扬：《美国行政法》，中国法制出版社 2005 年版，第 468 页。

③ 参见徐继敏：《美国行政程序证据规则分析》，载《现代法学》2008 年第 1 期。

意义上的。

如果以上去伪存真的工作基本成立，那么我们接下来就可以此为标准，对我国现行法律规范中行政相对人举证责任制度的现状作一个初步的整理。

二、行政相对人举证责任制度的现状

如果要全面整理行政相对人举证责任制度的现状，对法律规范的全面整理当然是首选方案。可惜这一方案的工作量过于庞大，基本不具有可操作性。退一步看，采用关键词检索方式当然可以有效减少工作量，但如何选取恰当的关键词又成为难题。为避免遗漏，本书选择了相对比较中立的"证据"一词作为关键词。在行政相对人的举证责任这个问题上，地方性法律规范相比于中央法律规范不可避免带有一定重复性，因此本书最终只选择了中央层面的法律规范进行整理，具体包括法律、行政法规和部门规章。

截至 2017 年 10 月 7 日，以"证据"作为内容关键词在"北大法宝"数据库的"中国法律法规规章司法解释全库"中检索，共得到法律 58部、行政法规 60 部、部门规章 526 部。对其中涉及行政相对人举证责任制度的法律规范整理如下。①

（一）行政机关承担全部举证责任

《行政处罚法》第 54 条、《食品安全法》第 75 条、《道路交通安全法》第 73 条、《消防法》第 51 条、《证券投资基金法》第 77 条、《农业机械安全监督管理条例》第 26 条、《防治船舶污染海洋环境管理条例》第 45条、《海关行政处罚实施条例》第 34 条、《信息披露违法行为行政责任认定规则》第 4 条、《质量技术监督行政处罚程序规定》第 14 条、《律师和律师事务所违法行为处罚办法》第 36 条、《烟草专卖行政处罚程序规

---

① 本书在整理过程中去掉了一些明显不符合要求的法律规范，比如内部法律规范（《监察法》《公务员法》等）、规范性文件（国务院以及各部委下达的通知等），另外有些法律规范中的行政行为的司法性质过强，本书也没有纳入，比如有关行政复议和听证的法律规范。

定》第21条、《道路交通安全违法行为处理程序规定》第8条、《中国保险监督管理委员会行政处罚程序规定》第21条、《安全生产违法行为行政处罚办法》第22条、《中国银行业监督管理委员会行政处罚办法》第18条、《城市供水水质管理规定》第28条、《统计执法检查规定》第29条、《农业行政处罚程序规定》第27条、《文化市场行政执法管理办法》第29条、《公证机构执业管理办法》第39条、《出入境检验检疫行政处罚程序规定》第16条、《违反〈铁路运输安全保护条例〉行政处罚实施办法》第40条、《海上海事行政处罚规定》第93条、《统计执法检查规定》第25条、《通信行政处罚程序规定》第19条、《出版管理行政处罚实施办法》第21条、《水行政处罚实施办法》第20条、《煤炭行政处罚办法》第19条。

以上是由行政机关承担全部举证责任的法律规范，从另一个角度看，就是行政相对人不承担举证责任的法律规范。典型例子是《行政处罚法》第54条："除本法第五十一条规定的可以当场作出的行政处罚外，行政机关发现公民、法人或者其他组织有依法应当给予行政处罚的行为的，必须全面、客观、公正地调查，收集有关证据；必要时，依照法律、法规的规定，可以进行检查。"在本书看来，所谓"必须全面、客观、公正地调查，收集有关证据"就是一种将举证责任全部分配给行政机关的规定，而其中隐含的意思是，行政相对人不承担举证责任。

（二）行政相对人对其申请符合要求承担举证责任

《专利法》第54条，《商标法》第25条，《知识产权海关保护条例》第13条，《政府信息公开条例》第25条，《反补贴条例》第15条，《特殊标志管理条例》第10条，《海洋石油勘探开发环境保护管理条例》第23条，《专利法实施细则》第60、65条，《反倾销条例》第15条，《商标法实施条例》第5、19、22、39、45、47条，《专利行政执法办法》第35条，《中国保险监督管理委员会行政处罚程序规定》第21、23条，《高等学校信息公开办法》第19条，《著作权行政处罚实施办法》第12条，《农业机械事故处理办法》第33条，《海关关于〈中华人民共和国知识产权海关保护条例〉的实施办法》第7、14条,《进出口玩具检验监督管理办法》第22条,《国家科学技术奖励条例实施细则》第66条,《中国保险监督管理委员会政府信息公开办法》第27条,《海关关务公开办法》第21条,《植物新品种保护条例实施细则(农业部分)》第10、37条,《电力监管机构举报处理规定》第8条,《商标评审规则》第40条,《进出口商品复验办法》第12条,《价格违法行为举报规定》第4条,《工程建设项目招标投标活动投诉处理办法》第7条,《驰名商标认定和保护规定》第4、5、12条,《对外贸易经济合作部关于保障措施产品范围调整程序的暂行规则》第6条,《反倾销退税暂行规则》第6条,《反倾销新出口商复审暂行规则》第9条,《倾销及倾销幅度期中复审暂行规则》第9条,《保障措施调查立案暂行规则》第6—17条,《反倾销调查立案暂行规则》第11—24条,《反补贴调查立案暂行规则》第11—22条,《集成电路布图设计行政执法办法》第7条,《集成电路布图设计保护条例实施细则》第24条,《公证投诉处理办法(试行)》第7条,《工商行政管理机关受理消费者申诉暂行办法》第22条,《国家工商行政管理局关于利用合同进行的违法行为的暂行规定》第4条,《国家工商行政管理局关于禁止侵犯商业秘密行为的若干规定》第5条,《城市出租汽车管理办法》第28条。

以上是由行政相对人对其申请符合要求承担举证责任的法律规范,典型例子是《政府信息公开条例》第41条:"公民、法人或者其他组织有证据证明行政机关提供的与其自身相关的政府信息记录不准确的,可以要求行政机关更正。""有证据证明"的表述表明该行政法规将这部分举证责任分配给了行政相对人。

(三)当事人各自对其主张承担举证责任

《农村土地承包经营纠纷调解仲裁法》第21、37、38条,《劳动争议调解仲裁法》第6条,《人事争议处理规定》第23条,《工伤认定办法》第9、17条,《土地权属争议调查处理办法》第19条,《旅游投诉处理办法》第18、19、20条,《农村土地承包经营纠纷仲裁规则》第14、18、23条,《劳动人事争议仲裁办案规则》第17、18、19条,《电力并网互联争议处理规定》第 7、10、12 条,《电力争议调解暂行办法》第 13、18、19 条,《农业部植物新品种复审委员会审理规定》第 16 条,《汽车维修质量纠纷调解办法》第 8 条,《合同争议行政调解办法》第 14 条,《林木林地权属争议处理办法》第 17 条。

以上是由当事人(行政相对人与第三人)各自对其主张承担举证责任的法律规范,典型例子是《土地权属争议调查处理办法》第 19 条:"土地权属争议双方当事人对各自提出的事实和理由负有举证责任,应当及时向负责调查处理的国土资源行政主管部门提供有关证据材料。"

三、制度与学说的比较分析

针对以上整理结果,我们可以作以下的初步分析。

(一)制度与学说基本一致

就整理结果来看,"行政机关承担全部举证责任"这部分所列主要是有关依职权行政行为的法律规范,具体而言主要是有关行政处罚的法律规范。"行政相对人对其申请符合要求承担举证责任"这部分所列主要是有关依申请行政行为的法律规范,具体而言主要是有关政府信息公开和知识产权认定的法律规范。"当事人各自对其主张承担举证责任"这部分所列内容主要是有关准司法行政行为的法律规范,具体而言主要是有关行政调解、行政裁决等的法律规范。

在行政调查领域,有关行政相对人的举证责任,学界态度基本可以凝练为两点:一是谁主张谁举证,行政相对人对其所主张的事实负举证责任;二是行政相对人在不同的行政行为中承担不同的举证责任。其中第二点又可以概括如下:在行政相对人的举证责任问题上,可将行政行为分为依职权行政行为、依申请行政行为和准司法行政行为。依职权行政行为中基本不存在行政相对人的举证责任,依申请行政行为中,行政相对人对其申请符合要求承担举证责任;准司法行政行为中,当事人各自对其主张承担举证责任。①

---

① 参见章剑生:《现代行政法基本理论》,法律出版社 2008 年版,第 441 页。

稍作对比后就会发现,本书的整理结果与学界观点基本一致。一方面,整理结果中的三类法律规范基本对应学界所提出的行政行为三分法;另一方面,三类法律规范各自规定的举证责任规则凝合起来,其实就是"谁主张谁举证"的法律原则。

(二) 制度丰富了学说

尽管依职权行政行为中,行政机关承担举证责任,但行政相对人应当就对其有利的事实提供证据证明。这一观点在学界并不鲜见,制度实践也很常见,比如《企业所得税法实施条例》115条第2款规定:"企业对税务机关按照前款规定的方法核定的应纳税所得额有异议的,应当提供相关证据,经税务机关认定后,调整核定的应纳税所得额。"类似的规定还出现在《税收征收管理法实施细则》《个体工商户税收定期定额征收管理办法》《海关审定进出口货物完税价格办法》等法律规范中。但制度实践的想象力显然要更丰富些。《反垄断法》第46条第2款规定:"经营者主动向反垄断执法机构报告达成垄断协议的有关情况并提供重要证据的,反垄断执法机构可以酌情减轻或者免除对该经营者的处罚。"该规定看起来比较类似于刑法上的自首、立功制度,但如果从举证责任的角度解读可以认为,行政相对人如果主动承担部分查清对其不利事实的责任,则其所受不利行政行为可以减轻或免除。这就在一定程度上化解甚至消除了学者所指出的行政相对人的协力义务与参与权之间的内在冲突。①

学界鲜有探讨行政调查中第三人的举证责任问题,但部分法律规范对此有所涉及。《知识产权海关保护条例》第13条第1款规定:"知识产权权利人请求海关扣留侵权嫌疑货物的,应当提交申请书及相关证明文件,并提供足以证明侵权事实明显存在的证据。"第18条规定:"收货人或者发货人认为其货物未侵犯知识产权权利人的知识产权的,应当向海关提出书面说明并附送相关证据。"其中针对收货人或发货人

---

① 参见章剑生:《论行政处罚中当事人之协助》,载《台湾行政法学会学术研讨会论文集(2006)》,台湾元照出版公司2006年版,第278页。

的规定,可看作是有关第三人举证责任的规定,其本质上也是"谁主张谁举证"原则的体现。

有的法律规范规定了举证责任的转移制度,即可以从行政相对人转移给行政机关,前提是行政相对人因客观原因不能自行收集,且征得行政机关同意。比如《专利行政执法办法》第 35 条第 1 款规定:"在专利侵权纠纷处理过程中,当事人因客观原因不能自行收集部分证据的,可以书面请求管理专利工作的部门调查取证。管理专利工作的部门根据情况决定是否调查收集有关证据。"

应该说,以上制度探索都具有很大合理性,值得我们借鉴学习和进一步研究。

(三) 制度存在的问题

整理结果也反映出行政相对人举证责任制度上的一些问题。

在依职权行政行为领域,涉及行政相对人举证责任问题的主要是行政处罚类法律规范。尽管没有直接证据证明,但从文本上观察,这类法律规范大部分是照搬了《行政处罚法》的表述方式,即行政机关"必须全面、客观、公正地调查,收集有关证据"。这种表述方式对行政机关而言并没有太大问题,问题在于对行政相对人而言,这种表述方式只是在间接排除其举证责任,并不能彻底保障其不被施加多余的举证负担。目前在行政调查的学说和制度上都认可行政相对人的协力义务,这本身当然无可厚非,但如果不对协力义务的范围加以控制,所谓"由行政机关承担依职权行政行为的全部举证责任"很可能成为一句空话。

在依申请行政行为领域,目前的确有一些法律规范对行政相对人的举证责任作了规定,但这种法律规范的数量极少。更多的法律规范仅将行政相对人需提交证据界定为一种程序性义务,而非举证责任。比如《房屋登记办法》第 11 条规定:"申请房屋登记,申请人应当向房屋所在地的房屋登记机构提出申请,并提交申请登记材料。"《行政许可法》《土地登记办法》等法律规范中也有类似规定。当然,以上也可能仅是文字表述上的问题,法律规范的本意也许就是将其定位为举证责任。但更根本的问题在于,这类法律规范往往缺少有关未尽到举证责任的法律后果的规定,这就容易在实践中造成困扰。比如,明明是行政相对人未在行政程序中尽到举证责任,但由于行政行为的内容与客观事实不符,行政诉讼中法院往往判行政机关败诉,撤销具体行政行为,这种案例屡见不鲜。

此外,严格来说,行政相对人对其申请符合要求承担举证责任的规定,并不限于依申请行政行为,也适用于那些可以依申请作出的依职权行政行为。比如,《价格违法行为举报规定》第4条规定:"举报人举报价格违法行为,应当提供以下内容:(一)被举报人的名称、地址;(二)被举报人违反价格法律、法规、规章或者规范性文件的事实及有关证据;(三)举报人要求答复的,应当提供联系方式。"价格主管部门查处价格违法行为本身是一个依职权行政行为,但也可以应行政相对人的申请作出,此时就需要行政相对人提供相关证据。

准司法行政行为领域存在的问题不多。大多数法律规范都将"谁主张谁举证"原则明确落实在具体条文中,且规定了相应的法律后果。当然也有少数例外,比如《产品质量申诉处理办法》和《渔业水域污染事故调查处理程序规定》就仅规定了一方当事人的举证责任,而对另一方的规定则付之阙如。

四、行政相对人举证责任制度的完善

应该说,总体来看,行政相对人举证责任制度的整体状况是令人满意的,但也暴露出一些问题,需要我们进一步思考解决。

(一)落实"谁主张谁举证"的法律原则

在诉讼法上,有关举证责任分配的问题,居主流地位的是两种学说,即英美法系的"利益衡量说"与大陆法系的"法律要件分类说"。"利益衡量说"认为,举证责任分配不存在一般性标准(原则),只能在综合若干要素的基础上就具体案件进行具体性分配。在对具体案件进行举证责任分配时要考虑的要素包括：政策、公平、证据为谁持有、方便性、盖然性、经验规则、是否请求变更现状，等等，其中最为重视的要素是政策、公平和盖然性。[1]

相比之下，"法律要件分类说"则主张以法规要件分类为出发点，并主要以法律条文的表意和构造为标准分析法律规定的原则和例外，以及基本规定和特殊规定之间的关系，以此分配举证责任。具体而言，如果没有一定的法规可以适用，则无法获得诉讼上请求效果的当事人，应就该法规要件在实际上已经存在的事实予以主张和举证。也就是说，各当事人应对有利于己的规范要件加以主张和举证。[2]

一般而言，大陆法系国家主要采用"法律要件说"作为诉讼法上举证责任制度的主体，也就是坚持"谁主张谁举证"原则，除此之外也借鉴"利益衡量说"的某些合理要素。行政调查虽与诉讼程序有所区别，但在举证责任制度上应该是共通的，基本的原理也并无二致，前述我国的制度实践与理论总结都证实了这一点。[3]因此我们应当在行政调查领域落实"谁主张谁举证"原则，行政机关与行政相对人应各自对其主张承担举证责任。当然，特殊情况下也可以兼顾"利益衡量说"的要求，比如要求持有证据的一方应负较多举证责任。《关于审理政府信息公开行政案件若干问题的规定》第 6 条就规定："被告拒绝向原告提供政府信息的，应当对拒绝的根据以及履行法定告知和说明理由义务的情况举证。被告主张政府信息不存在的，应当提供经过合理查询的证据；原告能够提供被告保有政府信息线索的，可以申请人民法院调取证据。原告以政府信息涉及其商业秘密、个人隐私为由起诉的，被告应当对是

---

① 参见陈峰：《法治理念下的行政程序证据制度研究》，苏州大学 2010 年博士学位论文。

② 参见陈刚：《证明责任法研究》，中国人民大学出版社 2000 年版，第 184 页。

③ 德国的费利克斯教授认为，虽然在德国行政程序中，行政机关依职权调取证据，当事人对行政程序没有形式的证明责任。因为行政机关的任务是充当程序的主人，它调查所有必要的事实。但在公法上还存在实质的证明责任。一般来说，当事实真伪不明时，证明责任由要求因此获得对自己有利的法律结果的一方承担。转引自冯凯、高志新：《中国行政程序法：起草资料汇编》，中信出版社 2004 年版，第 831 页。

否涉及原告商业秘密、个人隐私或者是否书面征得其同意举证；因公共利益决定公开的，被告应当对认定公共利益以及不公开可能对公共利益造成重大影响的根据举证。被告拒绝更正其提供的与原告相关的政府信息记录的，应当对原告要求更正的理由是否成立以及被告是否有权更正举证。"

行政机关应对其主张承担举证责任，这一点已在理论界、实务界形成共识，无需多言。在行政调查领域落实"谁主张谁举证"原则，关键在于如何将行政相对人的相应举证责任明确到法律条文中。

（二）补强"行政行为三分法"的法律规则

将行政行为分为依职权行政行为、依申请行政行为与准司法行政行为，并针对每种行政行为的特点采用不同的举证责任制度设计，这种做法可称为行政调查举证责任上的"行政行为三分法"。看起来形态各异，本质上万法归一。三种不同的举证责任制度设计实际上是在从不同角度落实"谁主张谁举证"原则。如前所述，理论和实践上都已高度认可这种做法，剩下的问题是如何完善它。

对于依职权行政行为，如前所述，目前这种"间接否认行政相对人的举证责任＋行政相对人负协力义务"的现状实际上不利于保护行政相对人的权益。较好的做法是在法律规范中直接否认行政相对人的举证责任，以达到制约行政调查权、防止协力义务范围无限扩大的目的。

对于依申请行政行为，较好的做法也是直接将行政相对人需提供材料这点界定为举证责任，同时辅之以法律后果的规定。如果行政相对人不能尽到举证责任，则其不仅需要承担行政程序中的不利后果，还要承担行政诉讼中的不利后果。具体而言，在行政相对人未尽到举证责任的情况下，即使行政行为的内容与客观事实不符，也不应撤销行政行为。行政相对人只能申请废止原行政行为。

（三）采用"统一加分散"的立法模式

有关行政相对人举证责任制度的立法模式，在行政程序法典这个层面，各国的实践并不相同。

　　葡萄牙《行政程序法》第 88 条规定:"利害关系人负证明其陈述的事实的责任,但不影响依据上条第 1 款的规定课予有权限的机关的义务。"瑞士《行政程序法》第 25 条第 2 款规定:"对确认行政行为的做成,申请人应当证明其具有值得保护的利益。"美国《联邦行政程序法》第 556 节第(d)款规定:"除法律另有规定外,法规或裁定的提议人应负举证责任。"

　　与上述不同的是德国,如前所述,德国《联邦行政程序法》没有明文规定行政相对人的举证责任。[①]

　　在我国,姜明安教授主持的《中华人民共和国行政程序法(试拟稿)》第 55 条第 1 款规定:"行政相对人申请行政机关和其他行政主体办理有关事项,应依法提供证据和有关材料。行政机关和其他行政主体实施行政行为,可以要求行政相对人提供其掌握的有关证据和有关材料。行政相对人拒绝提供而行政机关和其他行政主体又不能通过其他途径获得相应证据和材料的,其应承担行政机关或其他行政主体可能对其作出的不利行政处理的责任。"与此不同,马怀德教授主持的《〈行政程序法〉草案建议稿》中并没有对行政相对人的举证责任作出规定。

　　以上各种规定看似不同,其实有内在统一。一方面,没有规定行政相对人举证责任的国家并非否定该责任,而只是把该问题交给单行法或特别法去处理。在德国,尽管一般认为在行政程序法中没有规定行政相对人的举证责任,但"在行政机关经过所有的努力仍然不能查明案件事实时,具有决定性意义的是实质的证明责任。就实质证明责任而言,关键的问题是在行政机关和参加人之间分配证明责任的标准是什么。从单行法律对证明责任的明确规定来看,主要的标准应当是有关的法律规范对谁有利,有待查明的事实属于谁的支配和责任领域(责任范围理论),以及根据实体法规定,在案件事实不能查明时应当由谁承

---

　　① ［德］汉斯·J.沃尔夫等:《行政法》(第二卷),高家伟译,商务印书馆 2002 年版,第 225—226 页。

担行政决定的风险"。①另一方面,规定了行政相对人举证责任的国家
几乎都是采用了比较概括和抽象的表述。以上两个方面似乎意味着,
设定行政相对人举证责任制度的任务并非可以由行政程序法典独立完
成,较好的办法似乎是采用一种"统一加分散"的立法模式,即基本原则
由行政程序法典统一规定,而具体的细节由各单行法或特别法去完成。
这样做能够兼顾行政相对人举证责任的共性与个性,是一条相对可行
的路径。

本 章 小 结

本章主要探讨行政调查强度的产生原因。行政调查强度问题的分
布现状为我们提供了初步的线索。行政调查强度问题主要集中于依申
请行政行为领域,具体而言是其中的行政登记领域,之所以主要集中于
依申请行政行为领域,是因为行政调查强度本质上是依申请行政行为
的一种成本控制机制。相比之下,依职权行政行为主要以调查选择作
为其成本控制机制。需要注意的是,催生调查强度这种控制机制的成
本,不仅包括临时性的行政性成本,还包括永久性的结构性成本,因此
行政调查强度将是一个长期存在的问题。由于行政登记比较频繁地接
触民事行为,而登记机关是否有权调查民事行为是存在争议的,这导致
行政调查强度比较集中地在行政登记领域出现。如果将行政诉讼上的
"客观事实"与"法律事实"之分应用到行政行为上,则行政行为的"事实
清楚"也将是"法律事实清楚",行政调查强度正是具体界定这种"法律
事实清楚"的机制。在这个意义上我们可以说,行政调查强度具备合
法性。

---

① [德]汉斯・J.沃尔夫等:《行政法》(第二卷),高家伟译,商务印书馆 2002 年版,
第 225—226 页。

　　行政调查中行政相对人举证责任的内涵混乱不清，必须有所辨析。我国的制度实践与学说理论都表明，在行政调查领域应坚持"谁主张谁举证"原则，具体到行政相对人的举证责任，应采用"行政行为三分法"进行区别处理。未来的行政程序法典可以仅对行政相对人的举证责任作一般性规定，剩下的由单行法或特别法来完成。第三人的举证责任问题与此类似。在清楚界定行政相对人、第三人的举证责任后，行政机关的举证责任也就不言自明了，而行政机关的举证责任又与其作出行政行为时的调查强度紧密相关。

第三章

行政调查强度的固定标准

第一节　行政调查强度固定标准非制度产物

行政调查强度的判断标准包括固定标准和弹性标准。固定标准是指法院认为行政机关不管面对何种情形都应固定地采用某种调查强度,弹性标准是指法院认为行政机关可根据具体情形采用不同的调查强度。本章主要整理行政调查强度的固定标准。

一、总　体　情　况

在具体整理之前,笔者先以表格形式对行政调查强度判断标准的总体情况作了统计,并制成表5:

表5　行政调查强度判断标准概况　　　　　（单位:件）

	房产登记	企业登记	婚姻登记	抵押登记	车辆登记	船舶登记	资产登记	户口登记	合同许可	零售许可	竣工验收	总数
书面调查	42	36	5	6	5	0	0	1	1	1	0	97
材料真实	29	19	1	0	2	0	0	0	0	0	1	52
权属清楚	75	12	6	4	1	1	1	0	0	0	0	100

表5中,横格代表案例所处的行政行为领域,竖格代表法院所认可的行政调查强度,表中数字代表认可该种行政调查强度的案例数量。在统计过程中,上文所述的法院采"行政机关既应调查材料真实又应审查权属清楚"观点的案例,笔者将其作为两个案例进行统计,即在"材料真实"和"权属清楚"栏各计1个。因此,上表中所统计的案例总数会稍多于表2所统计的案例总数。

所有案例中,法院在行政调查强度问题上采固定标准的占了大多数,即法院普遍认为行政机关不管面对何种情形都应固定地采用某种调查强度。表6显示了采用固定标准的案例的分布情况。

表6 行政调查强度固定标准概况 （单位:件）

	房产登记	企业登记	婚姻登记	抵押登记	车辆登记	船舶登记	资产登记	户口登记	合同许可	零售许可	竣工验收	总数
书面调查	29	25	5	6	4	0	0	1	1	1	0	72
比例(%)	78.4	73.5	100	100	80.0	0	0	100	100	100	0	80.0
材料真实	24	17	1	0	2	0	0	0	0	0	0	44
比例(%)	85.7	94.4	100	100	100	0	0	0	0	0	0	88.0
权属清楚	68	9	6	4	1	1	1	0	0	0	0	90
比例(%)	90.7	75.0	100	100	100	100	100	0	0	0	0	90.0

一般看到表6后的第一反应也许是:采用固定标准的案例在所有案例中明显占绝对多数,因此行政调查强度就应当采用固定标准。这种思路是典型的存在即合理型思路,其科学性值得怀疑。实际上,采用某种行政调查强度标准的案例多寡并不能说明该种行政调查强度标准是否以及多大程度上具有合理性,我们应当进一步分析这些案例的生成机制。如果案例的生成机制是可欲的,那么不管该种案例所占比例如何微小,案例所表明的观点都是我们制度改革的目标。如果案例的生成机制不可欲,那么即使该种案例所占比例非常大,我们也应在分析

出现这种局面的原因时力图改变它。

在大陆法系国家,裁判结论一般是由法院在个案中适用法律生成。探讨行政调查强度固定标准的生成机制,我们不妨也从案例结论与相关立法的关系入手。

笔者选取了房产登记、企业登记两个领域进行整理。之所以选择这两个领域,一方面是因为这两个领域出现的行政调查强度案例数量最多,相应的统计数字具有分析意义。另一方面是因为这两个领域各自具有代表性:房产登记是典型的确认型登记,公司登记是典型的许可型登记,两种类型基本涵盖了可能存在调查强度问题的所有行政行为领域。因此,对这两个领域进行整理得出的结论基本上可以适用于其他行政行为领域。

笔者对每个领域的整理将会分成三步进行。第一步,对该领域涉及行政调查强度的法律规范进行列举和分析,以得出立法对该领域行政调查强度的整体意见。第二步,对该领域涉及行政调查强度的案例进行对应性整理,以得出司法对该领域行政调查强度的整体意见。第三步,将两个整体意见进行对比,分析二者之间的关系。

二、房 产 登 记

(一) 制度整理

2007 年 10 月 1 日以前,房产登记领域涉及行政调查强度的法律规范主要有《城市房地产管理法》《城市房屋权属登记管理办法》《城市房地产转让管理规定》《城镇房屋所有权登记暂行办法》和《城市房屋产权产籍管理暂行办法》。

《城市房地产管理法》第 38 条规定:"下列房地产,不得转让:(一)以出让方式取得土地使用权的,不符合本法第三十八条规定的条件的;(二)司法机关和行政机关依法裁定、决定查封或者以其他形式限制房地产权利的;(三)依法收回土地使用权的;(四)共有房地产,未经其他共有人书面同意的;(五)权属有争议的;(六)未依法登记领取权属证书的;(七)法律、行政法规规定禁止转让的其他情形。"①其中的第五项严格说来是针对申请人的规定,并未直接规定房管机关的调查强度。

根据《城市房地产管理法》制定的部门规章有两部:《城市房屋权属登记管理办法》和《城市房地产转让管理规定》。《城市房地产转让管理规定》的第6条基本上是照搬《城市房地产管理法》第38条的规定,而《城市房屋权属登记管理办法》的相关规定则有所不同。后者第10条规定:"房屋权属登记依以下程序进行:(一)受理登记申请;(二)权属审核;(三)公告;(四)核准登记,颁发房屋权属证书。本条第(三)项适用于登记机关认为有必要进行公告的登记。"第27条规定:"登记机关应当对权利人(申请人)的申请进行审查。凡权属清楚、产权来源资料齐全的,初始登记、转移登记、变更登记、他项权利登记应当在受理登记后的30日内核准登记,并颁发房屋权属证书;注销登记应当在受理登记后的15日内核准注销,并注销房屋权属证书。"两条规定中"权属审核"与"权属清楚"两项要求明显是为房管机关而设,且第27条将"权属清楚"与"产权来源资料齐全"并列,似乎可以理解为此"权属清楚"并非指向"书面上的权属清楚",而是指向"实质上的权属清楚"。

规范性文件层面,原城乡建设环境保护部于1987年4月21日制定实施的《城镇房屋所有权登记暂行办法》(简称《暂行办法》)迄今仍未失效。该《暂行办法》第8条规定:"登记机关依照申请人的申请进行产权审查,凡房屋所有权清楚,没有争议,符合有关法律和政策,证件齐全,手续完备的,应发给房屋所有权证件。"该条文从内容上看与《城市房屋权属登记管理办法》的相关规定大同小异,似乎也是规定了房管机关的非书面调查(权属清楚)职责。与此类似,原建设部于1990年12月31日制定实施的《城市房屋产权产籍管理暂行办法》第10条第1款也明确规定:"城市房屋产权的取得、转移、变更和他项权利的设定,均应当依照《城镇房屋所有权登记暂行办法》的规定,向房屋所在地的市、县人民政府房地产行政主管部门申请登记,经审查确认产权后,发给房

---

① 2007年8月30日,修改过的《城市房地产管理法》开始实施,之前为37条。

屋产权证。"不过该暂行办法已于 2001 年 6 月 29 日被废止。

2007 年 10 月 1 日以后，房产登记领域有两部重要法律规范生效实施，它们分别是《物权法》（《民法典》）和《房屋登记办法》。

2007 年 10 月 1 日开始实施的《物权法》第 12 条规定："登记机构应当履行下列职责：（一）查验申请人提供的权属证明和其他必要材料；（二）就有关登记事项询问申请人；（三）如实、及时登记有关事项；（四）法律、行政法规规定的其他职责。申请登记的不动产的有关情况需要进一步证明的，登记机构可以要求申请人补充材料，必要时可以实地查看。"该条文后被《民法典》第 212 条继承。该条文的第 3 项逻辑上有被解释成非书面调查（材料真实）的可能，但也并非绝对，因为所谓如实的"实"，在笔者看来，既可以理解为"书面事实"，也可以理解为"客观事实"。该条文的第 1、2 项内容，如果与《城市房屋权属登记管理办法》的第 10、27 条作比较，则其中书面调查的意味明显更浓。所谓的"就有关登记事项询问申请人"，在笔者看来，只是书面调查的辅助程序而已，基本起不到非书面调查（权属清楚）的作用。①

2008 年 7 月 1 日起开始实施的部门规章《房屋登记办法》取代了原有的《城市房屋权属登记管理办法》。值得注意的是，新《房屋登记办法》中没有了《城市房屋权属登记管理办法》第 10、27 条那样的规定，反而首次出现了有关"申请人负责"的规定。②《房屋登记办法》第 11 条第 3 款规定："申请人应当对申请登记材料的真实性、合法性、有效性负责，不得隐瞒真实情况或者提供虚假材料申请房屋登记。"单看这一条文，严格来说，它只是针对申请人的规定，并不能从中直接推出行政调查强度。但若结合《房屋登记办法》与《城市房屋权属登记管理办法》的对比进行体系解释，我们似乎就可以得出《房屋登记办法》支持书面调

---

① 民法学者对《物权法》的解读与笔者类似，认为《物权法》要求不动产机关以书面调查为主，以非书面调查为辅。参见王利明：《物权法研究》，中国人民大学出版社 2007 年版，第 333 页；孙宪忠：《中国物权法总论》，法律出版社 2009 年版，第 336 页。

② 以往这种规定即使有，也是放在"罚则"部分，比如《城市房屋权属登记管理办法》第 36 条。

查的结论。

整体来看,在房产登记领域的调查强度问题上,2007 年 10 月 1 日以前,房管机关应以《城市房屋权属登记管理办法》作为主要法律依据,承担非书面调查(权属清楚)职责;2007 年 10 月 1 日以后,特别是 2008 年 7 月 1 日以后,房管机关应以《物权法》《民法典》和《房屋登记办法》为主要法律依据,承担书面调查职责。

(二)案例整理

笔者对房产登记领域有关行政调查强度的案例进行了整理,表 7 是详细的整理结果。极少数案例无法识别登记行为的作出日期,笔者没有列入。

表 7　房产登记领域调查强度固定标准概况

案　例　信　息	行为日期	调查强度
黄泰容诉泸州市政府案	1989/4/29	非书面调查(权属清楚)
刘同文诉浚县政府案	1990/4/10	非书面调查(权属清楚)
甘肃省总工会平凉地区工作委员会诉平凉市房管局案	1991/4/15	非书面调查(权属清楚)
董银宝等诉上海市房管局案	1991/8/1	非书面调查(权属清楚)
陈新琪等诉大丰市政府案	1991/9/12	非书面调查(权属清楚)
张能诉澄城县政府案	1992/10/14	非书面调查(材料真实)
金铭诉温州市政府案	1993/6/7	非书面调查(权属清楚)
北京市东城区商业网点规划建设管理处诉北京市房管局案	1993/12/8	非书面调查(权属清楚)
福建省鑫源建设发展有限公司海南分公司诉三亚市政府等案	1994/8/17	非书面调查(权属清楚)
应某等诉上海市房管局案	1995/4/20	书面调查
中国银行江西分行诉南昌市房管局案	1995/4/26	非书面调查(材料真实)
袁雅琴诉上海市房管局案	1996/2/28	非书面调查(权属清楚)
滕永宽诉南京市房管局案	1997/3/26	非书面调查(权属清楚)
钟筱明诉萍乡市房管局案	1997/4/30	书面调查
中国人民解放军河南省尉氏县人民武装部诉尉氏县政府案	1997/12/8	非书面调查(权属清楚)

续表

案 例 信 息	行为日期	调查强度
泸州市联谊旅社诉泸州市政府案	1998/3/16	非书面调查(权属清楚)
车风英诉辉县市政府案	1998/4/5	非书面调查(权属清楚)
车某诉辉县市政府案	1998/4/5	非书面调查(权属清楚)
安徽省淮南市洞山农村信用合作社诉淮南市房管局案	1998/5/20	非书面调查(权属清楚)
郑国华等诉南阳市房管局案	1998/7/10	非书面调查(权属清楚)
焦冬梅辉县市政府案	1998/11/20	非书面调查(材料真实)
林州市姚村村委会诉林州市房管局等案	1998/12/6	非书面调查(权属清楚)
肖孝广等诉秀山土家族苗族自治县政府案	1999/8/23	非书面调查(权属清楚)
张立忠等诉淄博市房管局案	1999/10/8	非书面调查(权属清楚)
徐学武诉哈尔滨市房管局案	1999/10/28	非书面调查(权属清楚)
闫新民诉遂平县政府案	1999/11/2	非书面调查(权属清楚)
庞教英等诉三亚市政府案	2000/2/17	非书面调查(权属清楚)
程雪梅诉徐州市房管局案	2000/6/9	非书面调查(材料真实且权属清楚)
陈玉香诉上海市房管局案	2000/8/6	非书面调查(材料真实)
张某诉安阳市房管局案	2000/9/1	书面调查
山西省林业厅等诉太原市政府案	2000/11/7	非书面调查(权属清楚)
陈金雄诉武汉市房管局案	2000/12/6	书面调查
张某诉北京市建委案	2000/12/7	非书面调查(权属清楚)
张学展诉淮北市房管局案	2000/12/14	非书面调查(权属清楚)
任晓勇等诉南充市政府案	2001/5/21	非书面调查(权属清楚)
彭东锋诉确山县政府案	2001/10/29	非书面调查(权属清楚)
张庆生诉重庆市房管局案	2001/11/10	非书面调查(权属清楚)
朱建军诉郑州市房管局案	2001/12/28	非书面调查(权属清楚)
刘开益等诉于都县房管局案	2002/1/31	非书面调查(材料真实且权属清楚)
重庆市工商局长寿区分局诉重庆市长寿区房管局等案	2002/2/5	非书面调查(权属清楚)
曾群莲诉孝感市房管局案	2002/8/14	非书面调查(权属清楚)

续表

案　例　信　息	行为日期	调查强度
华中航运集团有限公司诉汉川市房管局案	2002/9/5	书面调查
苏秀芝诉沈阳市房管局案	2002/11/9	书面调查
刘火枝诉湖口县房管局案	2002/11/29	非书面调查(权属清楚)
王金萍诉湖南省武冈市房管局案	2003/2/12	书面调查
邹侠诉怀远县政府案	2003/2/24	非书面调查(权属清楚)
李娜诉沈阳市房管局案	2003/6/3	书面调查
汶上县第三建筑公司诉汶上县房管局案	2003/6/3	非书面调查(权属清楚)
张德财等诉沈阳市沈河区房管局案	2003/8/28	非书面调查(材料真实)
李振海等诉温县房管局案	2003/8/29	非书面调查(权属清楚)
张新玲诉新乡市房管局案	2003/9/24	非书面调查(权属清楚)
丁三保诉赣州市房管局案	2003/10/17	非书面调查(权属清楚)
粟某诉深圳市房管局宝安分局案	2003/12/22	书面调查
韩小明诉重庆市涪陵区政府案	2004/2/10	非书面调查(权属清楚)
林桂芬诉扬州市房管局案	2004/3/18	书面调查
袁志梅诉淮安市淮阴区房管局案	2004/3/30	书面调查
严复娣诉苏州市房管局案	2004/4/10	书面调查
吴幼定诉上海市房管局案	2004/4/21	非书面调查(材料真实)
缪福俭等诉福安市房管局案	2004/4/23	非书面调查(材料真实)
申桂风诉安阳市房管局案	2004/4/26	非书面调查(材料真实)
洪华荣诉九江市房管局案	2004/5/9	书面调查
尹兵诉重庆市房管局案	2004/5/10	非书面调查(材料真实)
王某诉驻马店市房管局案	2004/5/17	书面调查
王金枝诉驻马店市房管局案	2004/5/17	书面调查
鹿邑县马铺农机制造厂诉鹿邑县政府案	2004/6/6	非书面调查(权属清楚)
赵乐合诉新乡市房管局案	2004/6/21	非书面调查(权属清楚)
陈雪玲诉驻马店市房管局案	2004/6/21	非书面调查(权属清楚)
刘恩友诉沈阳市房管局案	2004/7/12	书面调查
韩学丽诉沈阳市房管局案	2004/7/13	非书面调查(权属清楚)
王金云等诉沈阳市房管局案	2004/7/26	非书面调查(材料真实)

案 例 信 息	行为日期	调查强度
重庆铧钫商贸有限公司诉重庆市房管局案	2004/8/12	书面调查
齐桂风诉南阳市房管局案	2004/8/27	非书面调查(材料真实)
宋海涛诉杭州市房管局案	2004/10/12	非书面调查(材料真实)
无锡市第六建筑工程公司海南分公司诉海口市房管局案	2004/12/20	非书面调查(权属清楚)
施以平诉武汉市房管局案	2004/12/28	非书面调查(材料真实且权属清楚)
吴爱珠诉珠海市房地产登记中心案	2004/12/30	非书面调查(材料真实)
支东云诉遂平县政府案	2005/1/10	非书面调查(权属清楚)
杨波诉南京市房管局案	2005/2/3	非书面调查(材料真实)
武汉市华冠贸易有限公司诉武汉市房管局案	2005/2/8	非书面调查(权属清楚)
姚立志诉南阳市房管局案	2005/3/14	非书面调查(权属清楚)
李清军诉商丘市建设局案	2005/7/1	非书面调查(材料真实)
张国兰诉北京市建委案	2005/7/8	书面调查
王建干诉盐城市房管局案	2005/7/12	书面调查
赵卫诉潍坊市房管局案	2005/9/16	非书面调查(权属清楚)
章继萍诉沈阳市房管局案	2005/10/13	书面调查
武汉市中山医药集团股份有限公司诉武汉市房管局案	2005/10/28	书面调查
张秀荣等诉信阳市房管局案	2005/12/12	书面调查
黎八等诉佛山市政府等案	2006/5/16	非书面调查(权属清楚)
曲俊英诉林州市房管局案	2006/5/31	非书面调查(权属清楚)
李晓诉南召市房管局案	2006/6/10	非书面调查(材料真实)
杨明亮诉邓州市房管局案	2006/8/3	书面调查
何翠云诉成都市青羊区房管局案	2006/11/22	书面调查
段双录诉新乡市房管局案	2006/12/25	非书面调查(材料真实)
刘小东诉北京市建委案	2007/2/6	书面调查
许春燕诉文昌市政府案	2007/4/13	非书面调查(权属清楚)
赵兵诉河南省济源市建委案	2007/4/20	非书面调查(权属清楚)
韩三保诉方城县房管局案	2007/9/27	非书面调查(权属清楚)
刘文芝诉驻马店市房管局案	2008/4/7	书面调查

案　例　信　息	行为日期	调查强度
冯桂娥诉郑州市房管局案	2008/6/19	非书面调查(材料真实)
魏某诉长葛市房管局案	2008/11/27	非书面调查(权属清楚)
李庆金等诉桐柏县房管局案	2008/12/12	非书面调查(权属清楚)
李桂兰诉南召县政府案	2009/1/6	非书面调查(权属清楚)
王静诉信阳市狮河区房管局案	2009/5/14	非书面调查(材料真实)
荆门雨田肉禽有限公司诉荆门市房产管理局案	2016/9/18	书面调查
云南敞阔经贸有限公司诉禄劝彝族苗族自治县住房和城乡规划建设管理局案	2017/6/7	书面调查
陈仁才等诉瓦房店市国土资源局案	2017/12/27	书面调查
朱满华诉靖江市国土资源局案	2018/2/26	书面调查
方某诉武汉市黄陂区不动产登记局案	2018/5/2	书面调查
廖彩云诉咸阳市不动产登记局案	2018/5/29	非书面调查(材料真实)
龙福祥诉铜仁市碧江区人民政府案	2019/12/22	非书面调查(材料真实)
蒙旭刚诉南宁市自然资源局案	2020/12/28	书面调查
王某诉靖宇县自然资源局案	2020/12/28	书面调查
赵东诉南阳市自然资源和规划局案	2021/4/21	书面调查
杨红艳诉淮安市自然资源和规划局案	2021/5/27	书面调查
周丹诉张家界市自然资源和规划局案	2022/3/11	非书面调查(材料真实)

(三) 比较分析

如果以上的法规整理与案例整理尚非大误,那我们有理由期待,表7中的案例应呈现以下的分布状态:房管机关在2007年10月1日之前作出登记行为的案例,法院态度应当主要是支持非书面调查(权属清楚);房管机关在2007年10月1日之后作出登记行为的案例,法院态度应当主要是支持书面调查。

事实是否真的如此呢?

通过表7的整理我们可以看到,2007年10月1日之前,法院采非书面调查(权属清楚)观点的案例所占比例为56.7%,法院采书面调查观点的案例所占比例为25.8%。2007年10月1日之后,法院采非书面调查(权属清楚)观点的案例所占比例为16.7%,法院采书面调查观点的案例所占比例为 55.6%。从中我们似乎看到一种从非书面调查（权属清楚）向书面调查的转变。的确,2007 年 10 月 1 日之后的案例样本还比较少,我们尚不能轻易对其下结论,但 2007 年 10 月 1 日之前的案例样本是比较充足的,我们却从中发现了高达 25.8% 的案例法院是采书面调查观点的。1% 也许是偶然,但 25.8% 绝非偶然。基于此,笔者认为,整体上看,法院对房产登记领域行政调查强度固定标准的判断,基本上不是以法律规范为依据的。

三、企 业 登 记

(一) 制度整理

2004 年 7 月 1 日以前,企业登记领域涉及行政调查强度的法律规范主要是一部规章和两个答复。

1988 年实施的部门规章《企业法人登记管理条例施行细则》(以下简称《施行细则》)第 55 条第 2 项规定:"审查:审查提交的文件、证件和填报的登记注册书的真实性、合法性、有效性,并核实有关登记事项和开办条件。"首次明确了工商机关对企业登记的调查强度应为非书面调查(材料真实且权属清楚),即调查申请材料的"真实性、合法性、有效性",并"核实有关登记事项和开办条件"(实际上后者完全可以为前者所吸收)。该规定也被 1996 年版的《施行细则》所沿用(仍为第 55 条第 2 项)。

2000 年修改后的《施行细则》第 53 条第 2 项规定:"审查:审查提交的文件、证件和填报的登记注册书是否符合有关登记管理规定,并核实有关登记事项和开办条件。"虽然并非如有的学者所言"放弃了实质审查标准,转而采用形式审查标准"[1],但对于非书面调查(材料真实且权属清楚)语气上的减弱却很明显。[2]

---

[1]　章剑生:《行政许可审查标准:形式抑或实质——以工商企业登记为例》,载《法商研究》2009 年第 1 期。

[2]　需要说明的是,本书所提到的法律规范大多经历了多次修订,有不同的版本。有些法律规范的版本区分对于本书的主题而言没有意义,有些则有重大关系,本书只在后一种情况下才对具体版本进行说明。

2000 年 10 月 20 日国家工商行政管理总局颁布了《公司登记机关是否应对法定验资机构出具的验资报告的真实性承担审查责任问题的答复》(工商企字〔2000〕247 号)，其中规定："因验资证明内容不真实所引起的法律责任和后果，应由其验资机构承担。"该答复虽明确将工商机关的审查职责界定为书面调查，但调查对象仅限于"法定验资机构出具的验资报告"。

真正的转变发生在 2001 年 3 月 15 日《国家工商行政管理局关于登记主管机关对申请人提交的材料真实性是否承担相应责任问题的答复》(工商企字〔2001〕第 67 号)(以下简称《国家工商总局第 67 号文》)颁布之后。该答复称，"《公司登记管理条例》《企业法人登记管理条例》及其施行细则明确规定，办理企业登记时提交虚假证明文件或者采取其他欺诈手段，取得登记的，由登记主管机关责令改正，并处罚款；情节严重的，撤销登记，吊销营业执照；构成犯罪的，依法追究刑事责任。因此，申请人提交的申请材料和证明文件是否真实的责任应由申请人承担。登记主管机关的责任是对申请人提交的有关申请材料和证明文件是否齐全，以及申请材料和证明文件及其所记载的事项是否符合有关登记处管理法律法规的规定进行审查。因申请材料和证明文件不真实所引起的后果，登记主管机关不承担相应的责任。但是，对不符合规定条件或不按规定程序予以登记的，登记主管机关应根据情节给予相关工作人员相应的行政处分；构成犯罪的，交由司法机关处理"。

对于《国家工商总局第 67 号文》，需要注意的至少有两点：

第一，它首次明确了企业登记领域的行政调查强度应为书面调查，即调查"申请人提交的有关申请材料和证明文件是否齐全，以及申请材料和证明文件及其所记载的事项是否符合有关登记处管理法律法规的规定"，从而完成了从非书面调查(材料真实且权属清楚)到书面调查的转变。

第二，从文义上看，它是对《施行细则》的解释。《施行细则》是国家工商总局颁布的部门规章，根据《规章制定程序条例》第 33 条的规定，规章的解释与规章具有同等效力,因此《国家工商总局第67号文》应与《施行细则》具有同等效力。

2004年7月1日,《行政许可法》开始实施。对于行政许可的调查强度问题,《行政许可法》第34条规定:"行政机关应当对申请人提交的申请材料进行审查。申请人提交的申请材料齐全、符合法定形式,行政机关能够当场作出决定的,应当当场作出书面的行政许可决定。根据法定条件和程序,需要对申请材料的实质内容进行核实的,行政机关应当指派两名以上工作人员进行核查。"总体来看,本条内容可概括为:"固定式的书面调查+授权式的非书面调查。"该条文中"根据法定条件和程序"的表述,事实上为非书面调查划定了前提:许可机关有法定授权。换言之,除非法律规范有关于非书面调查的明文规定,许可机关一般只需负书面调查职责。至于非书面调查的范围,逻辑上既可以包含材料真实也可以包含权属清楚。

需要指出的是,企业登记领域的相关法律规范中,《行政许可法》第34条所称的"法定条件和程序"基本上付诸阙如,但是《行政许可法》本身却具体地对法定条件和程序作出了一些规定,主要集中在该法第36、46、47和48条。其中法定条件包括"直接关系第三人重大利益的"和"涉及公共利益的重大行政许可事项",相应的非书面调查方式或者程序包括听取申请人、第三人意见和听证。值得注意的是,以上四条的关键词之一均为"应当",也就是说,在适用以上四条对行政许可申请进行非书面调查时,许可机关并无狭义上的裁量权,是否进行非书面调查也就成为一个"不确定法律概念"的判断问题。

另外,《行政许可法》第31条规定:"申请人申请行政许可,应当如实向行政机关提交有关材料和反映真实情况,并对其申请材料实质内容的真实性负责。"单看这一条文,与前述的《房屋登记办法》第11条第3款类似,我们并不能直接得出有关行政调查强度的判断。但若结合《行政许可法》的其他条文(主要是第34条)进行体系解释,我们似乎就可以得出《行政许可法》支持书面调查的结论。

除此之外,《行政许可法》第 56 条以及一些企业登记领域的特别法也有与《行政许可法》第 34 条类似甚至是重复的规定①,笔者不赘。

整体来看,1988 年的《施行细则》首次确立了企业登记领域工商机关应负非书面调查(材料真实且权属清楚)职责,而 2001 年 3 月 15 日生效的《国家工商总局第 67 号文》则首次实现了非书面调查(材料真实且权属清楚)向书面调查的转变。2004 年 7 月 1 日生效的《行政许可法》进一步强化了《国家工商总局第 67 号文》所带来的这种转变,规定除非有法律规范的明文授权,许可机关一般只负书面调查职责。

(二) 案例整理

笔者对企业登记领域有关行政调查强度的案例进行了整理,表 8 是详细的整理结果。极少数案例无法识别登记行为的作出日期,笔者没有列入。

表 8　企业登记领域调查强度固定标准概况

案　例　信　息	行为日期	调查强度
浙江中航高新房地产开发有限公司诉萧山市工商局案	1993/3/24	非书面调查(权属清楚)
黄杜全诉深圳市工商局案	1995/12/11	书面调查
邯郸市饲料工业办公室诉邯郸市工商局案	1995/12/18	书面调查
周雪兴、付幼华诉南昌市工商局案	1997/3/6	非书面调查(材料真实)
葛晨诉南京市工商局案	1998/1/12	书面调查
耿小英诉北京市工商局平谷分局案	1998/6/4	非书面调查(材料真实)
周来娣诉上海市工商局案	1998/9/16	非书面调查(材料真实)
王文治诉山西省工商局案	2000/4/27	书面调查
屠啸鸣诉嘉兴市工商局案	2000/7/4	非书面调查(材料真实)
金夏萍诉上海市工商局案	2001/3/28	非书面调查(材料真实)
殷林诉淮安市工商局案	2001/5/24	非书面调查(权属清楚)
秦飞诉南通市启东工商局案	2001/6/14	非书面调查(材料真实)

---

①　相关的企业登记领域的特别法有《企业登记程序规定》第 3 条、第 11 条,《个体工商户登记程序规定》第 13 条等。

案 例 信 息	行为日期	调查强度
张立国等诉东营市工商行政管理局东营分局案	2001/7/18	非书面调查（材料真实）
吴秀荣诉邳州市工商局案	2001/7/23	书面调查
李金华诉洋浦经济开发区工商局案	2001/12/24	非书面调查（材料真实）
由利等诉淄博市工商局高新技术产业开发区分局案	2002/5/16	书面调查
上海人民水泵厂温州鹿城分厂诉上海市工商局案	2002/7/2	书面调查
许化礼诉上海市工商局案	2002/9/5	非书面调查（材料真实且权属清楚）
经沈富等诉上海市工商局案	2003/3/14	非书面调查（权属清楚）
吕伟平等诉上海市工商局案	2003/4/12	非书面调查（材料真实且权属清楚）
徐军诉上海市工商局案	2003/4/25	书面调查
上海志云公司诉上海市工商局案	2003/6/9	非书面调查（权属清楚）
上海金蜘蛛公司等诉上海市工商局案	2003/7/18	书面调查
项秀英等诉上海市工商局案	2003/8/5	书面调查
江苏新隆公司诉上海市工商局案	2003/12/3	书面调查
王梦震诉上海市工商局案	2004/1/16	书面调查
樊根祥诉上海市工商局案	2004/4/7	非书面调查（权属清楚）
朱衍诉上海市工商局案	2004/4/8	非书面调查（材料真实且权属清楚）
李丹诉上海市工商局案	2004/4/28	书面调查
上海锦园娱乐有限公司诉上海市工商局案	2004/6/8	书面调查
钟满薇诉上海市工商局浦东新区分局案	2004/9/9	非书面调查（材料真实）
个旧市城市建筑安装工程有限公司诉北京市工商局案	2004/9/21	非书面调查（材料真实）
胡俊法诉徐州市丰县工商局案	2005/1/17	书面调查
刘艾诉武汉市工商局案	2005/4/5	非书面调查（材料真实）
孙加一等诉沈阳市工商局案	2005/5/25	书面调查
陈道平等诉乐安县工商局案	2005/8/30	书面调查
王喜萍诉上海市工商局案	2005/10/18	书面调查
黄昌洪诉武汉市工商局汉南分局案	2005/11/28	非书面调查（材料真实且权属清楚）

案　例　信　息	行为日期	调查强度
马瑞兰等诉广州市工商局荔湾分局案	2006/3/21	书面调查
冯身健诉成都市工商局案	2006/7/3	书面调查
朱小铜诉北京市工商局昌平分局案	2006/8/21	非书面调查（材料真实且权属清楚）
张学瑞诉儋州市工商局案	2006/12/8	书面调查
陆从良等诉徐州市新沂工商局案	2007/3/30	书面调查
王倍诉株洲市工商局案	2007/8/30	书面调查
上海建灵置业有限公司诉上海市工商局闵行分局案	2007/11/2	书面调查
林记淮等诉儋州市工商局案	2008/4/30	书面调查
孟裕杰诉漯河市工商局郾城分局案	2008/10/19	非书面调查（材料真实）
方玉敏诉承德市双桥区市场监督管理局案	2016/11/28	非书面调查（材料真实）
张胜才诉北京市工商行政管理局案	2017/12/27	书面调查
卢振新诉天津市河北区市场和质量监督管理局案	2019/3/12	书面调查
李庆山诉寻甸回族彝族自治县市场监督管理局案	2020/4/24	非书面调查（权属清楚）
王振平诉陕西省市场监督管理局案	2020/12/23	书面调查
龚明群诉广州市越秀区市场监督管理局案	2021/2/26	书面调查
张超诉广州市南沙区市场监督管理局案	2021/3/3	书面调查

（三）比较分析

如果以上的法规整理与案例整理尚非大误，那我们有理由期待，表8中的案例应呈现以下的分布状态：工商机关在2001年3月15日之前作出登记行为的案例，法院态度应当主要是支持非书面调查（材料真实或权属清楚）；房管机关在2001年3月15日之后作出登记行为的案例，法院态度应当主要是支持书面调查。

事实是否真的如此呢？

通过表8的整理我们可以看到，2001年3月15日之前，法院采非书面调查（材料真实或权属清楚）观点的案例所占比例为55.6%，法院采书面调查观点的案例所占比例为 44.4%。2001 年 3 月 15 日之后，法院采非书面调查（材料真实或权属清楚）观点的案例所占比例为 42.2%，法院采书面调查观点的案例所占比例为 57.8%。与房屋登记领域的情况类似，从中我们也看不到一种明显的从非书面调查（材料真实或权属清楚）向书面调查的转变。当然，2001 年 3 月 15 日之前的案例样本确实比较少，我们尚不能轻易对其下结论，但 2001 年 3 月 15 日之后的案例样本是比较充足的，我们却从中发现了高达 42.2%的案例法院是采非书面调查（材料真实或权属清楚）观点的。基于此，笔者认为，整体上看，企业登记领域与房产登记领域类似，法院对该领域行政调查强度固定标准的判断，基本上也不是以法律规范为依据的。

如前所述，房产登记与企业登记领域的行政调查强度问题具有代表性，所得出的结论基本上可以适用于存在行政调查强度问题的其他行政行为领域。

通过以上宏观性的整理和分析，笔者认为，目前我国法院对行政调查强度固定标准的判断基本上不是以法律规范为依据的。

第二节　行政调查强度固定标准的生成机制

上一节笔者初步得出的结论为：目前我国法院对行政调查强度固定标准的判断基本上不是以法律规范为依据的。这里所谓的"基本上不是以法律规范为依据"是从立法的角度看司法，着重分析传统的"传送带理论"是否在行政调查强度上有所应验，因此相应的法规整理相对于司法而言比较"客观"，并非以法院的视角解读相关法律规范。然而，实践中司法是存在其"主观"立场的，法院会按照自己的理解去解释法律规范，甚至是"创造性"地解释法律规范。有时法院也会撇开法律规范的束缚，直接运用司法裁量断案。对法院的法律解释方法和司法裁量理由的整理分析便是本节的主要内容。如果说上一节的整理分析是在从消极层面证伪一种裁判生成机制的话，那么本节的任务便是从积极层面证成一种裁判生成机制。当然，这里的证伪与证成都只是实然层面的描述，尚不包含应然层面的评价。

一、法律解释方法

在行政调查强度问题上，司法实践中法院运用到的法律解释方法主要有法的客观效力解释方法、系统解释方法、目的解释方法、历史解释方法等。

（一）法的客观效力解释方法

所谓法的客观效力解释方法，是指忽略条文的特定拘束对象而将条文普遍适用于各种主体的法律解释方法。①它其实并非一种独立的法律解释方法，更多是一种现象，只是由于它在行政调查强度的司法实践中如此常见且重要，笔者才将其单独作为一类"解释方法"进行整理。笔者认为，这种注重法的"客观效力"的解释方法非常典型地体现了法院在解释行政调查强度相关法律规定时的"主观性"。

开始引起笔者注意的，是所整理的案例中出现了大量的法院泛泛引用法条和引用"材料列举型"规范的现象。

1. 泛泛引用法条

很多案例中，法院得出了行政机关应负书面调查职责的结论，但并没有给出具体的法律依据，而只是泛泛称"根据某法的有关规定"。在陆某良等诉徐州市新沂工商局案中，法院认为："根据《企业登记程序规定》的有关要求，徐州市新沂工商行政管理局应当对新沂市恒大机械有限公司提交的变更登记申请材料是否齐全是否符合法定形式进行审查。"②类似的案例还有王某等诉如皋市工商局案③、徐某诉上海市工

---

①　相应地，所谓法的主观效力解释方法就认为法律条文仅对其拘束对象具有效力。

②　江苏省徐州市中级人民法院(2009)徐行终字第 150 号行政判决书。

*③　参见江苏省南通市中级人民法院(2001)通中行终字第 10 号行政判决书。

商局案①、张某琴诉成都市公安局交通管理局车辆管理所案②、周某诉武汉市公安局交通管理局车辆管理所案等。③

同样的情形也发生在法院采非书面调查观点的案例中。在云南光宇公司诉泉州市泉港区工商局案中,法院认为:"被告泉港工商局在进行动产抵押登记时,未依法审查抵押动产中4台电脑自动注塑机的合法所有权和使用权状况,而作出动产抵押物登记,违反了《中华人民共和国担保法》、国家工商管理局《企业动产抵押物登记管理办法》有关办理抵押物登记的规定,对原告所有的4台电脑自动注塑机的抵押登记,证据不足、程序违法,因此依法应予撤销。"④类似的案例还有,陈某香诉上海市房管局案⑤、许某礼诉上海市工商局案⑥、吕某平等诉上海市工商局案等。⑦

2. 引用"材料列举型"规范

很多案例中,法院所引用的法条明显只是"材料列举型"规范,该条文并未对行政调查强度作出表述,但法院还是从中得出了有关行政调查强度的判断。在王某萍诉湖南省武冈市房管局案中,法院认为:"《城市房屋权属登记管理办法》第十六条规定,申请人对新建的房屋向登记机关申请所有权初始登记时,应当提交用地证明文件或者土地使用权证、建设用地规划许可证、建设工程许可证、施工许可证、房屋竣工验收资料以及其他有关的证明文件。这是我国现行法律对于房产登记行为规定的形式审查标准。"⑧类似的案例还有,章某萍诉沈阳市房管局案⑨、项某英等诉上海市工商局案⑩、江苏新隆公司诉上海市工

---

① 参见上海市第一中级人民法院(2004)沪一中行终字第38号行政判决书。
② 参见四川省成都市中级人民法院(2005)成行初字第3号行政判决书。
③ 参见湖北省武汉市中级人民法院(2008)武行终字第77号行政判决书。
＊④ 裁判文书参见"北大法宝"数据库。
⑤ 参见上海市第二中级人民法院(2004)沪二中行终字第354号行政判决书。
⑥ 参见上海市徐汇区人民法院(2004)徐行初字第110号行政判决书。
⑦ 参见上海市徐汇区人民法院(2004)徐行初字第123号行政判决书。
⑧ 湖南省邵阳市中级人民法院(2009)邵中行终字第8号行政判决书。
⑨ 参见辽宁省沈阳市中级人民法院(2008)沈行终字第141号行政判决书。
⑩ 参见上海市徐汇区人民法院(2004)徐行初字第1—3号行政判决书。

商局案①、李某诉上海市工商局案②、梅某诉上海市公安局交通警察总队案③、王某琴诉郑州市公安局交通警察支队车辆管理所案等。④

3. 法的客观效力解释方法

以上法院泛泛引用法条和引用"材料列举型"规范的案例的大量出现,并不能仅用"偶然现象"或"裁判文书不规范"来解释,一定还有其他原因。其中一个重要原因,就是法院在这些案例中采用了一种法的客观效力解释方法:忽略条文的特定拘束对象而直接将条文适用于行政机关。上述案例只是默示地采用了以上方法,尚不明显。很多案例中,法院直接提出了法的客观效力解释方法。

在王某干诉盐城市房管局案中,法院认为:"建设部《城市房地产转让管理规定》第七条、第八条以及《城市房屋权属登记管理办法》第十七条对房产转让程序、申请转移登记应当提交的文件等有关事项作出了明确规定。这些规定既明确了当事人的申报义务,也明确了房产登记机关的审查职责。"⑤本案中,法院明确将原本只约束申请人的法条适用于房管机关,认为房管机关只负书面调查职责。

以上案例中,法院通过运用法的客观效力解释方法得出了书面调查职责的判断,但这种情形属于极少数。大多数案例中,运用该方法的法院得出的是行政机关应负非书面调查职责(材料真实或权属清楚)的判断。在吴某珠诉珠海市房地产登记中心案中,法院认为:"由于有关当事人在申请涉案房产转移登记时,提供虚假的材料,违反了《珠海市房地产登记条例》的规定,而上诉人在受理、审查当事人的申请过程中,对不符合法律规定的申请予以受理并核准登记、发证,显然也是违法的登记行为。"⑥类似的案例还有,王某惠诉烟台市房管局案⑦、张某诉北

---

① 参见上海市第一中级人民法院(2005)沪一中行终字第259号行政判决书。
② 参见上海市第一中级人民法院(2005)沪一中行终字第201号行政判决书。
③ 参见上海市闸北区人民法院(2008)闸行初字第62号行政判决书。
④ 参见河南省郑州市二七区人民法院(2010)二七行初字第2号行政判决书。
＊⑤ 江苏省盐城市中级人民法院(2007)盐行终字第47号行政判决书。
⑥ 广东省珠海市中级人民法院(2007)珠中法行终字第10号行政判决书。
⑦ 参见山东省烟台市经济技术开发区人民法院(2003)开行初字第5号行政判决书。

京市建委案①、华油长庆西安实业公司诉西安市房管局案②、朱某诉上海市工商局案③、钟某薇诉上海市工商局浦东新区分局案④、朱某铜诉北京市工商局昌平分局案等。⑤

法院对法的客观效力的这种坚持有时甚至会使其拒绝适用有关行政调查强度的明文规定。在李某华诉洋浦经济开发区工商局案中,行政机关认为:"《中华人民共和国公司登记管理条例》第十条明确规定:'登记事项符合法律、行政法规的规定'即可,并未规定登记机关对登记事项的真实性负有审核义务。同时国家工商局工商企字〔2001〕批 67 号文也明确规定:'申请人提交的申请材料和证明文件是真实的责任应由申请人承担……登记主管机关不承担相应责任'。"对此法院认为:"上诉人称其对申请人所提供的材料的真实性不负审核义务,并提供了国家工商行政管理局工商企字〔2001〕第 67 号文作为依据。该文明确指出'登记主管机关的责任是对申请人提交的有关申请材料和证明文件是否齐全,以及申请材料和证明文件及其所记载的事项是否符合有关登记管理法律法规的规定进行审查。因申请材料和证明文件不真实所引起的后果,登记机关不承担相应的责任。'……本院认为,工商登记机关既然要审查记载的事项是否符合法律法规的规定,就必须审查内容的真实与否。原判认定上诉人对申请人提供的材料的真实性负有审核义务,符合法律精神,是正确的。"⑥本案中,工商登记机关认为《公司登记管理条例》第 10 条仅是间接性规范,并未直接规定工商机关的调查职责,而《国家工商总局第 67 号文》明确规定了工商机关针对企业登记申请只需书面调查。法院拒绝适用《国家工商总局第 67 号文》,理由是"审查记载的事项是否符合法律法规的规定,就必须审查内容的真实

---

① 裁判文书参见"北大法宝"数据库。
*② 参见陕西省西安市中级人民法院(2005)西行终字第 186 号行政判决书。
③ 参见上海市徐汇区人民法院(2004)徐行初字第 111 号行政判决书。
④ 参见上海市浦东新区人民法院(2005)浦行初字第 49 号行政判决书。
*⑤ 参见北京市第一中级人民法院(2008)一中行终字第 21 号行政判决书。
⑥ 海南省洋浦经济开发区中级人民法院(2002)浦中行终字第 1 号行政判决书。

与否",即其他法律规范对工商机关具有客观效力,工商机关必须进行非书面调查(材料真实)。类似的案例还有中国银行诉北京市工商局案(附论)。①

有的案例中,虽然法院认可行政机关只需负书面调查职责,且行政机关也已尽职尽责,但法院仍基于法的客观效力否定了行政行为。在陈某平等诉乐安县工商局案中,法院认为:"在第三人申请设立登记时,向被告提交的文件中有其填写的申请表、身份证明、批准文件等材料,被告书面调查后,作出准予登记,并核发营业执照,没有违反法律规定,但第三人隐瞒事实登记设立的'乐安县谷岗乡源旺水电站'不符合《中华人民共和国个人独资企业法》第八条第(一)项规定的个人独资企业'投资人为一个自然人'的法定条件,第三人取得的源旺水电站的个人独资企业营业执照,应确认无效。"②本案中,法院首先指出工商机关的书面调查"没有违反法律规定",然后又基于《个人独资企业法》第8条第1项规定的客观效力确认登记行为无效。

当然,并不是所有案例都坚持法的客观效力解释方法,在极少数案例中,法院明确否定了法的客观效力。在上海建灵置业有限公司诉上海市工商局闵行分局案中,一审法院认为:"因《公司登记管理条例》第三十五条'有限责任公司股东转让股权的,应当自转让股权之日起30日申请变更登记'的规定,仅是对股东应尽义务的期限规定,并非对工商行政机关审核股权变更登记事项的禁止性规定,且同瑞公司也已在具备股权变更登记申请条件后及时向被告提出了申请,故原告认为被告未对申请材料进行实质审查而违法的陈述,缺乏法律依据。"③二审法院维持原判。本案中,一审法院明确区分了法的主观效力与客观效力,认为《公司登记管理条例》第35条仅是针对公司股东的规定,仅对其具有效力,不能以此为依据要求工商机关履行非书面调查(权属清楚)职责。

---

* ① 裁判文书参见"北大法宝"数据库。

② 江西省乐安县人民法院(2007)乐行初字第1号行政判决书。

* ③ 上海市第一中级人民法院(2008)沪一中行终字第101号行政判决书。

（二）系统解释方法

在一些企业登记案例中，法院适用法律时没有拘泥于具体的条文，而是将有关的法律结合起来，在规范体系内给有关条文定位。在汤某诉常州市工商局案中，一审法院认为："根据《行政许可法》第三十四条的规定，行政机关应当对申请人提交的申请材料进行审查。申请人提交的申请材料齐全、符合法定形式的，行政机关应当作出行政许可决定。只有根据法定条件和程序，需要对申请材料的实质内容进行核实的，行政机关才应当进行核查。而《公司登记管理条例》并未将公司设立登记申请材料中签名的真实性规定为实质审查的内容，故本案中被告在审查申请人恽氏公司提交的申请材料齐全、符合法定形式的情况下作出颁发企业法人营业执照的具体行政行为，并未违反法律规定。"本案中，一审法院将《行政许可法》第34条提出的授权要求与无授权条款的《公司登记管理条例》相结合，从而得出工商机关只负书面调查职责的结论。与此形成对比的是，二审法院认为："根据1999年修正的《公司法》第二十七条第三款'公司登记机关对符合本法规定条件的，予以登记，发给公司营业执照；对不符合本法规定条件的，不予登记'的规定，可以认定，公司登记机关对申请设立公司登记的材料仅作形式审查。申请材料的真实性和合法性由申请人负责。事实上，《行政许可法》第三十一条和2005年修正的《公司登记管理条例》第二条对此已经作出明确规定。因此，公司登记机关的职责是对申请人提交的有关申请材料和证明文件是否齐全，以及申请材料和证明文件及其所记载的事项，是否符合法律、行政法规的规定进行审查。"也就是说，二审法院是将《公司法》第27条第3款与《行政许可法》《公司登记管理条例》中的"申请人负责"条款相结合，得出工商机关只负书面调查职责的结论的，是另外一种体系解释。有意思的是，法院随后在附论中将上述两种体系解释方法进行了综合，"根据《行政许可法》第三十一、三十四条和2005年修正的《公司登记管理条例》第二条来看，申请材料的真实性和合法性由申请人负责，只在有法律、法规、规章的明确规定的情况下，才对申请材料的实质内容进行核实"。① 与本案一审法院思路类似的案例还有马某兰等诉广州市工商局荔湾分局案②、上海望族公司诉上海市工商局案（一审）等。③

汤某诉常州市工商局案中，一审法院逻辑链条的最重要一环是《行政许可法》第 34 条。值得注意的是，在一些非许可型登记案件以及《行政许可法》生效之前的行政许可案件中，法院也得出了"法无明文规定非书面调查即书面调查"的结论。

在张某荣等诉信阳市房管局案中，法院认为："市房管局根据申请人的申请依照《城市房屋权属登记管理办法》的规定对其房屋产权进行了审查，在不动产登记过程中，行政机关对于申请登记的审查，除法律规定进行实质审查外，一般均属形式审查。"④ 类似的案例还有，华中航运集团有限公司诉汉川市房管局案⑤、严某娣诉苏州市房管局案（附论）等。⑥

在大生企业株式会社诉北京市政府案中，法院认为："大生企业株式会社主张鉴别文件真伪的方式（如骑缝章等）既无法律法规依据，又无合同约定，不能作为认定中国政府机关审批过失的理由。"⑦ 本案中，被诉行政行为的作出时间是 1997 年，彼时《行政许可法》尚未生效。

与上述案例形成鲜明对比的是，极个别案例中，法院作出了"法无明文规定书面调查即非书面调查"的判断。在邬某阳诉浙江省台州市路桥区民政局案中，法院认为："被告在作出准予原告与第三人离婚登记时，所依据的证明材料不充分，且法律法规并无规定婚姻登记机关对申请人提交的离婚登记的相关证件和证明材料只进行形式审查，对原告有无民事行为能力，未尽足够的谨慎审查义务。因此，被告

* ① 　江苏省常州市中级人民法院（2007）常行终字第 62 号行政判决书。
　② 　参见广州市中级人民法院（2007）穗中法行终字第 274 号行政判决书。
　③ 　参见上海市第一中级人民法院（2005）沪一中行终字第 253 号行政判决书。
　④ 　河南省信阳市中级人民法院（2009）信行终字第 52 号行政判决书。
　⑤ 　参见湖北省孝感市中级人民法院（2005）孝行再终字第 4 号行政判决书。
* ⑥ 　参见江苏省苏州市中级人民法院（2007）苏中行终字第 31 号行政判决书。
　⑦ 　北京市第二中级人民法院（1999）二中行初字第 5 号行政判决书。

对原告和第三人作出离婚登记的具体行政行为主要证据不足,依法应予撤销。"①

(三) 目的解释方法

有些案例中,法院采用了目的解释方法,在探求相关法规的立法目的基础上解释相关条文。

在姚某志诉南阳市房管局案中,法院认为:"房屋所有权登记是一项特殊权利的登记,它是以法律形式对房屋归属进行确认的行为,它直接涉及当事人的财产权。为此,《城市房屋权属登记管理办法》赋予房地产行政管理部门对登记申请人提交的登记材料具有审查、审核、确认的法定职责,力求保障房屋权利人的合法权益。"②类似的案例还有,华油长庆西安实业公司诉西安市房管局案③、泸州市联谊旅社诉泸州市政府案④、张某展诉淮北市房管局案(附论)⑤、董某宝等诉上海市房管局案(附论)等。⑥

在中国银行诉北京市工商局案中,法院认为:"为确保债权实现,减少风险,《中华人民共和国商业银行法》赋予抵押权人在申请抵押登记前对抵押财产的权属、价值及抵押权的实现的可行性先予审查的权利。"⑦

值得注意的是,以上采用目的解释方法的案例,法院解释后得出的结论都是行政机关应负非书面调查(材料真实或权属清楚)职责。

(四) 历史解释方法

极少数案例中,法院对相关立法的沿革进行了梳理,并以立法原意为指导进行法律解释。在屠某鸣诉嘉兴市工商局案中,法院(附论)认为:"根据《中华人民共和国企业法人登记管理条例施行细则》第五十五

---

① 浙江省台州市路桥区人民法院(2009)台路行初字第5号行政判决书。
② 河南省南阳市中级人民法院(2009)南行终字第160号行政判决书。
③ 参见陕西省西安市中级人民法院(2005)西行终字第186号行政判决书。
*④ 裁判文书参见"北大法宝"数据库。
*⑤ 参见安徽省淮北市中级人民法院(2006)淮行赔终字第3号行政判决书。
*⑥ 裁判文书参见"北大法宝"数据库。
*⑦ 裁判文书参见"北大法宝"数据库。

条第(二)项的规定,登记机关应审查提交的文件、证件和填报的登记注册书的真实性、合法性和有效性,就此而言,登记机关存有过错。(变更登记在前,96 号令及答复在后)。然而要登记机关按此规定审查,实为苛求,为此,2000 年 12 月 1 日国家工商行政管理局令第 96 号作了修订。"[1] 本案中,法院将 2000 年 12 月 1 日前后的《企业法人登记管理条例施行细则》进行了对比,认为 2000 年 12 月 1 日之前的规定要求工商机关进行非书面调查(材料真实且权属清楚),但该规定并不合理,因此2000 年 12 月 1 日修改之后的规定仅要求工商机关进行书面调查。法院并没有说明以上观点的依据,但法院所运用的历史解释方法确实是值得注意的。

二、司法裁量理由

在法律解释方法之外,很多案例中,法院也会直接运用司法裁量得出行政调查强度的固定标准。

(一) 行政成本与调查强度

有的案例中,法院以行政成本或行政能力有限为由认定行政机关只负书面调查职责。行政性成本正是产生行政调查强度问题的原因之一,行政性成本之外,尚有一种结构性成本,也是导致行政机关有时只能履行书面调查职责的一个原因(相关内容详见本书第二章)。

(二) 行政职权与调查强度

许多案例中,法院认为登记机关无权审查民事行为,从而判定登记机关只负书面调查职责。这也是导致行政机关有时只能履行书面调查职责的另外一个原因(相关内容详见本书第二章)。

(三) 行为性质与调查强度

有的案例中,法院将行政登记的性质作为立论的基础,认为如果行政登记是一种行政确认,那么登记机关就无需调查民事行为,而只需负书面调查职责。如果行政登记是一种行政许可,那么登记机关就应当

---

* [1]　浙江省嘉兴市中级人民法院(2001)嘉行终字第 18 号行政判决书。

调查民事行为,从而需负非书面调查(权属清楚)职责(相关内容详见本书第二章)。

(四) 征信机制与调查强度

有的案例中,法院总体上认可行政机关只需负书面调查职责,但又从现实出发,认为我国目前的征信制度建设尚不完备,非书面调查(材料真实)尚有在一定范围内继续存在的必要。在朱某铜诉北京市工商局昌平分局案中,法院(附论)认为:"我国的市场经济还没有完全成熟,在工商登记领域,需要行政部门对虚假的重要申请材料予以核实查处。再者,我国现阶段的信用机制尚未建成,仅仅依赖申请人的诚实信用不利于保障市场交易安全,这也需要工商登记机关在工商登记中对申请人提交的某些重要申请材料的真实性予以实质审查。"[1]类似的案例还有安某源诉北京市工商局房山分局案(附论)。[2]

(五) 职业规范与调查强度

极个别案例中,法院基于职业规范要求行政机关履行非书面调查(材料真实)职责。在中国银行江西分行诉南昌市房管局案中,法院认为:"南昌市房管局作为负责办理房产抵押登记的行政主管部门,在办理房产抵押登记过程中,对当事人的申请应当以高度负责的态度认真履行必要的注意义务,对于抵押房产及其权属证书的真伪有条件加以核对与识别。然而,南昌市房管局在本案中违反职业规范,未尽必要的注意义务,为持有假房产证实施诈骗的天龙公司办理抵押登记手续,并明示信托公司可以办理贷款。"[3]

(六) 政府公信与调查强度

极个别案例中,法院基于保护政府公信力的考虑要求行政机关履行非书面调查(材料真实)职责。在夏某荣诉徐州市建设局案中,法院认为:"作为徐州市人民政府的建设行政主管部门,原审被上诉人徐州

---

* ① 北京市第一中级人民法院(2008)一中行终字第 21 号行政判决书。
* ② 参见北京市房山区人民法院(2007)行字第 74 号行政判决书。
* ③ 最高人民法院(2002)行终字第 6 号行政判决书。

市建设局是依法代表国家对世纪花园住宅小区行使竣工综合验收权力。在竣工综合验收合格后,徐州市建设局向原审第三人恒信房产公司颁发《住宅竣工验收合格证书》,是凭借由国家公权力形成的政府机关公信力,来担保该住宅小区的建筑质量达到了可以交付使用的水平。徐州市建设局在颁发该证书前,必须保证该证书所依据的每个事实都真实,以免因此而破坏政府机关的公信力。"①

(七) 事实清楚与调查强度

大部分案例中,法院实际上是根据"行政行为应事实清楚"这样一个行政法传统推导出行政机关的非书面调查(材料真实或权属清楚)职责的。这种类型的案例中,大部分情况法院是以解释法律的方式表明这种态度的,比如在裁判主文援引《行政诉讼法》有关事实清楚、证据充分的条款。除此之外也有少数案例,法院就此作出了裁量性的判定。在吴某定诉上海市房管局案中,法院认为:"行政机关据以作出房地产登记行为的事实是否清楚,主要证据是否确凿,直接影响着登记行为的正确与否。因此,事实清楚、证据确凿充分,是房地产登记行政行为合法的前提和基础……作为行政行为的证据,上诉人有义务审查证据的真实性,现《职工家庭购买公有住房协议书》不是当事人真实意思表示,不具有真实性,上诉人所作登记行为主要证据未能达到确凿充分,原审撤销被诉房地产登记行为是正确的。"②

本 章 小 结

本章着重整理行政调查强度的固定标准。案例整理结果表明,绝大多数案例中,法院所采用的行政调查强度标准是固定性质的,即要么

---

* ① 江苏省高级人民法院(2006)苏行再终字第 1 号行政判决书。

② 上海市第二中级人民法院(2005)沪二中行终字第 123 号行政判决书。

书面调查要么非书面调查(材料真实或权属清楚)。比例高不代表一定可欲,因此笔者尝试进一步探讨以上裁判结论的生成机制。本章第一节从整体上对房产登记和企业登记两个领域的法规、案例进行了整理,并对法规整理结果与案例整理结果进行了比较分析。笔者得出的结论是,目前我国法院对行政调查强度固定标准的判断基本上不是以法律规范为依据的。当然,此处对法律规范的解释是立法角度的。本章第二节又从司法角度整理了法院在判断行政调查强度固定标准时运用的法律解释方法和司法裁量理由。整理结果表明,虽然部分案例中法院所运用的法律解释方法比较合理,所得出的结论符合立法要求,但整体上看,法院对行政调查强度固定标准的判断脱离了立法的控制。

这里需要着重说明的是,立法立场的法律解释与司法立场的法律解释是笔者有意为之的区分,它们分别对应制度导向的案例研究与判例导向的案例研究。如同"研究方法"部分所论述的,两种导向的案例研究在案例选取与解读方式、个案整理与统计分析方法的运用、所得结论范围的限定等方面都有所不同。就本章内容而言,如果从判例导向的研究视角看,第一节的所谓立法立场的法规整理是没有意义的。因为在该视角下,根本就不存在一个"客观"的立场,所有人对法律规范的解释都是"主观"的,而其中真正有意义的"主观"立场就是司法立场。就第二节内容而言,不管法院的解释方法与裁量理由看起来有多么"自由",学者们都没有置喙的余地。因为法院的裁判就是个案中的法,法院的法律解释和裁量理由是对法律空白的"填补",学者的任务是将这些"填补"进行整理,以形成逻辑一贯、内在一致的判例群。以上研究视角的正确性当然是毋庸置疑的,但本书的重心并不在此。本书的定位是制度导向的案例研究。这意味着,司法立场是本书整理的中心但却不是本书思考的全部。本书力图通过审视立法、司法乃至行政之间的整体关系得出如何完善行政调查强度制度的结论。就本章内容而言,制度导向的研究视角意味着,第一节的整理与分析是从立法与司法的关系角度考察行政调查强度的决定权真正操于谁手,在得出该决定权实际是由司法机关掌控的结论后,第二节又对司法机关掌控该决定权的具体表现进行了整理。实际上,严格依据立法规定作出裁判的案例并非没有,但由于与本节展现"司法掌控"现状的中心不符,笔者没有对其进行专门列举。

接下来进行的,是制度导向的案例研究中最重要的部分之一:制度评价。本章第一节、第二节案例整理的结果表明,至少在立法与司法关系的层面,司法机关已在行政调查强度问题上占了绝对的上风。有关行政调查强度的案例中,相关或不相关的立法被作为标签到处张贴,如科恩所言法律规则已变成"例行的宗教仪式"(Ritual Observances)①,司法裁量的运用从另一个角度看就是法律规范的缺席。这种场景颇类似于现实主义法学家所描绘的法律适用的"丛林":法律规范的适用与否、适用何种法律规范都无一定之规,一切取决于参与主体的论证努力及其他偶然性因素。②从这个角度观察,批判的本能油然而生,"完善立法"之类的建议水到渠成。然而需要警觉的是,我们其实还可以从另一个角度看问题:在行政调查强度问题上,我国目前仍存在的立法无力现状,这是否恰恰表明了行政调查强度问题的特殊性? 司法权在行政调查强度问题上的异军突起是否暗示了行政权也应在同一问题上纵横捭阖? 明言之,该现状是否恰恰与行政法从立法、司法转向行政的发展趋势暗合? 这样一种提问方式虽然大胆,但有助于将中国司法经验置于行政法学的国际视野中考察,从而有可能贡献出真正的中国智慧。本书第四章的整理就是带着以上疑问进行的。

---

① [英]卡罗尔·哈洛、理查德·罗林斯:《法律与行政》,杨伟东等译,商务印书馆2004年版,第146页。

② 学理上也将这种现象称为"作为论据的法律渊源"。参见何海波:《实质法治:寻求行政判决的合法性》,法律出版社2009年版,第五章。

第四章

行政调查强度的弹性标准

第一节　弹性标准的具体构成

如前所述,大多数案例中,法院认为行政机关不管在何种情况下都应当履行书面或非书面调查职责,即坚持行政调查强度的固定标准。值得注意的是,也有少数案例是属于例外情况。在这些案例中,法院或将行政调查强度描述成弹性性质并设置了具体的条件,或将法律中有关行政调查强度的不确定法律概念赋予具体的内涵,或将行政调查强度描述成弹性性质并尊重行政机关的决定。笔者将它们统称为行政调查强度的弹性标准。①

一、提高行政调查强度的因素

(一)申请材料存在瑕疵

有的案例中法院认为,如果申请材料存在比较明显的瑕疵,比如申

---

① 行政裁量与不确定法律概念是否应有所区别,学界存在争议。区别说的理由主要在于行政诉讼对二者的审查强度不同。比如在德国,对于行政裁量,行政法院以不审查为原则,瑕疵裁量应受审查则只属例外情形。对于不确定法律概念,行政法院以审查为原则,但属于行政机关判断余地的,则尊重其判断。参见吴庚:《行政法之理论与实用》,中国人民大学出版社 2005 年版,第 81 页。

请材料存在不一致或仅是复印件，那么行政机关就应进行非书面调查（材料真实或权属清楚）。

在马某政诉孟州市房管局案中，法院认为："孟州市房地产管理局为可玉萍办理房产证的过程中，在可玉萍提交的办证材料中，收据上的交款人马既元与其他办证材料上姓名不相符的情况下，未尽到合理审慎的审查职责，就为可玉萍颁发了房屋所有权证，属证据不足，颁证事实不清。"①本案中，法院认为当申请材料存在不一致的情形时，行政机关应进行非书面调查（材料真实）。

在夏某荣诉徐州市建设局案中，法院认为："《建设工程规划许可证》是住宅小区竣工综合验收报告所附的验收资料之一，对该证件的真实性，当然由参加综合验收小组的徐州市规划局工作人员先行审查，但徐州市建设局不能因此而推脱自己最终审核的责任。特别是在恒信房产公司只提交了108号规划许可证复印件的情况下，徐州市建设局更应当谨慎审查。"②本案中，法院认为当申请材料仅是复印件时，行政机关应进行非书面调查（材料真实）。

在马某诉乐山市房管局案中，法院认为："市房管局在发现确认产权登记时所签订的《房地产买卖契约》（乙方为潘正乔）与最初签订的《房屋转让合同》（乙方为马迅）中乙方姓名不一致，且缴纳95%购房款的收款收据上交款人姓名均为马迅时，未暂停办证，审核权属，违反了建设部令第57号《城市房屋权属登记管理办法》第十条第二款的规定，其颁证行为违法，应予撤销。"③《城市房屋权属登记管理办法》第10条规定："房屋权属登记依以下程序进行：（一）受理登记申请；（二）权属审核；（三）公告；（四）核准登记，颁发房屋权属证书。本条第（三）项适用于登记机关认为有必要进行公告的登记。"其中第2款的"有必要"一词属于不确定法律概念，本案的裁判为其赋予了具体内涵：即申请材料存

---

①　河南省焦作市中级人民法院(2010)焦行终字第12号行政判决书。

＊②　江苏省高级人民法院(2006)苏行再终字第1号行政判决书。

③　裁判文书参见"北大法宝"数据库。

在不一致的情况属于"有必要"。

（二）第三人提出了异议

这里的第三人是指行政过程中的第三人。有的案例中法院认为，如果第三人在行政过程中提出异议，那么行政机关应进行非书面调查（权属清楚）。在李某兰诉南阳市房管局案中，法院认为，"李某兰申请办证在前，刘某提出异议在后，房管局已下发领证通知，证明房管局对李某兰的办证申请的主要事实及合法性已经审查完毕，尽管刘某提出异议，但刘某提供的公证书的真假尚未定论，不能据此将已经通知领取的房产证扣留，房管局应当将李某兰的房产证在办证期限内交给李某兰。南阳市房管局未对第三人刘某提出的异议得出审查结论，未对刘某的异议证据是否真实进行审查的情况下，即决定对李某兰的办证申请不予办理，该决定缺乏充分证据证明，系主要事实不清，应予撤销"。[1]类似的案例还有冯某中诉佛山市禅城区工商局案。[2]

以上裁判结论是通过司法裁量得出的，也有案例是通过法律解释得出类似的结论。在上海望族公司诉上海市工商局案中，法院认为："本案原告在申请公司变更登记过程中，该公司股东朱衍就股权转让和变更登记提出实质异议，认为股权转让尚未完全履行，工商变更登记违反了双方股东之间的约定，要求暂缓变更登记，由此可见双方股东就股权转让和变更登记并未取得一致意见，原告提交的申请变更登记的若干文件的真实性，行政机关有正当理由的怀疑。在此情况下，为了保证公司登记的真实、正确无误，被告依据《中华人民共和国行政许可法》第三十四条第三款和《企业登记程序规定》第十一条的规定，启动实质审查，履行审慎审查的义务，完全符合法律、规章的要求。"[3]《行政许可法》第34条第3款规定："根据法定条件和程序，需要对申请材料的实

---

① 河南省南阳市中级人民法院(2010)南行再字第1号行政判决书。
② 参见广东省佛山市中级人民法院(2006)佛中法行终字第171号行政判决书。
③ 上海市第一中级人民法院(2005)沪一中行终字第253号行政判决书。

质内容进行核实的,行政机关应当指派两名以上工作人员进行核查。"《企业登记程序规定》第11条规定:"企业登记机关认为需要对申请材料的实质内容进行核实的,应当派两名以上工作人员,对申请材料予以核实。经核实后,提交'申请材料核实情况报告书',根据核实情况作出是否准予登记的决定。"以上条文中都有"需要"或"认为需要"这样一种不确定法律概念,本案裁判的实质是赋予了上述不确定法律概念以具体的内涵:第三人提出实质异议时即为有"需要"。

并非所有异议都能够使行政机关启动非书面调查(权属清楚),第三人必须提供能够证明异议成立的有效证据。在王某等诉如皋市工商局案中,法院认为,"本案中,王某、冒某岗虽然多次向如皋工商局反映'海之恋'歌舞厅是其与卢某美共同投资、合伙经营的,但由于王某、冒某岗从未向如皋工商局提交有效证明材料申请合伙企业登记,如皋工商局无法对此进行审查、登记和发证。王某、冒某岗依法不享有'海之恋'歌舞厅经营权……上诉人卢某美向如皋工商局申请'海之恋'歌舞厅个体工商户营业执照时,提供了一系列相关材料,已经具备了颁证的法律要件。王某、冒某岗得知后尽管向如皋工商局提出异议,但又不能提供异议成立的有效证据予以佐证。据此,如皋工商局……在规定的期限内予以颁证并无不当"。之后法院在附论中也认为:"由于在较多的登记管理领域尚未建立起公示制度,影响了设立登记的透明度和准确性,因此,对来自第三人的异议,工商登记部门有充分注意的义务。异议明显成立,而登记机关怠懈或放弃注意义务,强行办理设立登记,构成作为违法。本案中也有类似情形。卢某美申请设立个体工商户注册登记时,王某、冒某岗提出异议。工商登记部门对王、冒的异议并没有置之不理,而是给予了注意,终因王、冒未能向工商登记部门提交异议成立的有效证明材料,而使异议没有被采纳。碍于登记管理法律规范的登记时效要求,工商登记部门的唯一选择只能为卢某美设立登记。如果登记机关仅以第三人有异议存在为由,而对申请人的设立登记申请拒绝审查或拖延登记,则登记机关明显过度注意义务,而导致登记职责的不履行,构成不作为违法。"①

有的案例中法院认为,如果申请是由第三人提出的,行政机关就应提高行政调查强度,进行非书面调查(材料真实)。在穆某波诉周口市房管局案中,法院认为:"被告周口市房地产管理局在办理诉争房屋的变更登记时应对第三人提供变更登记手续的真实性严格审查。本案中被告在对放弃继承房产权利书,是否属放弃继承房产权利人的真实意思表示这一主要事实;提供不出证据。故被告周口市房地产管理局为第三人穆保增颁发的周房字第 08971 号房屋所有权证,事实不清,证据不足。"②类似的案例还有陈某惠诉海口市工商局新华分局案。③

(三) 证明存在权属争议

有的案例中,法院认为只要存在权属争议,行政机关就不应作出发证行为。此时,何种情形构成"权属争议"就成为一个重要问题。如果"权属争议"被解释得比较宽泛,那么行政机关就应履行较高强度的调查职责。如果"权属争议"被解释得比较狭窄,那么行政机关就只需履行较低强度的调查职责。

在李某香等诉上海市房管局案中,法院认为,"上诉人上海市房产管理局在私房发证登记时,上诉人袁某英与被上诉人李某香为本市建国东路 536 弄 1 号房屋产权早已发生争议。双方均在私房发证登记前向房产管理部门申请确权登记,双方对房屋产权争议的事实客观存在。李某香提出争议在公告之前。虽公告之后李未再提异议,也并不影响争议的客观存在,上海市房产管理局认为产权争议不成立与事实不符。在此情况下,上海市房产管理局不能将所有权证发给袁某英"。④本案中,"双方均申请确权登记"被法院认定为属于存在权属争议的一种情形。

在朱某薇诉嘉善县房管处案中,法院认为:"从被告向本院提交的

---

* ①　江苏省南通市中级人民法院(2001)通中行终字第 10 号行政判决书。
②　河南省周口市川汇区人民法院(2009)川行初字第 5 号行政判决书。
③　裁判文书参见"北大法宝"数据库。
* ④　上海市中级人民法院(1993)行终字第 91 号行政判决书。

152

证据分析,其作出本案中的具体行政行为的事实依据仅为原告向被告提交的《提请注意》,该份证据虽证明原告对该房屋登记的委托代理关系提出异议,并有可能导致对房屋买卖的争议。但仅凭该份证据即认定其对原告对转让房屋有争议,证据不够充分。原告在被告作出暂缓登记决定前,向复议机关提交了由闻某梁的儿子闻某斌代闻某梁与赵某华签订的房屋买卖协议及 2006 年 12 月 11 日的补充协议、收条各一份,表明其对本案中所涉的房屋买卖存在异议。在本案的庭审中,原告再次提交上述材料并明确表明其对所涉房屋买卖存在争议。就本案当事人的房屋转移登记申请而言,已具备被告作出暂缓登记决定的法定情形"。①本案中,"有充分的证据证明"被法院认定为属于存在权属争议的一种情形。

在贾某良诉焦作市房管局案中,法院认为:"河南省高级人民法院(2005)豫法行再字第 8 号行政判决书已确认焦作市恒利房地产开发有限公司对被诉房产证所载明的房产在法律上不具有产权,因而相应也不具有法律上的处分权。王某雄的 9930100596 号房屋所有权证所载明的房产是从液压附件厂取得的,而贾某良是从焦作市恒利房地产开发有限公司处购买的房屋,所以,贾某良对 9930100596 号房屋所有权证所载明的房产不构成法律上的、实质性的产权争议。并且焦作市中级人民法院(2002)焦法行再字第 101 号行政判决已被依法撤销。"②本案中,"被生效裁判文书否定产权"的情形被法院认定为不构成权属争议。

在中国工商银行股份有限公司平顶山分行诉平顶山市政府案中,法院认为:"1982 年,市农行从市人行分出时,共同向平顶山市市委、市政府作出的《关于执行市财委对人农两行财产划分意见的报告》,明确将本案争议房产划归市农行所有,且该争议房屋建成后即由市农行占有、使用至今,市房管局将该争议的八间房屋确权颁证在市工行房产证

---

① 浙江省嘉善县人民法院(2008)善行初字第 2 号行政判决书。
② 河南省焦作市中级人民法院(2009)焦行终字第 8 号行政判决书。

内,明显不当。"①本案中,"被生效行政文件肯定产权且实际上占有标的物"的情形被法院认定为构成权属争议。

以上裁判结论是通过司法裁量得出的,也有案例是通过法律解释对"权属争议"进行了界定。在张某明诉北京市建委案中,法院认为,"依照《中华人民共和国城市房地产管理法》《城市房屋权属登记管理办法》等法律、规章及本市关于规范城镇房屋所有权登记工作的有关规定,房屋权属登记主管机关应根据房屋所有权登记申请人填写的申请书和提交的证件对房屋进行产权审查,只有在房屋所有权来源清楚、没有争议、符合有关法律和政策、证件齐全、手续完备的情况下,方可登记并颁发房屋所有权证。本案中,张某明对 1103 号房屋的所有权人为马某兰持有异议,认为其与马某兰对 1103 号房屋应共同享有所有权,并就该争议提起民事诉讼,且被一审法院受理。市建委在张某明已将上述情况向其告知,并出示相应证据的情况下,为马某兰和满某友就 1103 号房屋办理房屋权属转移登记、向满某友颁发 10525 号房屋所有权证,该行为违反上述法律规范的规定。市建委上诉认为其在作出被诉具体行政行为时 1103 号房屋不存在权属争议的主张,没有事实依据"。本案中,法律规定中的"房屋所有权来源清楚、没有争议"属于不确定法律概念,行政机关认为本案不存在权属争议,而法院认为第三人"提出异议、出示证据、提起诉讼"的情形属于存在权属争议,这样法院充实了不确定法律概念的同时,提高了对行政调查强度的要求。之后,法院在附论中也将对权属争议的解释与行政调查强度问题联系在一起,"虽然马某兰与满某友签订房屋买卖合同等行为属于民事法律关系,但市建委依法对二人的房屋转让申请具有审查的行政管理职责。市建委关于其在本案中只有房屋权属转移登记的职责,否则就干涉了当事人房屋转让的民事行为,以及本案只应适用《城市房屋权属登记管理办法》对其行政行为予以审查的主张不能成立……本案中,马某兰虽

---

① 河南省平顶山市中级人民法院(2009)平行终字第 34 号行政判决书。

然持有 1103 号房屋的所有权证,但张某明对 1103 号房屋的所有权人为马某兰有异议,认为其与马某兰对 1103 号房屋应共同享有所有权,并就该争议提起民事诉讼,且被一审法院受理,得到一审胜诉的判决书。这种情形应当属于'权属有争议'的情况。市建委关于马某兰持有 1103 号房屋所有权证,该房权属就不存在争议的观点,是对'权属有争议'的狭义理解,在本案情况中,如此理解对张某明而言有违公平、公正原则"。①

(四) 可能造成实质侵害

有的案例中法院认为,如果行政行为的结果会对他人合法权益造成实质侵害,则行政机关应进行非书面调查(材料真实)。在谌某诉重庆市房管局案中,法院认为,"被上诉人在办理第三人水土综合市场公司为上诉人谌某申办房屋产权转移登记时,由于水土综合市场公司向被上诉人提供的办证资料齐备,被上诉人只对其形式要件进行了书面调查,对有关材料的真伪审查不严,其行为虽有不当,但并未对上诉人谌某和第三人水土综合市场公司的合法权益产生实质性侵害"。②

(五) 可能违反平等原则

有的案例中法院认为,行政机关面对同类问题时必须采取相同的调查强度标准,否则即为违法。在张某元等诉北川县政府案中,法院认为:"被告北川县人民政府在为第三人颁发房屋所有权证时,明知 60 号房屋产权尚有争议,第三人的申请不符合处理'文革'期间挤占私房的政策,径行为第三人颁发 2627 号房产证的行为主要证据不足,违反法定程序,且同类问题作出相反处理,属错误颁发房屋所有权证,应予撤销。"③本案中,房管机关对不同行政相对人的申请采用了不同的调查强度标准,有的是非书面调查(权属清楚),有的是书面调查。法院认为房管机关既然对部分行政相对人的申请履行了非书面调查(权属清楚)

---

*① 北京市第二中级人民法院(2004)二中行终字第 234 号行政判决书。
*② 重庆市第一中级人民法院(2005)渝一中行终字第 73 号行政判决书。
③ 四川省绵阳市中级人民法院(2001)绵行初字第 7 号行政判决书。

职责,对其他行政相对人也应当履行该职责。

(六) 已启动了先行程序

有的案例中法院认为,如果诉争标的物正处于遗失公告程序中,那么行政机关应提高行政调查强度,进行非书面调查(权属清楚)。在欧某红诉武汉市房管局案中,法院认为:"上诉人市房管局在受理被上诉人欧某红与第三人陈某房屋产权转移登记申请时,应按照房屋权属登记的有关规定的程序进行审查、核准、并颁发权属证书。然而,上诉人未尽审核义务,在为欧某红办理产权遗失公告期间却又将欧某红的房产转移登记至第三人陈某的名下,并向其颁发房屋所有权证,该行为事实不清,证据不足,程序违法。"①

二、降低行政调查强度的因素

(一) 行政相对人提供虚假材料

有的案例中法院认为,行政相对人承担责任的结果会降低行政调查强度。

提供虚假申请材料的行政相对人经常以第三人身份在行政诉讼中出现。在杨某云诉重庆市房管局案中,法院认为:"被上诉人重庆市土房局在接到第三人方明英提交的相关申请变更登记材料时,已履行了审查申请材料的要件是否完备及形式是否合法的注意义务,若第三人方明英系利用骗取的虚假材料申请房屋产权变更登记,则应由其承担相应的法律责任,不应苛求登记机关对在尽到了适当的注意义务后对申请材料本身的真伪予以鉴别。"②本案中,法院认为房产转移登记不实的责任应由提供虚假材料的申请人承担,从而在减轻房管机关责任的同时也降低了对行政调查强度的要求,房管机关只需负书面调查职责。类似的案例还有王某等诉如皋市工商局案。③

---

① 湖北省武汉市中级人民法院(2006)武行终字第86号行政判决书。
② 重庆市高级人民法院(2005)渝高法行终字第60号行政判决书。
* ③ 参见江苏省南通市中级人民法院(2001)通中行终字第10号行政判决书。

　　与上述认识不同,有的案例中,法院判定第三人承担责任的同时也要求行政机关履行非书面调查(材料真实)职责。在张某财等诉沈阳市沈河区房管局案中,法院认为:"尽管以隐瞒事实真相的手续取得的备案登记应由行为人负责,但足以认定沈河房管局作出的具体行政行为认定事实不清,证据不足。"①类似的案例还有,焦某梅诉辉县市政府案②、施以平诉武汉市房管局案等③。

　　上述裁判结论都是法院运用司法裁量得出的。有的案例中,特别是在企业登记领域的案例中,法院通过对《行政许可法》《公司法》《公司登记管理条例》等相关法律规定进行解释,认为行政机关只需负书面调查职责,而第三人应承担提供虚假材料的责任。在汤某诉常州市工商局案中,法院认为:"根据1999年修正的《公司法》第二十七条第三款'公司登记机关对符合本法规定条件的,予以登记,发给公司营业执照;对不符合本法规定条件的,不予登记'的规定,可以认定,公司登记机关对申请设立公司登记的材料仅作形式审查。申请材料的真实性和合法性由申请人负责。事实上,《行政许可法》第三十一条和2005年修正的《公司登记管理条例》第二条对此已经作出明确规定。因此,公司登记机关的职责是对申请人提交的有关申请材料和证明文件是否齐全,以及申请材料和证明文件及其所记载的事项,是否符合法律、行政法规的规定进行审查。据此,上诉人提出被上诉人应对申请材料的实质内容进行审查的上诉理由,缺乏法律依据,本院不予支持。"④之后法院又在附论中指出,"根据《行政许可法》第三十一、三十四条和2005年修正的《公司登记管理条例》第二条来看,申请材料的真实性和合法性由申请人负责,只在有法律、法规、规章的明确规定的情况下,才对申请材料的实质内容进行核实"。⑤类似的案例还有,安某源诉北京市工商局房山分局案⑥、中国农

---

①　辽宁省沈阳市中级人民法院(2005)沈行终字第312号行政判决书。

②　参见河南省辉县市人民法院(2009)辉行初字第17号行政判决书。

③　参见湖北省武汉市中级人民法院(2008)武行终字第20号行政判决书。

＊④⑤　江苏省常州市中级人民法院(2007)常行终字第62号行政判决书。

＊⑥　参见北京市房山区人民法院(2007)行字第74号行政判决书。

业银行郑州郊区支行诉河南省工商局案[①]、潘某奇诉青岛市工商局经济技术开发区分局案[②]、马某龙诉成都市工商局案[③]、刘某明诉株洲市工商局案[④]、河南省漯河市某运输公司诉漯河市某工商局案[⑤]、兰某诉吉林省乾安县工商局案[⑥]、安某诉北京市工商局房山分局案等。[⑦]可以看到，以上案例中只有马某龙诉成都市工商局案是属于机动车交易登记领域的案件，所援引的法律规范是《成都市旧机动车交易管理办法》第13条第1项；除此之外，其他全部集中于企业登记领域，所援引的法律规范主要是《公司登记管理条例》第2条与《行政许可法》第31条。

既然不同法院运用司法裁量可以得出不同的结论，那么不同法院运用法律解释得出的结论也就不太可能完全一致。在上海望族公司诉上海市工商局案中，法院既认为第三人应就申请材料的真实性负责，同时又认为行政机关应负非书面调查（权属清楚）职责。[⑧]

（二）行政机关已履行调查程序

本书第一章已经提到过，有的案例中，法院将调查程序与调查强度两个问题联系在一起。在黄某良等诉文昌市政府案中，法院将论证重点集中在房管机关的调查程序上，其中隐含着只要登记行为程序合法，房管机关即尽到了调查职责的态度。[⑨]与此截然相反的是，在韩某明诉重庆市涪陵区政府案中，法院认为："涪陵区房管局收到办理产权转移登记的申请后，虽然进行了询异公告，作出了审查意见，但更应当对房屋产权的来源进行严格审查。"[⑩]也就是说，尽管房管机关履行了程序义务，行政程序合法，但这不代表房管机关同时尽到了调查职责。与此

① 参见河南省郑州市金水区人民法院(2002)金行初字第9号行政判决书。
② 参见山东省青岛市中级人民法院(2003)青行终字第54号行政判决书。
③ 参见四川省成都市中级人民法院(2007)成行终字第41号行政判决书。
④ 参见湖南省株洲市中级人民法院(2010)株中法行终字第6号行政判决书。
⑤ 参见河南省漯河市中级人民法院(2009)漯行终字第25号行政判决书。
⑥ 参见吉林省乾安县人民法院(2008)乾行初字第1号行政判决书。
⑦ 裁判文书参见"北大法宝"数据库。
⑧ 参见上海市第一中级人民法院(2005)沪一中行终字第253号行政判决书。
⑨ 参见海南省高级人民法院(2006)琼行终字第76号行政判决书。
⑩ 重庆市涪陵区人民法院(2007)涪行初字第59号行政判决书。

类似的案例还有车某英诉辉县市政府案。[①]

(三) 行政第三人没有提出异议

有的案例中法院认为,如果应当提出异议的第三人在行政过程中没有提出异议,那么行政机关只需负书面调查职责。在陈某寿诉屯昌县政府案中,法院认为,"在屯昌县政府较长时间的大规模房屋办证过程中,陈某寿在争议房屋处居住或者从事其他经营活动,其应当对政府的办证活动是知情的;如果其对政府办证行为有异议,应当及时提出并提交相应的证据以便政府了解和查清有关情况,但直到本案二审过程中其才提出房屋由其出资兴建的有关证据并要求撤销政府的颁证行为,本院认为,陈某寿的上述行为是不当的,也不符合事物发展的正常情理"。[②]

三、尊重行政裁量的特例

以上所列举的案例中,面对行政调查强度问题,法院或者自行裁量,或者对不确定法律概念进行解释。值得注意的是,也有极个别案例,法院总体上尊重行政机关对行政调查强度的判断,只在行政机关的判断明显逾越合理限度时,才对行政行为进行否定。在于某国诉扬中市房管局案中,法院认为:"根据建设部《城市房地产转让管理规定》第七条第(四)项的规定,房地产管理部门核实申报的成交价格,并根据需要对转让的房地产进行现场查勘和评估。被上诉人扬中房管局根据扬中市当时的房地产价格,认为申报的成交价格并不明显低于市场价格,没有需要进行查勘和评估,并不违反规章规定。上诉人认为房产转让必须进行查勘和评估,被上诉人颁证程序违法的上诉理由不能成立。上诉人认为其买房在先,周某海与耿某怀恶意串通的买卖无效,侵犯了上诉人的权益,应通过民事途径寻求救济。至于上诉人认为被上诉人耿某怀对房屋成交价格未如实申报,其处理系行政机关行使

---

① 参见河南省辉县市人民法院(2010)辉行初字第1号行政判决书。
② 海南省高级人民法院(2006)琼行终字第98号行政判决书。

行政职权范畴。"①在附论中,法院进一步指出:"(2)根据依申请的行政行为的特征,房产登记机关在登记中既不享有举证权利,也不承担举证义务。除非不动产登记有害于国家、公共利益,不动产登记机关才进行调查和举证……(4)申请人与相对人的关于实体法律关系的合意是登记意思表示和登记权利的基础,而房产登记机关并不拥有对房产变动合意效力的审查判断权,也无权改变当事人以自己的意愿建立的民事法律关系。所以,房产登记部门的审查也只能是在职权范围内的有限审查。"②本案中,法院认为行政机关依其裁量权所采取的书面调查是正确的,法院予以尊重。只有在"不动产登记有害于国家、公共利益"的情况下,行政机关才必须启动非书面调查(权属清楚)。

四、行政机关的弹性标准

总体上看,行政机关对行政调查强度的判断主要也是固定性质的,且基本上倾向于书面调查。不过在有的案例中,行政机关也提出了与上述法院判断类似的看法。

在韩某明诉重庆市涪陵区政府案中,行政机关认为:"涪陵区房管局收到办证申请后,进行了审核,并张贴了询异公告,在原告没有提出异议的情况下才办理了产权过户登记,已经尽到谨慎的注意义务,程序合法。"③本案中,房管机关认为程序职责可以替代调查职责,只要履行了法定程序就尽到了调查职责。

在上海望族公司诉上海市工商局案中,行政机关认为:"其在审查过程中,因望族公司法定代表人、股东朱衍提出异议,遂启动了实质审查程序。"④本案中,工商机关认为自己在调查强度方面拥有裁量权,在第三人提出异议的情况下,工商机关应进行非书面调查(权属清楚)。

---

* ①② 江苏省镇江市中级人民法院(2004)镇行终字第 18 号行政判决书。
　③　重庆市涪陵区人民法院(2007)涪行初字第 59 号行政判决书。
　④　上海市第一中级人民法院(2005)沪一中行终字第 253 号行政判决书。

在魏某诉长葛市房管局案中,行政机关认为:"依据《房屋登记办法》第十八条的规定,对需要进一步明确的其他有关事项询问申请人,而本案申请人提供的转移登记材料齐全,有关向当事人询问的事项,在登记申请书上都有反映。因此,上诉人发放的长房权证长葛市字第00011557号房屋所有权证是按照法定程序进行的,并尽到了应有的审查职责。"①本案中,房管机关对《房屋登记办法》第18条中的"需要"一词进行了解释,充实了不确定法律概念。

在安某源诉北京市工商局房山分局案中,行政机关认为:"根据《公司登记管理条例》第二条的规定,申请办理公司登记,申请人应如实向登记机关提交有关材料和反映真实情况,并对申请材料的真实性负责。工商行政管理机关的职责是审查其申请材料是否齐全,是否符合法定形式,属于形式审查。"②本案中,工商机关对《公司登记条例》第2条进行了解释,认为该条文确认了由申请人对申请材料的真实性负责,同时也免除了工商机关的非书面调查(材料真实)职责。类似的案例还有,周某诉武汉市公安局交通管理局车辆管理所案③、安某诉北京市工商局房山分局案等④。

以上四类型的案例中,前两类属于行政机关运用裁量权的情形,后两类属于行政机关对不确定法律概念进行解释的情形。总体上来看,在行政调查强度的弹性标准上,案例中所体现出的行政实践基本上没有超出司法实践的范畴。当然,以上结论的得出也与本书所选取的研究素材有关,并不一定准确。

五、行政调查强度弹性标准表

笔者将有关行政调查强度弹性标准的案例进行了汇总,制成表9如下:

---

① 河南省许昌市中级人民法院(2009)许行终字第19号行政判决书。
*② 北京市房山区人民法院(2007)行字第74号行政判决书。
③ 参见湖北省武汉市中级人民法院(2008)武行终字第77号行政判决书。
④ 裁判文书参见"北大法宝"数据库。

表9　行政调查强度弹性标准概况

作用	类　型	案　例　信　息	调查强度
提高调查强度	申请材料存在瑕疵	马国政诉孟州市房管局案	非书面调查(材料真实)
		马迅诉乐山市房管局案	非书面调查(权属清楚)
		夏善荣诉徐州市建设局案	非书面调查(材料真实)
	第三人提出异议	李保兰诉南阳市房管局案	非书面调查(权属清楚)
		穆静波诉周口市房管局案	非书面调查(材料真实)
		冯建中诉佛山市禅城区工商局案	非书面调查(材料真实)
		上海望族公司诉上海市工商局案	非书面调查(权属清楚)
		陈宗惠诉海口市工商局新华分局案	非书面调查(权属清楚)
	存在权属争议	李云香等诉上海市房管局案	非书面调查(权属清楚)
		朱维薇诉嘉善县房管处案	非书面调查(权属清楚)
		贾瑞良诉焦作市房管局案	非书面调查(权属清楚)
		中国工商银行股份有限公司平顶山分行诉平顶山市政府案	非书面调查(权属清楚)
		张振明诉北京市建委案	非书面调查(权属清楚)
	可能造成实质侵害	谌朗诉重庆市房管局案①	非书面调查(材料真实)
	可能违反平等原则	张福元等诉北川县政府案	非书面调查(权属清楚)
	先行程序	欧阳红诉武汉市房管局案	非书面调查(权属清楚)
降低调查强度	行政相对人提供虚假申请材料	杨淑云诉重庆市房管局案	书面调查
		王燕等诉如皋市工商局案	书面调查
		安丽源诉北京市工商局房山分局案	书面调查
		中国农业银行郑州郊区支行诉河南省工商局案	书面调查
		潘新奇诉青岛市工商局经济技术开发区分局案	书面调查
		刘良明诉株洲市工商局案	书面调查

---

　　① 该案中,登记行为并未造成实质侵害,因此法院的结论是房管机关只负书面调查职责。如果依照法院的思路进行推演,则在登记行为可能或已经造成实质侵害的情况下,房管机关应负非书面调查(材料真实)职责。

续表

作用	类　型	案　例　信　息	调查强度
降低调查强度	行政相对人提供虚假申请材料	漯河市某某运输公司诉河南省漯河市某某工商局案	书面调查
		兰臣诉吉林省乾安县工商局案	书面调查
		安某诉北京市工商局房山分局案	书面调查
		马运龙诉成都市工商局案	书面调查
	已履行一定调查程序	黄守良等诉文昌市政府案	书面调查
	第三人没有提出异议	陈业寿诉屯昌县政府案	书面调查
对裁量的调查		于中国诉扬中市房管局案	书面调查(裁量非书面)

第二节　评　　析

一、司法经验的丰富与学说理论的单薄

同司法实践一样,学说理论有关行政调查强度判断标准的认识主要是固定性质的,即要么书面调查、要么非书面调查或者审慎调查。[①] 有学者认为,不同性质的行政行为应匹配不同的调查强度标准,比如确

---

① 参见孙森森:《不动产登记错误的行政判决方式——以欺诈导致登记错误的行政案件为中心》,载《行政法学研究》2018 年第 2 期;李孝猛:《公司登记审查的裁量》,法律出版社 2011 年版,第 70 页;戴涛:《行政登记侵权之诉研究》,载《行政法学研究》2001 年第 4 期;李晓东:《对公司变更登记应以形式审查为主》,载《人民法院报》2009 年 10 月 30 日;鲍伟民:《关于启动企业登记实质审查问题的思考(上)》,载《中国工商报》2009 年 10 月 24 日;王金根:《实质审查主义批判》,载《企业改革与管理》2006 年第 1 期;陈彦峰、钱力军:《对企业登记实质审查若干问题的思考》,载《中国工商管理研究》2006 年第 12 期;廖雪平:《对个体工商户设立申请材料是否应进行实质审查》,载《中国工商报》2008 年 9 月 26 日。

认性质的行政行为应对应书面调查,许可性质的行政行为应对应非书面调查。①有学者进一步将行政许可类型化,并认为不同类型的行政许可应对应不同的调查强度标准,比如对普通许可、资格资质许可与技术审定许可应当采用非书面调查;对赋权许可,既可采用书面调查也可采用非书面调查;对登记类许可,应以书面调查为主,对有明显瑕疵的,予以非书面调查。②

当然也有学者尝试探讨行政调查强度的弹性标准。有学者跳出行政行为的性质与分类,提出应区分不同的条件情况,分别对应不同的行政调查强度,比如对国家机关依照法定程序制成的文件和经过国家机关认定的材料可以采用书面调查;对申请人自己或者通过第三人制作的材料以及中介组织出具的材料,应当采用非书面调查。③有学者认为,应区分有无第三人对行政登记采用不同的调查标准。④

在笔者看来,学界对于行政调查强度弹性标准的研究稍显单薄,弹性标准的设计比较单一、不够丰满。从制度导向的研究角度看,有关行政调查强度的司法实践尝试了法律之内和法律之外的各种可能,拓展了制度完善的空间,值得认真借鉴。尽管前述案例在所有案例中属于少数的例外,但个案的出现虽属偶然,但评价不能简单看其数量多少,还要看其裁判说理是否精彩、是否符合社会发展趋势以及审判实践需要。如果答案是肯定的,那么它必然会在案例竞争的优胜劣汰中存活下来。这当中学者的责任就是对其进行整理和推广,加速其从"个案"向"制度"的转化。整体上看,前述所整理案例提出的有关行政调查强

---

① 参见李昕:《论我国行政登记的类型与制度完善》,载《行政法学研究》2007年第4期;栾兴良:《论行政登记机关的审查方式》,载《今日南国》2008年第4期;郭晋:《行政登记若干法律问题研究》,中央民族大学2007年硕士学位论文;龚严峰:《行政登记法律属性分析——以上海市地方性法规和规章为研究对象》,华东政法大学2004年硕士学位论文。

② 参见胡建淼、汪成红:《论行政机关对行政许可申请的审查深度》,载《浙江大学学报(人文社会科学版)》2008年第6期。

③ 参见章剑生:《行政许可审查标准:形式抑或实质——以工商企业登记为例》,载《法商研究》2009年第1期。

④ 参见栾兴良:《论行政登记机关的审查方式》,载《今日南国》2008年第4期。

度的裁量标准，基本上都是具备相当合理性的，即使是观点相互对立的案例，其各自的说理也都有借鉴意义。只是在行政相对人责任与行政调查强度的关系问题上，笔者有不同看法。如果提供虚假申请材料的行政相对人属于权利主体，那么由其承担责任并降低行政机关的调查强度具有一定合理性。但是在实践中，提供虚假申请材料的行政相对人一般多为非权利主体，此时所谓的由"行政相对人承担责任"并无实际意义，造假人并没有失去什么。若再以此为由降低行政机关的调查强度，那么真正受损的恐怕就只有作为权利主体的第三人了。

二、行政机关作主导与司法机关作补充

本书第三章曾提出疑问：在行政调查强度问题上，我国目前存在的立法无力现状，是否恰恰表明了行政调查强度问题的特殊性？司法权在行政调查强度问题上的异军突起是否暗示了行政权也应在同一问题上纵横捭阖？明言之，该现状是否恰恰与从立法、司法转向行政的行政法发展趋势暗合？笔者认为，行政调查强度问题是在行政性成本、结构性成本以及行政行为对民事行为的介入三方面因素的作用下形成的。这些因素中，行政行为是否有权介入民事行为似乎可以通过立法方式直接规定。行政性成本与结构性成本导致的行政调查强度问题，情况复杂，千变万化，似乎很难用法律条文具体列举，目前行政调查强度问题上存在的立法无力现状恰好印证了这一点。

在立法无法完成全部任务的情况下，应当由谁担当主角呢？司法还是行政？伴随现代行政国家的兴起，行政任务已呈爆炸性增长趋势，行政成本居高不下。在这种背景下，传统通过立法权、司法权对行政权进行制约的模式不仅力有不逮，且有越俎代庖嫌疑。行政法关注的重心必然要从立法、司法向行政转移，行政机关应当被赋予更广泛的自由空间和灵活度。在行政调查强度问题上，目前我国行政机关在实践中很可能已经形成了成文或不成文的调查强度弹性标准，笔者对此没有研究，无从置评。但无论如何，如果由司法直接进行行政调查强度弹性

标准的创制并不可取。毕竟司法机关没有身处行政实践第一线,其对行政调查强度的判断未必符合行政需求,且有司法权侵夺行政权的嫌疑。因此,我们应当让行政机关主导行政调查强度弹性标准的创制,由其基于实践经验制定并公布规范基准。司法机关则以逾越型审查方式(而非替代型审查方式)对行政行为进行监控,保障行政相对人权益。除此之外,行政调查强度中某些宏观性问题(比如行政行为是否有权介入民事行为)可交由立法机关决定。

当然,目前我国司法机关已经创制出的行政调查强度弹性标准,仍具有很高的价值,可为行政机关日后设计规范基准提供参考。

本 章 小 结

本章主要探讨行政调查强度的弹性标准。在少数案例中,法院将行政调查强度判断标准界定为弹性性质。在这些案例中,法院或者以司法裁量形式,或者以解释不确定法律概念形式创造出的判断标准,都可以转化为行政调查强度的弹性标准。因此目前司法机关所创造出的行政调查强度弹性标准可以为行政机关所借鉴。弹性标准的设计主要还是应在行政机关的主导下进行,司法机关可对行政机关进行监督,部分宏观性问题可以由立法机关直接规定。

第五章
行政调查强度的纠纷解决

本章所探讨的问题是与行政调查强度有关的法律纠纷应如何解决。书面调查与非书面调查的对峙、法律事实与客观事实的龃龉、行政诉讼与民事诉讼的隔膜，导致行政调查强度类纠纷具有很强特殊性，而这种特殊性要求一种相对特殊的制度安排。目前我国的司法实践中，针对行政调查强度类纠纷的裁判结论千差万别，很多法院根据行政调查强度类纠纷的特殊性作了相应安排，但也有很多法院根本没有认识到这种特殊性，导致相关纠纷得不到圆满解决。解决行政调查强度类纠纷的难点之一是如何解决行政民事交织争议。

第一节　解决行政民事交织争议的四种模式

行政与民事争议交织问题极为复杂，针对行政民事交织问题，现有解决方案主要有四种。

第一种是中止模式，即两个诉讼中的一个诉讼先中止，待另一个诉讼作出裁判后再恢复审理。中止模式的法律依据是《民事诉讼法》第150条和《行政诉讼法》第61条。中止模式并不能解决裁判不一致的问题,所谓的一个诉讼以另一诉讼审理结果为依据只具有形式意义,被中止诉讼的诉讼结果本质上仍取决于其诉讼规则。

第二种模式是附带模式,即将两个诉讼合并成行政附带民事诉讼。附带模式的法律依据主要是《行政诉讼法》第61条以及《行政诉讼法适用解释》第137—144条。附带模式也不能解决裁判不一致问题,因为附带模式改变的只是审判组织,没有改变诉讼规则,也就不可能从根本上改变诉讼结果。

值得注意的是,某些法院的司法实践突破了制度规定。在徐某浩诉宁波市鄞州区人民政府行政登记案中,法院认为行政诉讼的诉讼结果应取决于民事诉讼的结果,该案也号称"行政附带民事诉讼第一案"。[1]在纪某虎诉图们市人民政府行政登记案中,被告登记行为程序违法,但登记结果与实际民事权利状况相符,法院判决驳回原告诉讼请求。[2]在白某洁等诉乌兰察布市集宁区房产物业管理局行政登记案中,被告尽到了调查职责,但由于登记结果与实际民事权利状况不符,法院判决撤销登记行为。[3]上述司法实践可以说较好地解决了裁判不一致问题,但是主要集中在房屋登记领域,更重要的是,对制度规定的突破有违法嫌疑。

第三种模式是统一模式,即借鉴日本的形式当事人诉讼。形式当事人诉讼是指对特定的民事纠纷,特定行政机关可以依据法律授权作出行政裁决,该行政裁决的相对人可以根据个别法的规定直接就该民事纠纷以另外一方当事人为被告起诉,而不必先以行政诉讼排除该行政裁决的公定力。该种模式相当于创造了一种全新的诉讼类型,从而彻底解决了诉讼规则不一致问题。少数法院在这方面也有尝试。在林某德诉延吉市房产局、延吉市征收局行政裁决案中,法院依据《行政诉讼法执行解释》第61条认为:"原审原告已提出一并提出解决民事争议

---

① 浙江省宁波市鄞州区(2010)甬鄞行初字第36号行政判决书。
② 吉林省延边朝鲜族自治州中级人民法院(2015)延中行终字第6号行政判决书。
③ 内蒙古乌兰察布市集宁区人民法院(2016)内0902行初字第1号行政判决书。

的诉讼,无需责令被告延吉市房产管理局重新作出裁决。"①统一模式的主要问题是适用范围狭窄,一般只适用于行政裁决,最多可延伸适用至以民事争议为核心的行政民事交织问题。更重要的是,排除行政裁决公定力的做法,与行政行为效力理论存在冲突。

第四种模式是先后模式,即先民事诉讼,后改变行政行为。理解这一模式的关键是理解何谓裁判不一致。一般认为,同一当事人如果在行政诉讼中胜诉,同时又在民事诉讼中败诉,那么此时两种诉讼的裁判就不一致。事实上,行政与民事诉讼之间是不可以直接进行比较的,二者的审查对象存在本质区别。因此行政诉讼与民事诉讼的最终结论不一致,并不意味着两种诉讼就存在矛盾。由此,两种诉讼尽可能地同时进行,即使表面上出现龃龉也无需理会。当事人只需持生效民事裁判向行政机关申请撤销、变更行政行为即可。这种模式在司法实践中也有所印证。在李某业诉舒兰市住房和城乡建设局、舒兰市国土资源局行政登记案中,法院认为:"围绕着房屋所有权问题,上诉人和被上诉人双方明显存在着争议。若解决产权争议,需由双方协商或通过民事诉讼程序来确认房屋产权的归属,然后由最终取得产权的一方当事人,持生效的法律文书,向房屋登记机关申请房屋产权登记。"②这种模式的核心是澄清观念,并不存在制度障碍,但适用范围仍过于狭窄,仅适用于房屋登记领域。另外,与统一模式类似,先民事诉讼后改变行政行为的做法,等于无视该行政行为的公定力,因此该模式与行政行为效力理论也存在冲突。

第三种、第四种模式都存在与行政行为效力理论冲突的问题。当然,行政行为效力理论可以作出相应调整,但理论层面的调整不能是随机的、头痛医头式的,而必须照顾到行政法理论体系的完整性、稳定性。就行政民事交织问题而言,我们可以考虑采用对行政行为精确分类,进而针对某些行政行为免除其效力,但这种做法应当是普遍适用于各种

---

① 吉林省延吉市人民法院(2014)延行再初字第1号行政判决书。
② 吉林省吉林市中级人民法院(2017)吉02行终36号行政判决书。

情形的,而不应只停留在行政民事交织问题层面。这就对行政行为的分类理论和行政行为的效力理论提出了挑战。进一步思考,如果我们承认某些行政行为可以免除其效力,那么这些所谓的"行政行为"还是行政行为吗? 到底什么才是真正的行政行为? 由此,从一个诉讼法问题出发,我们可以一路追问到行政法理论的核心问题。

总结来看,以上四种模式,第一种模式不能解决问题,第二种模式从制度角度看是无用的,从实践角度看又有违法嫌疑,第三种、第四种模式能够解决问题,但适用范围狭窄,同时又与现有理论冲突。这就启示我们,法律制度的设计不能想当然,不能仅看问题表面,而必须深入实践、抓住问题内核。同时,仅仅在个案中解决问题并不是真正的解决问题,只顾实践层面的单兵突进,而不顾与制度理论的衔接将有可能带来更大的危机,法律思维的核心之一是系统化思维,我们必须努力将实践方案与制度理论融会贯通。

需要指出的是,行政与民事争议交织问题极为复杂,大致可以分为两种情形:民事争议作为先决问题与行政争议作为先决问题。行政调查强度类纠纷所涉及的主要是民事争议作为先决问题的情形,因此应采取民事诉讼先行的策略。对于行政争议作为先决问题的情形,则应采取行政诉讼先行的策略。①当然,后一种情形并非本书的研究内容,此处不赘。

---

① 有关行政与民事争议交织问题的研究参见何海波:《行政行为对民事审判的约束力》,载《中国法学》2008年第2期;李季:《行政诉讼与民事诉讼关系初探》,载《人民司法》1999年第4期;彭诚信、彭贵才:《民事与行政纠纷竞合之诉讼问题研究》,载《吉林大学社会科学学报》2001年第3期;黄江:《行政、民事关联诉讼问题探讨》,载《政治与法律》2001年第5期;马怀德、张红:《行政争议与民事争议的交织与处理》,载《法商研究》2003年第4期;江伟、范跃如:《民事行政争议关联案件诉讼程序研究》,载《中国法学》2005年第3期;吴偕林:《民事、行政救济程序交叉问题之解决》,载《法律适用》2007年第7期;方世荣、羊琴:《论行政行为作为民事诉讼先决问题之解决:以行政行为效力存在差异为基础》,载《中国法学》2005年第4期;王韶华:《民事行政争议关联案件审理程序新构想》,载《诉讼法论丛》第11卷,法律出版社2006年版;韩思阳:《行政附带民事诉讼之难以逾越的障碍》,载《行政法学研究》2006年第4期;韩思阳:《行政与民事争议交织问题的"斯芬克斯之谜"》,载《行政法论丛》第12卷,法律出版社2009年版。

第二节 行政调查强度类
纠纷的诉讼选择

从案例整理结果来看，行政调查强度类纠纷是典型的行政民事交织类纠纷，如何解决这一类纠纷理论上众说纷纭。行政附带民事诉讼制度虽已确立，但在实践中遇冷。[①]本节拟以另一种典型的行政民事交织类纠纷——行政裁决类纠纷为例，讨论行政民事交织类纠纷的诉讼选择，并为行政调查强度类纠纷的解决提供镜鉴。

行政裁决是行政机关以准司法方式解决纠纷的行政行为。根据司法最终原则，它未必是旧纠纷的终点，而很可能是新纠纷的起点。如果当事人对裁决结果不服，则新的行政裁决纠纷可能由此产生。行政裁决的对象经常是民事纠纷，当事人如果对裁决结果不服，既有可能提起行政诉讼，也有可能提起民事诉讼。如何看待这种多元化的诉讼选择？是任其并行（由当事人选择提起行政或民事诉讼），还是二者选一（由制度规定只能提起行政或民事诉讼），或是二者合一（设计行政附带民事诉讼或民事附带行政诉讼），还是另辟蹊径（设计当事人诉讼），成为困扰理论界和实务界的一个难题。

本节以行政裁决纠纷的诉讼选择为中心，主要探讨应将该纠纷纳入何种诉讼轨道。本节将分为循序渐进的四个部分：一是制度梳理，即对我国过去的、现存的相关法律规范进行系统总结，运用法律解释方法从现行有效的法律规范中寻找一种相对可靠的制度结论，同时结合已失效的法律规范对制度设计进行简要评价。二是学说综述，即对我国目前为止的相关研究进行分析，找出该问题之所以歧论丛生的症结所

[①] 参见寇建东：《行政附带民事诉讼审理机制的完善》，载《人民司法》2018年第31期。

在,并提出制度设计的根本评价标准。三是厘清误区,指出行政与民事诉讼出现真正不一致的情况并不多,最好的诉讼选择其实是两种诉讼各安其位。四是追本溯源,行政裁决的设定是该领域众多问题的源头,只有科学合理地设定行政裁决,才能从根本上解决行政裁决纠纷的诉讼选择问题。

一、制度梳理:理由不清似权宜之计

有关行政裁决纠纷的诉讼选择,我国相关的法律规范极为分散零乱,一般规定与特别规定俱有,失效规定与有效规定并存。之前虽然也有学者进行过整理,但大都局限于某一领域或某一时段,不够全面。本书试图弥补这一缺憾,笔者将所搜集到的相关法律规范按照一般规定与特别规定两大类进行整理,特别规定又包括房屋拆迁、知识产权、土地管理、环境保护与普通纠纷五个子类。每类规定均按生效时间先后以表格形式列出,这样既可以将失效规定与有效规定区分开(一般生效时间在后的即为有效规定),又可以看清相关规定的演变脉络。

表10是有关行政裁决纠纷诉讼选择的一般规定。从表10中可以看出,在《行政诉讼法》实施后,行政裁决纠纷一般是纳入行政诉讼轨道的,特别是《若干问题的意见》所列举的赔偿、补偿和确权三种裁决,但该规定没有指明裁决所涉及的民事纠纷该如何处理。《若干问题的解释》第61条回答了这一问题,指出可以在行政诉讼中一并审理民事争议。《关于当前形势下做好行政审判工作的若干意见》重申了上述意见,并指出这样做的目的是"防止出现相互矛盾或相互推诿以及减少当事人的诉累"。《关于建立健全诉讼与非诉讼相衔接的矛盾纠纷解决机制的若干意见》在继续重申"一并审理"精神的同时,也认可了单独提起民事诉讼的做法。这与之前的规定并不矛盾,因为之前的规定只是强调可以通过行政诉讼"一并审理"民事争议,并未直接否定单独提起民事诉讼。

表 10　一般规定

法规条文	效力级别	法 规 内 容	诉讼选择
《关于贯彻执行〈中华人民共和国行政诉讼法〉若干问题的意见（试行）》第4、5、7条 1991年7月11日	司法解释	第4条　公民、法人或者其他组织对行政机关就赔偿问题所作的裁决不服的，可以向人民法院提起行政诉讼。 第5条　公民、法人或者其他组织对行政机关依照职权作出的强制性补偿决定不服的，可以依法提起行政诉讼。 第7条　公民、法人或者其他组织对人民政府或者其主管部门有关土地、矿产、森林等资源的所有权或者使用权归属的处理决定不服，依法向人民法院起诉的，人民法院应作为行政案件受理。	行政诉讼
《关于执行〈中华人民共和国行政诉讼法〉若干问题的解释》第61条 2000年3月10日	司法解释	被告对平等主体之间民事争议所作的裁决违法，民事争议当事人要求人民法院一并解决相关民事争议的，人民法院可以一并审理。	行政兼民事
《关于当前形势下做好行政审判工作的若干意见》第2款、第3款前半部分 2009年6月26日	司法解释	充分发挥行政诉讼附带解决民事争议的功能，在受理行政机关对平等主体之间的民事争议所作的行政裁决、行政确权、行政处理、颁发权属证书等案件时，可以基于当事人申请一并解决相关民事争议。要正确处理行政诉讼与民事诉讼交叉问题，防止出现相互矛盾或相互推诿。要注意争议的实质性解决，促进案结事了。对于行政裁决和行政确认案件，可以在查清事实的基础上直接就行政主体对原民事性质的事项所作出的裁决或确认依法作出判决，以减少当事人的诉累。	行政兼民事
《关于建立健全诉讼与非诉讼相衔接的矛盾纠纷解决机制的若干意见》第8条第1款 2009年7月24日	司法解释	为有效化解行政管理活动中发生的各类矛盾纠纷，人民法院鼓励和支持行政机关依当事人申请或者依职权进行调解、裁决或者依法作出其他处理。调解、裁决或者依法作出的其他处理具有法律效力。当事人不服行政机关对平等主体之间民事争议所作的调解、裁决或者其他处理，以对方当事人为被告就原争议向人民法院起诉的，由人民法院作为民事案件受理。法律或司法解释明确规定作为行政案件受理的，人民法院在对行政行为进行审查时，可对其中的民事争议一并审理，并在作出行政判决的同时，依法对当事人之间的民事争议一并作出民事判决。	民事或行政兼民事

表 11 是有关房屋拆迁裁决纠纷诉讼选择的特别规定。从表 11 中可以看出,1993 年和 1996 年是两个重要的时间节点。1993 年以后,房屋拆迁裁决纠纷统一为民事案件。1996 年以后则改为行政案件。《国有土地上房屋征收与补偿条例》延续了这一做法。

表 11　房屋拆迁特别规定

法规条文	效力级别	法　规　内　容	诉讼选择
《关于适用〈房屋拆迁管理条例〉第十四条有关问题的复函》1993 年 11 月 24 日	司法解释	在城市房屋拆迁管理过程中,拆迁人与被拆迁人对房屋拆迁的补偿形式、补偿金额、安置用房面积、安置地点、搬迁过渡方式和过渡期限,经协商达不成协议发生的争执,属于平等民事主体之间的民事权益纠纷,因此房屋拆迁主管部门或同级人民政府对此类纠纷解决后,当事人不服向人民法院起诉的,人民法院应以民事案件受理。	民事诉讼
《关于受理房屋拆迁、补偿、安置等案件问题的批复》1996 年 7 月 24 日	司法解释	公民、法人或者其他组织对人民政府或者城市房屋拆迁主管行政机关依职权作出的有关房屋拆迁、补偿、安置等问题的裁决不服,依法向人民法院提起诉讼的,人民法院应当作为行政案件受理。拆迁人与被拆迁人因房屋补偿、安置等问题发生争议未经行政机关裁决,仅就房屋补偿、安置等问题,依法向人民法院提起诉讼的,人民法院应当作为民事案件受理。	行政诉讼
《国有土地上房屋征收与补偿条例》第 26 条 2011 年 1 月 21 日	行政法规	房屋征收部门与被征收人在征收补偿方案确定的签约期限内达不成补偿协议,或者被征收房屋所有权人不明确的,由房屋征收部门报请作出房屋征收决定的市、县级人民政府依照本条例的规定,按照征收补偿方案作出补偿决定,并在房屋征收范围内予以公告。补偿决定应当公平,包括本条例第二十五条第一款规定的有关补偿协议的事项。被征收人对补偿决定不服的,可以依法申请行政复议,也可以依法提起行政诉讼。	行政诉讼

表 12 是有关知识产权裁决纠纷诉讼选择的特别规定。从表 12 中可以看出,对于一般的知识产权裁决纠纷,当事人应通过行政诉讼解决。对于宣告专利或商标无效的裁决纠纷,当事人应通过民事诉讼一并解决行政争议,表 12 规定中的“由知识产权审判庭审理”和“该侵犯专利权民事案件可以不中止诉讼”即为此意。一并解决的主要目的在于避免两种诉讼的裁判结果发生矛盾。

表 12　知识产权特别规定

法规条文	效力级别	法 规 内 容	诉讼选择
《关于不服专利管理机关对专利申请权纠纷、专利侵权纠纷的处理决定提起诉讼，人民法院应作何种案件受理问题的答复》1995 年 7 月 7 日	司法解释	专利管理机关依据《中华人民共和国专利法》第六十条的规定，作出责令侵权人停止侵权行为，并赔偿损失的处理决定，若当事人一方或双方对专利管理机关作出的处理决定不服，以专利管理机关为被告提起诉讼的，人民法院应作为行政案件受理。	行政诉讼
《关于专利法、商标法修改后专利、商标相关案件分工问题的批复》2002 年 5 月 21 日	司法解释	为适应加入世界贸易组织的要求，我国专利法、商标法进行了相应的修改，取消了专利复审委员会和商标评审委员会的行政终局决定制度，规定当事人不服专利复审委员会和商标评审委员会的复审决定或裁定的，可以向人民法院提起诉讼。按照行政诉讼法有关规定，此类案件应由北京市高、中级人民法院管辖。确定人民法院审理此类案件的内部分工既要严格执行有关法律规定，又要照顾当前审判实际，避免对涉及同一知识产权的行政审判与民事审判结果发生矛盾。据此，对于人民法院受理的涉及专利权或注册商标专用权的民事诉讼，当事人就同一专利或者商标不服专利复审委员会的无效宣告请求复审决定或者商标评审委员会的裁定而提起诉讼的行政案件，由知识产权审判庭审理；不服专利复审委员会或者商标评审委员会的复审决定或者裁定的其他行政案件，由行政审判庭审理。	行政或民事兼行政
《关于对江苏省高级人民法院〈关于当宣告专利权无效或者维持专利权的决定已被提起行政诉讼时相关的专利侵权案件是否应当中止审理问题的请示〉的批复》2003 年 4 月 15 日	司法解释	人民法院在审理侵犯专利权民事案件过程中，当事人不服专利复审委员会有关宣告专利权无效或者维持专利权的决定，在法定期间内依法向人民法院提起行政诉讼的，该侵犯专利权民事案件可以不中止诉讼。但是，根据现有证据材料，受理该侵犯专利权民事案件的人民法院认为继续审理与相关专利行政案件的判决结果可能发生冲突的，经当事人书面申请，也可以中止诉讼。	行政或民事兼行政

　　表 13 是有关土地管理裁决纠纷诉讼选择的特别规定。从表 13 可以看出，以 1991 年为界，之前的土地管理裁决纠纷是通过民事诉讼解决，之后改为通过行政诉讼解决。

表 13 土地管理特别规定

法规条文	效力级别	法 规 内 容	诉讼选择
《关于双方不服政府对山林纠纷的处理决定,向人民法院起诉,应将谁列为被告的批复》1986年11月7日	司法解释	关于惠阳地区博罗县道姑田乡与广州市增城县光辉乡、五星乡山林纠纷一案,双方不服广东省人民政府调处山林纠纷办公室的处理决定,向人民法院提起诉讼,应将谁列为本案的被告人问题。经研究,同意你院审判委员会关于以原双方当事人为原、被告的意见,即以向人民法院起诉的一方为原告,另一方则为被告。把作出裁决的省调处山林纠纷办公室列为本案的被告不当。	民事诉讼
《关于人民法院审理案件如何适用〈土地管理法〉第十三条〈森林法〉第十四条规定的批复》1987年7月31日	司法解释	《土地管理法》第十三条、《森林法》第十四条规定当事人之间发生的土地、林木、林地所有权和使用权争议由县级以上人民政府处理,当事人对人民政府处理不服的,可以向人民法院起诉。此类案件虽经人民政府作出处理,但其性质仍属民事权益纠纷,人民法院审理此类案件仍应以原争议双方为诉讼当事人。	民事诉讼
《关于行政机关对土地争议的处理决定生效后一方不履行另一方不应以民事侵权向法院起诉的批复》1991年7月24日	司法解释	行政机关对土地争议处理决定生效后,一方当事人不履行的,对方当事人不应以民事侵权案件向人民法院起诉,可向行政机关提出申请执行,该行政机关依照《行政诉讼法》第六十六条的规定,可以申请人民法院强制执行,或依法强制执行。	行政诉讼

表 14 是有关环境保护裁决纠纷诉讼选择的特别规定。从表 14 中可以看出,对于环境保护裁决纠纷,当事人应通过民事诉讼解决。

表 14 环境保护特别规定

法规条文	效力级别	法 规 内 容	诉讼选择
《关于正确理解和执行〈环境保护法〉第四十一条第二款的答复》1992年1月31日	应用解释	因环境污染损害引起的赔偿责任和赔偿金额的纠纷属于民事纠纷,环境保护行政主管部门依据《中华人民共和国环境保护法》第四十一条第二款规定,根据当事人的请求,对因环境污染损害引起的赔偿责任和赔偿金额的纠纷所作的处理,当事人不服的,可以向人民法院提起民事诉讼,但这是民事纠纷双方当事人之间的民事诉讼,不能以作出处理决定的环境保护行政主管部门为被告提起行政诉讼。	民事诉讼

表 15 是普通纠纷裁决纠纷诉讼选择的特别规定。从表 15 可以看出,对于因裁决普通纠纷而引起的裁决纠纷,制度层面一直是按照民事诉讼处理的。

表 15　普通纠纷特别规定

法规条文	效力级别	法　规　内　容	诉讼选择
《对最高人民法院关于"治安案件当事人对公安机关的赔偿裁决不服的,是否有权向法院提起诉讼"询问的答复意见》1988 年 8 月 20 日	应用解释	根据民法通则的规定,赔偿损失、负担医疗费用属于民事案件的范围,当事人应享有向法院起诉的权利,对公安机关的调解不能达成协议或者对公安机关的裁决不服的,可在一定期限内向人民法院对造成损失的一方当事人提起民事诉讼。	民事诉讼
《民间纠纷处理办法》第 21 条 1990 年 4 月 19 日	部门规章	基层人民政府作出的处理决定,当事人必须执行。如有异议的,可以在处理决定作出后,就原纠纷向人民法院起诉。	民事诉讼
《关于适用〈人民调解委员会组织条例〉第 9 条第 2 款有关问题的通知》1991 年 12 月 2 日	规范性文件	经商最高人民法院,现明确以下几点:(一)基层人民政府就民间纠纷作出的处理决定,是基层人民政府根据当事人的申请,对当事人之间民事权益争议依照事实和法律作出的处理决定。(二)当事人对基层人民政府处理决定不服的,可在法定期限内就原纠纷向人民法院提起民事诉讼。	民事诉讼
《关于如何处理经乡(镇)人民政府调处的民间纠纷的通知》1993 年 9 月 3 日	司法解释	民间纠纷经司法助理员调解,当事人未达成协议或者达成协议后又反悔,如果一方直接向人民法院起诉,或者先请求乡(镇)人民政府处理但不服处理决定又向人民法院起诉的,人民法院应当作为民事案件依法处理,以原纠纷的双方为案件当事人。	民事诉讼

表 10 至表 15 的制度梳理稍显繁复,笔者将其简化处理后制成表 16,以便一目了然。

表 16　行政裁决纠纷诉讼选择的制度概况

一般规定	房屋拆迁	知识产权	土地管理	环境保护	普通纠纷
行政兼民事,民事可单行	行政诉讼	一般行政,特殊民事兼行政	行政诉讼	民事诉讼	民事诉讼

从表 16 可以看出,在解决行政裁决纠纷应采用何种诉讼这个问题上,目前我国的相关规定并不统一。单采行政诉讼的有之,单采民事诉讼的有之,一并处理模式中既有行政诉讼兼及民事争议的,也有民事诉讼兼顾行政争议的。当然,不统一不代表一定不合理,也可能其中蕴含着具体问题具体分析的立法智慧,但目前的规定鲜有交待立法理由者[1],而

---

[1]　已交待的理由主要集中在避免裁判矛盾、减轻当事人诉累,以及纠纷的民事性质等几个方面。

同一领域的相关规定又经常发生变化,这使人难以分辨立法者如此规定的真正意图,甚至产生相关立法只是权宜之计的怀疑。以知识产权领域为例,有学者认为我国行政机关对知识产权常采取形式审查,因此错漏较多,"人民法院(民事)为了减少专利权的不稳定性,不得不经常采取诉讼中止的措施"。①意思是仅为形式审查的行政行为对民事诉讼具有构成要件效力。基于同一理由,有学者却得出相反结论:"行政处分依其作成的方式,种类繁多,有的仅为形式审查,有的为实质审查,如就个别之行政处分研究其对普通法院之构成要件效力,似乎更能保障人民的权利。"②意思是仅为形式审查的行政行为对民事诉讼可以不具有构成要件效力,民事诉讼无需中止。

二、学说综述:支点不牢致歧论丛生

在行政裁决纠纷的诉讼选择问题上,我国现有学说可谓"百花齐放、百家争鸣",几乎所有可能想到的方案都被提出。

(一) 各种可能的方案

有学者认为,应采用行政诉讼模式。针对传统行政诉讼无法较好解决民事争议的问题,他们提出应赋予行政诉讼中的法院以更大的司法变更权,法院可变更裁决内容,直接解决民事争议。③其他方案也或

---

① 张红:《专利权无效行政诉讼中行政民事关系的交叉与处理》,载《法商研究》2008年第6期。

② 熊诵梅:《当公法遇上私法——从智慧财产案件审理法草案第16条谈起》,载台湾《月旦法学杂志》2006年第12期。

③ 参见王璟:《我国行政裁决及其救济制度研究》,中央民族大学2010年硕士学位论文;刘量力:《破解行政裁决诉讼的"循环怪圈"——兼论行政裁决司法变更权的赋予与规制》,载《全国法院系统第二十二届学术讨论会征文》;郑太福、唐双娥:《论司法变更范围的扩大与行政裁决之诉中的司法变更——兼析〈解释〉第六十一条的完善》,载《湖南社会科学》2006年第2期;邹润学:《"民事侵权赔偿行政裁决案不宜纳入行政诉讼受案范围"质疑》,载《行政法学研究》1995年第3期;夏红焰:《不服行政裁决诉讼的路径研究》,复旦大学2008年硕士学位论文;江怀玉:《对行政裁决的司法变更权应属谁》,载《中国律师》2002年第10期;李德仁:《论对行政裁决的司法救济》,南京师范大学2007年硕士学位论文;谢卫华:《论赋予法院对行政裁决司法变更权的必要性》,载《行政法学研究》2003年第3期;刘柏桓、陆国东:《法院对行政裁决享有有限司法变更权的思考》,载《法律适用》2001年第11期;姬亚平:《行政裁决问题研究》,载《民主与法制》2008年第10期;赵洪涛:《行政裁决司法救济研究》,苏州大学2010年硕士学位论文。

多或少地赞成扩充司法变更权。有学者认为,应采用民事诉讼模式。主要理由在于行政裁决纠纷本质上是民事纠纷,无需通过行政诉讼解决。①有学者认为,应采用行政附带民事诉讼模式。主要理由在于该模式可以一并解决行政与民事两个纠纷,减轻当事人诉累,且能避免两个诉讼并行所可能导致的裁判矛盾。②有学者认为,应采用民事附带行政诉讼模式。主要理由在于该模式具有行政附带民事诉讼的所有优点,同时又可以使行政机关处于中立、超然的地位,减少行政机关因作被告而产生的抵触情绪。③有学者认为,应采用日本的形式当事人诉讼模式。主要理由在于该模式可以一并解决行政与民事两个纠纷,减轻当事人诉累,避免两个诉讼并行所可能导致的裁判矛盾,且行政机关不作被告,积极性较高,而相对人也避免了"民告官"的风险。④还有一些学者从实施调解和停止执行等角度提出了自己的方案。⑤

另外,大部分学者主张统一解决行政裁决纠纷的诉讼选择问题,即以一种方案适用于所有情形。少数学者则提出应分类解决。比如张树义教授主张,以民事争议为主、行政问题为辅的行政裁决纠纷,应当走民事诉讼途径;以行政争议为主,民事问题作为附带问题的行政裁决纠

① 参见彭章键:《不服民事纠纷之行政裁决的诉讼程序问题》,载《法律适用》1996年第3期;罗凤娥:《交通事故责任认定的行政非诉性评析——兼论行政裁决行为的非诉性》,载《现代法学》2002年第3期;沈开举:《论行政机关裁决民事纠纷的性质》,载《昆明理工大学学报(社会科学版)》2009年第5期。
② 参见李华菊、侯慧娟:《试论行政裁决的司法审查程序——兼谈行政附带民事诉讼案件的审理》,载《行政论坛》2002年第2期;熊伊敏:《行政裁决救济制度研究》,中国政法大学2008年硕士学位论文;姬亚平:《行政裁决问题研究》,载《民主与法制》2008年第10期。
③ 参见吴莉:《行政裁决的司法审查》,广西民族大学2010年硕士学位论文。
④ 参见王小红:《行政裁决诉讼路径研究》,载《河南省政法管理干部学院学报》2007年第4期;施蕾:《行政诉讼与民事诉讼交叉疑难问题研究——以行政裁决的救济方式为中心》,载《湖南医科大学学报(社会科学版)》2009年第1期;牟旭、陈翔熙:《论行政裁决诉讼模式的选择——"形式当事人诉讼"在我国的实现》,载《全国法院系统第二十二届学术讨论会征文》;陆平辉:《行政裁决诉讼的不确定性及其解决》,载《现代法学》2005年第6期。
⑤ 参见张剑:《行政裁决案件可引入调解机制》,载《江苏法制报》2006年4月11日第C5版;刘霞飞:《论我国行政裁决司法路径的选择》,中国政法大学2009年硕士学位论文。

纷,应以行政附带民事诉讼的方式审理;行政争议与民事争议并重的行政裁决纠纷,应借鉴日本的形式当事人诉讼制度。区分上述三种纠纷的方法主要是两种:一是通过制定法或法律解释的方法进行规定;二是借鉴法国的权限争议法庭,通过制度化的途径来进行个案的不断解决。①肖泽晟教授认为,不服职权性行政裁决,应提起行政诉讼;不服同源性行政裁决,应提起行政附带民事诉讼;不服选择性行政裁决,应提起形式当事人诉讼。②

(二) 并不牢固的支点

上述各种方案确实穷尽了各种可能,但也给人以眼花缭乱、无从取舍之感。关键问题在于,每个学者都从自己的理论支点出发建构方案,而这些理论支点却未必都经得起推敲。试举以下三点为例:

1. 可疑支点之一:民事诉讼能否审查行政行为

依行政法理论,行政行为对民事诉讼具有公定力或构成要件效力③,因此民事诉讼不能审查行政行为。以此为支点,行政诉讼模式、行政附带民事诉讼模式等就成为题中应有之义。比如姜明安教授认为,行政裁决权的行使,具有一般行政权的特征,民事纠纷当事人是否同意或者承认,都不会影响行政裁决的成立和其所具有的法律效力,对行政裁决不服,只能向法院提起行政诉讼。④持类似观点的学者还有很多。⑤

---

① 参见张树义:《纠纷的行政解决机制研究——以行政裁决为中心》,中国政法大学出版社 2006 年版,第 127—130 页。

② 参见肖泽晟:《行政裁决与法律救济》,载《行政法学研究》1998 年第 3 期。

③ 参见叶必丰:《行政行为的效力研究》,中国人民大学出版社 2002 年版,第 92 页;翁岳生主编:《行政法》,中国法制出版社 2009 年版,第 657 页。

④ 参见姜明安主编:《行政法与行政诉讼法》,法律出版社 2006 年版,第 173 页。

⑤ 参见王璞:《我国行政裁决及其救济制度研究》,中央民族大学 2010 年硕士学位论文;刘霞飞:《论我国行政裁决司法路径的选择》,中国政法大学 2009 年硕士学位论文;吴莉:《行政裁决的司法审查》,广西民族大学 2010 年硕士学位论文;施蕾:《行政诉讼与民事诉讼交叉疑难问题研究——以行政裁决的救济方式为中心》,载《湖南医科大学学报(社会科学版)》2009 年第 1 期;牟旭、陈翔熙:《论行政裁决诉讼模式的选择——"形式当事人诉讼"在我国的实现》,载《全国法院系统第二十二届学术讨论会征文》;陆平辉:《行政裁决诉讼的不确定性及其解决》,载《现代法学》2005 年第 6 期。

问题在于,上述支点并非一定成立。如前所述,有学者就提出应根据行政行为的具体特点界定其对民事诉讼的构成要件效力。[1]在日本,撤销诉讼的排他管辖是其行政诉讼的一个基本原则,而形式当事人诉讼则突破了这一点。理由在于,可以将行政裁决之诉认定为给付诉讼而非形成诉讼,由此行政裁决也就获得了一种特殊属性,其效力是以当事人在一定期限内不争议为条件的。[2]我国学者也有类似的观点,比如应松年教授认为,在行政裁决活动中,裁决行为有效与无效的区分,是以当事人是否接受为前提的,也就是说行政裁决是以当事人接受为生效要件的。[3]

与此相联系的还有一种观点,即当事人不能在立案时提起附带民事诉讼:"若允许当事人提起行政诉讼时附带提起民事诉讼,由于民事立案时,法院就已存在作出民事判决的预期,所以民事诉讼对行政裁决的效力在立案时就已经进行了否定。这样,对行政裁决案件,行政附带民事诉讼就失去了得以成立的基础。行政附带民事诉讼一方面在行政立案中认为行政裁决的效力要经过审查后进行回答,而另一方面在民事立案中宣告行政裁决的效力已经被否定了,这是自相矛盾的。"[4]这种观点实际上是混淆了行政行为的合法与有效两种概念,[5]因此也是建立在并不牢固的支点上。

2. 可疑支点之二:裁决机关的态度

有学者以裁决机关的态度作为立论依据,认为裁决机关是不愿意作被告的,如果采用行政诉讼或行政附带民事诉讼模式,则裁决机关不

---

① 熊诵梅:《当公法遇上私法——从智慧财产案件审理法草案第 16 条谈起》,载《月旦法学杂志》2006 年第 12 期。

② 参见王天华:《行政诉讼的构造——日本行政诉讼法研究》,法律出版社 2010 年版,第 242 页。

③ 参见应松年主编:《行政法与行政诉讼法学》,法律出版社 2005 年版,第 217 页。

④ 姜明安、毕雁英主编:《行政法与行政诉讼法教学案例》,北京大学出版社 2006 年版,第 356—357 页。

⑤ 参见王天华:《行政行为公定力概念的源流——兼议我国公定力理论的发展进路》,载《当代法学》2010 年第 3 期。

免产生抵触情绪,其作出行政裁决的积极性也会被挫伤。另外,相对人也不愿意承担"民告官"的风险。①

与此相反,也有学者指出,行政诉讼不仅可以解决纠纷,本身也发挥着监督行政机关的作用,因此把裁决机关列入被告是监督裁决机关的需要。②

同样是基于裁决机关的态度,却得出完全相反的结论,甚至是在同一篇论文中得相反结论③,可见裁决机关的态度这一支点也并不可靠。

3. 可疑支点之三:行政裁决的准司法性

有学者从行政裁决的准司法性入手论证扩充行政诉讼司法变更权的合理性。他们认为,行政裁决具有准司法性,相当于一审诉讼,相比之下行政诉讼类似于二审,既然司法审判中二审可以直接改判一审,那么行政诉讼自然可以变更行政裁决。④

也有学者持反对意见:司法机关是不能成为被告的,既然行政裁决是准司法行为,那就不应以裁决机关为被告,而应直接以对方当事人为被告提起民事诉讼。⑤

----

① 参见刘霞飞:《论我国行政裁决司法路径的选择》,中国政法大学2009年硕士学位论文;周小明、孙海涛:《论民事权利的行政裁决救济——以我国的征地及城市房屋拆迁行政裁决为例》,载《广西社会科学》2010年第1期;沈开举:《论行政机关裁决民事纠纷的性质》,载《昆明理工大学学报(社会科学版)》2009年第5期;吴莉:《行政裁决的司法审查》,广西民族大学2010年硕士学位论文;夏红焰:《不服行政裁决诉讼的路径研究》,复旦大学2008年硕士学位论文;王小红:《行政裁决诉讼路径研究》,载《河南省政法管理干部学院学报》2007年第4期;赵洪涛:《行政裁决司法救济研究》,苏州大学2010年硕士学位论文;李德仁:《论对行政裁决的司法救济》,南京师范大学2007年硕士学位论文。

② 参见王璞:《我国行政裁决及其救济制度研究》,中央民族大学2010年硕士学位论文;刘霞飞:《论我国行政裁决司法路径的选择》,中国政法大学2009年硕士学位论文;夏红焰:《不服行政裁决诉讼的路径研究》,复旦大学2008年硕士学位论文。

③ 参见夏红焰:《不服行政裁决诉讼的路径研究》,复旦大学2008年硕士学位论文。

④ 参见王璞:《我国行政裁决及其救济制度研究》,中央民族大学2010年硕士学位论文;刘量力:《破解行政裁决诉讼的"循环怪圈"——兼论行政裁决司法变更权的赋予与规制》,载《全国法院系统第二十二届学术讨论会征文》;刘霞飞:《论我国行政裁决司法路径的选择》,中国政法大学2009年硕士学位论文。

⑤ 参见罗凤娥:《交通事故责任认定的行政非诉性评析——兼论行政裁决行为的非诉性》,载《现代法学》2002年第3期;沈开举:《论行政机关裁决民事纠纷的性质》,载《昆明理工大学学报(社会科学版)》2009年第5期。

以行政裁决的准司法性为支点,既可以得出在行政诉讼中扩充司法变更权的结论,也可以坚持必须采用民事诉讼模式的观点,真可谓成也萧何败也萧何。

(三) 确立牢固的支点

任何一种观点都必须依托某种支点才能成立,如果支点摇摇欲坠,那么观点也必然岌岌可危。如前所述,在行政裁决纠纷的诉讼选择问题上,各门各派摇旗呐喊,纷纷亮出自己的招式。表面上看,各种方案都自成逻辑,言之有据,而实际上它们很多是在自说自话,根本忽略或不愿意检视自己的学术支点。

能够导出最终结论的、真正的学术支点只有一个:行政裁决纠纷的圆满解决。除此之外,行政行为的效力、裁决机关的态度、行政裁决的准司法性这些命题都不足以导出最终结论,它们只是服务于最终结论,并可为最终结论作出调整。以行政行为的效力问题为例,传统意义上的行政行为效力理论是建立在权力分立理论基础上的,因此带有一定的绝对性。但随着"结构功能主义"理论的兴起,行政行为已不再是民事诉讼的禁地。结构功能主义要求"何种国家事务应由何一机关负责决定,应依'适当功能之机关结构'(Funktionsgerechte Organstruktur)标准划分之。换言之,不同国家机关各有不同组成结构与决定程序,该组成结构与决定程序因质的高度差异自然会赋予所各自作成之决定不同的分量与不同的正当性"。①也就是说应依据不同国家机关的性质定位、组织结构、功能分担等对国家机关各自的权力进行划分,并界定彼此的范围。就行政裁决纠纷而言,如果民事审判组织适合或胜任审查某类裁决行为的任务,那么该行政裁决就可以不对民事诉讼产生效力;反之则应当产生效力。因此是以结构功能决定效力有无,而非以效力有无决定结构功能。

我们必须回到真正的支点:行政裁决纠纷的圆满解决。回到这一

---

① 许宗力:《论法律保留原则》,载《法与国家权力》,台湾月旦出版社1993年版,第138—139页。

支点其实也意味着摒弃各种已有的纷繁复杂的方案和理由，从原点出发重新审视行政裁决纠纷的诉讼选择问题。如前所述，行政裁决纠纷本身就有两种诉讼选择：行政诉讼与民事诉讼，这种现状既可能是合理的，也可能是不合理的。之所以有人认为其不合理，进而把这种现状"问题化"，主要理由是两方面：一是认为这两种诉讼都不能一并解决所有纠纷，造成所谓"官了民不了"或"民了官不了"；二是认为两种诉讼并行可能会造成裁判结果不一致。

第一个理由似属庸人自扰。首先，复合型纠纷很常见，实践中不仅有行政与民事复合纠纷，还有行政与刑事复合纠纷、刑事与民事复合纠纷等。即使在同一部门法领域，也存在多个行政行为交织、多种罪名混合或者债权物权并存等情形，如果都要求所谓的"一并解决"，那么诉讼标的理论将不复存在，诉讼类型的划分也将毫无意义。其次，现代社会的一个重要特征是分工越来越细，专业化高度发展，这在诉讼领域中的表现之一就是各种专门法庭的大量涌现。①由此观之，设立复合型审判组织的观点似属逆潮流而动。最后，一并解决所有纠纷的本意是为了提高纠纷解决效率，但实际上它只是方便了当事人，却给司法机关带来困扰。这种缺乏通盘考虑的做法未必能提高整体效率，最终也未必能真正减轻当事人诉累。

第二个理由很大程度上属于一种认识误区。实际上，行政与民事两种诉讼并行所造成的裁判不一致是比较少见的，问题的关键在于何种情形才是真正的裁判不一致。

三、厘清误区：何为真正的裁判不一致

（一）虚假的裁判不一致

一般认为，如果行政与民事诉讼的最终结论不一致，则两种诉讼之间存在裁判不一致问题。比如，同一当事人如果在行政诉讼中胜诉，同

---

① 参见熊诵梅：《当公法遇上私法——从智慧财产案件审理法草案第16条谈起》，载台湾《月旦法学杂志》2006年第12期。

时又在民事诉讼中败诉,那么此时两种诉讼的裁判就不一致。事实上,以上观点存在漏洞。行政与民事诉讼的最终结论不一致,并不意味着两种诉讼就存在矛盾。从常识而言,两种事物存在矛盾的前提是二者之间可以相互比较,而行政与民事诉讼之间是不可以直接进行比较的,二者的审查对象存在本质区别。

从行政诉讼角度看,依据《行政诉讼法》第 70 条的规定,行政诉讼主要从五个方面对行政行为进行审查并作出判断:事实、法律、程序、职权裁量。这意味着,行政诉讼对行政行为合法性的认可需要同时满足以上五个要件,而对行政行为违法性的确定则只需基于以上任一要件的不符。当行政诉讼基于适用法律错误、程序违法或超越、滥用职权等理由否定行政行为时,行政诉讼未必对行政行为的事实问题也作出认定,而事实问题特别是其中的民事问题正是民事诉讼审查的核心。这种情况下,即使行政诉讼与民事诉讼的最终结论不一致(比如同一当事人在行政诉讼中胜诉,同时又在民事诉讼中败诉),两种裁判之间实质上也并未产生交集,也就相应地不存在裁判不一致问题。在姚某志诉南阳市房管局案中,被诉登记行为由于程序违法被撤销,法院在否定被诉登记行为的同时严格限定了行政裁判的效力范围:不及于相关民事行为。法院同时行使释明权将相关民事争议引向了民事诉讼。[①]在这种情况下,即使民事诉讼的结果与行政诉讼不一致,也不能认为两种诉讼存在冲突。

从民事诉讼角度看也是如此。当民事诉讼并未对相关行政行为进行审查,而行政诉讼也未对民事问题进行认定时,两种诉讼即使最终结论不一致,也不存在裁判不一致问题。确切的说,这里所谓的裁判不一致只是一种观念问题、认识问题,并不是真正的裁判不一致。随之而来的问题是,究竟何为真正的裁判不一致?

(二) 真正的裁判不一致

真正的裁判不一致乃是行政与民事两种诉讼对事实问题或行政行

---

① 参见河南省南阳市中级人民法院(2009)南行终字第 160 号行政判决书。

为的判断相左。实践中,民事诉讼一般较少直接对行政行为作出判断,因此真正的裁判不一致主要集中在事实问题方面。行政诉讼对事实的认定本来与民事诉讼有很大区别,因此一般不会与民事诉讼的事实认定产生交集。但在行政诉讼中,行政行为如同"特洛伊木马",可以把所有问题包装成事实、法律、程序或职权问题交给行政诉讼进行判断。就行政裁决纠纷而言,本来行政诉讼是以审查裁决行为的合法性为中心的,不涉及对民事问题的判断。但当裁决行为介入民事问题时,其对民事问题的判断就成为裁决行为的事实问题而为行政诉讼所注意。一旦行政诉讼也对该事实问题进行认定,就意味着行政诉讼的裁判中有了判断民事问题的内容,由此行政诉讼与民事诉讼也就可能产生龃龉,而这种龃龉才是真正的裁判不一致。

一般而言,行政诉讼否定裁决行为的情形,产生虚假裁判不一致的几率较高。如前所述,行政诉讼可能基于适用法律错误、程序违法或超越、滥用职权等理由否定裁决行为,但同时回避对民事问题作出判断。这种情况下,即使民事诉讼支持了裁决行为的内容,也不能认为两种诉讼之间存在裁判不一致问题。

如果行政诉讼肯定裁决行为,那么行政诉讼一般都介入且支持了裁决行为对民事问题的认定。此时如果民事诉讼对民事问题的认定与裁决内容相左,则两种诉讼之间就存在真正的裁判不一致。

(三)两种诉讼各归其位

如前所述,行政裁决纠纷可能引发行政与民事诉讼并存的情况,从而可能导致两种诉讼裁判不一致问题。但需要注意的是,裁判最终结论的不一致并不一定是裁判不一致,只有当两种诉讼都对民事问题作出判断时,才可能出现真正的裁判不一致。

由此出发,笔者认为,对于行政裁决纠纷而言,最好的诉讼选择其实是两种诉讼各归其位,即行政诉讼只关注行政行为合法性问题,而民事诉讼仅审查民事行为。理由在于:第一,现存的裁判不一致问题很大一部分是伪问题,是观念问题、认识问题,需要法院行使释明权予以澄清;第二,真正的裁判不一致主要来源于两种诉讼同时聚焦于民事问题,这种情形其实属于行政诉讼"越位"——以事实审查为名介入到对民事问题的判断中。如果行政诉讼回归到行政行为合法性审查这个中心,对涉及民事问题的事实不作判断或仅作形式审查,则两种诉讼真正不一致的情形也就不会出现。

表面上看,笔者的方案只是对现状进行微调——限缩行政诉讼对民事问题的判断,解决问题的效果似乎并不明显。实际上,这种方案相比于前述诸多"大刀阔斧"的建议更具优势。纯行政诉讼的模式,其关键在于扩充司法变更权,但这与行政诉讼法的基本理论存在冲突。①即使能够扩充司法变更权,即行政诉讼可以变更裁决内容,法院也面临着如何变更、如何审查民事行为的问题,而这就需要法院适用相应的民事诉讼规则。所以司法变更权的实质仍然是一种附带诉讼或形式当事人诉讼。②纯民事诉讼的模式,过于简化了行政裁决制度的现状,有些行政裁决纠纷包含了公益性内容,并非单纯的民事纠纷,因此不能仅通过民事诉讼解决。附带诉讼的模式本质上并不能解决真正的裁判不一致问题,对此笔者已有专文论述,此处不赘。③形式当事人诉讼作为一种成熟的制度模式固然可取,但在我国推行该制度需要大量的配套制度建设,成本很大。

两种诉讼各归其位的做法简便易行,基本可以适用于目前所有的行政裁决纠纷。但它仍只是治标之策,是应对我国当下行政裁决制度现状的一种无奈之举。行政裁决纠纷诉讼选择问题的根源在于行政裁决的设定,只有科学合理地设定行政裁决,行政裁决纠纷的诉讼选择问

---

① 在行政诉讼法上,法院代替行政机关作出"变更判决"或"课予义务判决"是受到严格限制的,因为这会严重破坏司法权与行政权的分工。

② 有学者已经意识到该问题。参见夏红焰:《不服行政裁决诉讼的路径研究》,复旦大学 2008 年硕士学位论文;牟旭、陈翔熙:《论行政裁决诉讼模式的选择——"形式当事人诉讼"在我国的实现》,载《全国法院系统第二十二届学术讨论会征文》)。

③ 参见韩思阳:《行政附带民事诉讼之难以逾越的障碍》,载《行政法学研究》2006 年第 4 期;韩思阳:《行政与民事争议交织问题的"斯芬克斯之谜"》,载《行政法论丛》第 12 卷。

题才会得到根本解决。

四、追本溯源：科学设定行政裁决

有关行政裁决的设定问题，至少需要搞清两点：第一，现行行政裁决制度是如何设置的？第二，行政裁决制度应该如何设置？

（一）实然的制度

现行行政裁决制度较为混乱，粗略梳理主要有以下几类：

1. 处理专业性民事争议的行政裁决

这种行政裁决主要处理专业性民事争议，对象多集中在专利、商标、版权等知识产权领域以及环境污染、交通事故、医疗事故等特殊侵权领域。比如《专利法》第 54 条规定："取得实施强制许可的单位或者个人应当付给专利权人合理的使用费，其数额由双方协商；双方不能达成协议的，由国务院专利行政部门裁决。"专利实施强制许可使用费争议即属于典型的技术性、专业性领域。

2. 处理行政民事关联争议的行政裁决

这种行政裁决处理的争议本身是民事领域的，但与民事争议相伴随的是一个行政行为，这种行政裁决多集中在行政处罚等负担行政领域。比如，甲无故打伤乙，致使乙住院治疗一个月，公安机关对甲罚款 50 元，并责令甲赔偿乙 300 元。有学者将这种行政裁决称为同源性行政裁决。①

3. 处理表面上是民事争议，但实质上是行政争议的行政裁决

有些行政裁决表面上处理的是民事争议，但由于争议的民事主体一方具有公权力背景，因此所谓民事争议实际上是行政争议，典型代表是房屋拆迁行政裁决。比如，原《城市房屋拆迁管理条例》第 16 条规定："拆迁人与被拆迁人或者拆迁人、被拆迁人与房屋承租人达不成拆迁补偿安置协议的，经当事人申请，由房屋拆迁管理部门裁决。房屋拆迁管理部门是被拆迁人的，由同级人民政府裁决。"在城市房屋拆迁实

---

① 参见肖泽晟：《行政裁决及法律救济》，载《行政法学研究》1998 年第 3 期。

践中,拆迁人与被拆迁人的争议表面上是民事争议,但由于拆迁人往往具有政府背景,或者本身就是行政机关,因此房屋拆迁补偿争议实际上也就是行政争议。

4.处理包含公共利益判断的民事争议的行政裁决

这种行政裁决表面上处理的只是民事争议,但对民事争议的处理需要考量公共利益。这种行政裁决多集中在土地、矿产、森林等自然资源领域。比如,《矿产资源法》第47条规定:"矿山企业之间的矿区范围的争议,由当事人协商解决,协商不成的,由有关县级以上地方人民政府根据依法核定的矿区范围处理;跨省、自治区、直辖市的矿区范围的争议,由有关省、自治区、直辖市人民政府协商解决,协商不成的,由国务院处理。"我国的矿产资源均属国有,对矿产资源的处理不能无视国家利益或公共利益。行政裁决机关作为公权力主体,可以将公共利益的考量渗透到私人争议的解决中,实现私人利益与公共利益的平衡。

(二)应然的评价

以上四种行政裁决制度并非每一种都经得起推敲。

第一种行政裁决是合理的,也应该成为行政裁决制度存在的主要形式。现代社会发展日新月异且高度分殊化,行政机关所处理的事务也越来越具有技术性和专业性,甚至某些行政事务由于专业性太高,行政机关也无法作出处理,只能"外包"给专家进行判断。在这种情况下,完全由法院对这些专业性事务进行裁判是不可能的,由此处理专业性民事争议的行政裁决应运而生。即使在行政机关作出裁决后再由法院进行裁判时,法院一般也仅对行政裁决的法律部分进行审查,而对比较专业性的事实部分持尊重态度。

第二种行政裁决具有一定合理性,但实际作用值得怀疑。表面上民事争议与行政争议是相关的,但实际上是两个完全不同的争议,应分别通过民事诉讼与行政诉讼解决,无需设立行政裁决。

第三种行政裁决的设立也值得商榷。对于这种实际上是行政争议的民事争议,行政机关化身为民事主体出现,此时裁决机关实际上是在承担复议机关的职责,却又不为行政复议法所规范。名不正则言不顺,此种制度难免有"球员兼裁判"嫌疑,引发制度公信力危机,最终导致制度功能无法发挥。

第四种行政裁决是合理的。我国是以公有制为主体的社会主义国家,公有财产领域尽管可能产生民事争议,但对其进行处理必须考量公共利益,尤其在土地、矿产、森林等自然资源领域更是如此。因此这种行政裁决的实质是在对民事纠纷的处理中注入行政行为的因素,单独依靠民事诉讼(仅解决民事争议,无法作出行政裁决)或者行政诉讼(仅审查行政裁决的合法性,无法代替行政机关作出行政裁决)都无法圆满解决此类问题。

(三)科学设定裁决后的诉讼选择

如前所述,真正有必要保留的行政裁决只有两类:处理专业性民事争议的行政裁决与处理包含公共利益判断的民事争议的行政裁决。前者本质上是民事争议,可单纯通过民事诉讼解决;后者本质上是行政争议,应仅采用行政诉讼处理。这就意味着,如果行政裁决制度能以上述两种类型为准进行重构和清晰界定,则其诉讼选择可大大简化,当事人只需单纯提起民事诉讼或行政诉讼即可。而在目前,行政裁决的种类过于庞杂且难于分辨,只能采用前文所述的两种诉讼各归其位的方案进行处理。

行政裁决纠纷的诉讼选择问题极为繁复,表现之一是制度设计的左右摇摆与理论研究的歧论丛生。解决问题的关键在于找到坚实支点,回归问题本源。立足于行政裁决制度的混乱现状,当前最佳方案是澄清错误认识,使行政诉讼与民事诉讼各归其位。只有对行政裁决的设定进行彻底改革,行政裁决纠纷的诉讼选择问题才会得到根本解决。

本节聚焦行政裁决纠纷的诉讼选择,未涉及行政复议、行政和解等其他纠纷解决方式,这并非意味着其他方式不重要,而只是研究主题限制使然。另外,本节的部分研究结论,比如什么才是真正的裁判不一致、两种诉讼并行的方案等,其适用范围并不仅限于行政裁决领域,也适用于其他容易引发行政与民事交织类纠纷的领域,比如行政调查强度领域。

第三节　行政调查强度类纠纷的解决之道

行政调查强度是指行政机关作出行政行为前对事实进行调查所需要达到的程度。行政任务千头万绪,有些领域,行政机关必须在查清事实的前提下作出行政行为,对行政调查强度要求较高;而另外一些领域,行政机关只需根据书面材料进行调查即可作出判断,对行政调查强度的要求较低。近年来广泛推行的"告知承诺制"改革实质上是一种比书面调查更低的行政调查强度,它允许行政机关在书面材料都未调查的情况下仅凭相对人的承诺即作出行政行为。①国外也有类似制度,比如希腊《行政程序法》规定:"未能通过身份或其他文件证明的事实或者细节,除非存在特别规定,可以根据利害关系人以法定形式作出的陈述予以接受。"②降低行政调查强度既降低了行政成本,也方便了行政相对人,优化了营商环境,但嗣后当第三人以行政行为存在事实问题为由而提起行政诉讼时该如何处理? 在贵阳市花溪金碧预制构件厂诉贵阳市人民政府案中,最高人民法院认为,即使行政机关依法履行了书面调查职责,也应认定与事实不符的行政行为违法。③其中的矛盾在于,根据之后查清的事实判定行政行为违法,无异于督促行政机关在作出决定之初就提高调查强度,那么书面调查将形同虚设。但如果不判定存在事实问题的行政行为违法,又该如何为第三人提供有效救济? 司法实践中类似争议很多,如果迟迟得不到学理与制度层面的回应,那么降

---

① 告知承诺制实际上是行政调查强度问题的特殊形式,有其自身特点,对此笔者将专文论述。

② 应松年主编:《外国行政程序法汇编》,中国法制出版社 2004 年版,第 436 页。

③ 最高人民法院(2017)最高法行申字第 331 号行政裁定书。

低行政调查强度的改革就会面临阻力。行政调查强度领域的纠纷主要由降低调查强度的努力即书面调查强度引发,非书面调查强度固守传统的事实查明标准,没有太多疑问。本书首先分析行政书面调查强度纠纷的争议问题,即由虚假材料引发的争议和由民事行为引发的争议,进而整理司法实践面对这两种纠纷时的处理经验,之后结合理论反思司法实践所存在的不足,最终尝试给出妥适解决这两种纠纷的方案。

一、行政书面调查强度纠纷的争议问题

行政书面调查强度纠纷主要出现在依申请行政行为中的行政登记领域,包括行政许可、行政确认等,有时还会涉及行民交织争议。在行政登记领域,法律规范往往有降低行政调查强度的要求。以企业登记和房产登记为例。在企业登记领域,1988年的《企业法人登记管理条例施行细则》首次确立了企业登记领域行政机关应负非书面调查职责,而2001年生效的《国家工商总局第67号文》则首次实现了非书面调查向书面调查的转变。2004年生效的《行政许可法》进一步强化了《国家工商总局第67号文》所带来的这种转变,规定除非有法律规范的明文授权,行政机关一般只承担书面调查职责。在房产登记领域,2007年10月1日以前,行政机关应以《城市房屋权属登记管理办法》作为主要法律依据,承担非书面调查职责;2007年10月1日《物权法》(相关内容后被《民法典》所继承)生效以后,特别是2008年7月1日《房屋登记办法》生效以后,行政机关应以《物权法》(《民法典》)和《房屋登记办法》为主要法律依据,承担书面调查职责。行政实践中,不同行政机关执法时对法律规范的理解有偏差,实际采用的行政调查强度也有所不同,但大量行政机关是采用书面调查强度的,而由此产生的行政书面调查强度纠纷在诉讼层面就有一定争议,相应地需要学理制度层面的思考。

(一) 有争议的行政书面调查强度纠纷

第一,由虚假材料引发的争议。司法实践中,如果行政机关已依法

履行书面调查职责且没有发现问题,但在行政诉讼中发现相对人提供的是虚假材料,此时法院若肯定行政行为,则裁判结果将与实际情况不符,第三人的利益无法得到保护;若否定行政行为,则司法判断将违背"行政机关的法定职责为何——行政机关是否履行了该法定职责——结论"的行政行为合法性论证三段论,很难说服行政机关,甚至更进一步地会引导行政机关在之后的行政实践中放弃书面调查。

第二,由民事行为引发的争议。行政登记领域经常涉及民事行为。如果行政机关依法履行了书面调查职责即没有调查民事行为,那么行政行为一旦被起诉,行政诉讼中法院就面临着应否审查民事行为的问题。从表面上看,《行政诉讼法》第6条似乎明确排除了法院在行政诉讼中审查民事行为的可能,但该法第5条、第70条同样对行政行为提出了"事实清楚、证据确凿"的要求,因此法院究竟应何去何从尚难遽下定论。如果行政诉讼审查民事行为,那么在民事诉讼中也对同一民事行为进行审查的情况下两种诉讼结果应如何协调? 如果行政诉讼不审查民事行为,那么当行政行为的内容与实际情况不符时该如何处理?

当然,实践中两种争议可能有交叉,即出现既存在虚假材料又有民事行为的情形,交叉情形下争议的问题并无不同,可以分解为以上两种争议分别处理。另外,并非所有行政书面调查强度纠纷都有争议。有些行政书面调查强度纠纷,法院作出的裁判能够比较圆满地解决问题,不需要在学理制度层面进行专门设计。

(二) 无争议的行政书面调查强度纠纷

第一,没有履行书面调查职责。如果行政机关未依法履行书面调查职责,那么法院一般会对行政行为予以否定。在陆某良等诉徐州市新沂工商局案中,法院认为:"根据《企业登记程序规定》的有关要求,徐州市新沂工商行政管理局应当对新沂市恒大机械有限公司提交的变更登记申请材料是否齐全是否符合法定形式进行审查。徐州市新沂工商行政管理局在新沂市恒大机械有限公司变更申请材料不齐全和不符合法定形式要件的情况下,为其办理了企业变更登记,显然不符合法律规定。"①这种处理方式与现有制度理论没有任何冲突,最没有争议。

第二,越权履行书面调查职责。如果法院认为行政机关应承担书面调查职责,而行政机关超越职权进行非书面调查,那么法院会以行政机关越权、违反法律保留原则为由判定行政行为违法。在云南敞阔经贸有限公司诉禄劝彝族苗族自治县住房和城乡规划建设管理局案中,法院认为:"在权属争议的情况下,法律法规未授予房屋登记机构否定已有登记、另行确认权属的职权,也未授予其实质审查商品房购销合同并确认合同性质和效力的职权,故禄劝住建局越权认定争议房屋属村民小组所有、越权认定买卖合同虚假,并基于越权认定的事实而撤销敞阔公司的房产登记,属行政行为缺乏事实依据、认定事实不清、适用法律错误情形。"②这种情形在实践中比较少。法院如此处理后,如果行政行为的内容与实际情况相符,则行政机关重新作出行政行为即可,当然,法院面对这种情形的可选项还包括确认行政行为违法;即使出现行政行为的内容与实际不符的情况,由于被诉行政行为已被撤销,也不存在太大问题。

以上后两种情形,无论申请材料、民事行为的实际情况如何,行政行为都是确定违法的,法院撤销行政行为也没有什么争议,因此可以不予讨论。需要重点讨论的是具有特殊性的、易引发争议的前两种情形。

二、司法实践对行政书面调查强度纠纷存在不同的处理方式

面对以上两种有争议的行政书面调查强度纠纷,在讨论解决方案之前,不妨先看看司法实践对两种争议情形的处理方式,以拓宽视野,

---

① 江苏省徐州市中级人民法院(2019)徐行终字第 150 号行政判决书。类似的还有,上海市第一中级人民法院(2004)沪一中行终字第 38 号行政判决书、湖南省邵阳市中级人民法院(2009)邵中行终字第 8 号行政判决书、湖南省长沙市芙蓉区人民法院(2005)芙行初字第 20 号行政判决书等。

② 云南省昆明市中级人民法院(2016)云 01 行终字第 208 号行政判决书。类似的还有江苏省泰州市中级人民法院(2017)苏 12 行终字第 278 号行政判决书。

总结经验。

(一) 对由虚假材料引发的争议的处理态度

行政机关履行书面调查职责时没有发现申请材料存在问题,但之后诉讼时发现材料为虚假,此时法院不论肯定还是否定行政行为都将处于两难境地。对此不同法院的态度各有不同。

第一,肯定行政行为。有法院认为,行政机关依法履行了书面调查职责,虽然行政行为内容与实际情况不符,也应肯定行政行为,理由主要基于行政行为合法性论证的三段论。

在重庆铧钫商贸有限公司诉重庆市房管局案中,一审法院认为:"登记机关的工作人员在房屋登记过程中,对申请人提交的申请材料履行形式审查职责……至于印章等资料的判别必须经鉴定才能识别。因本案申请人提交的法定要件齐备,符合办理条件,重庆市国土资源和房屋管理局已经尽到审查职责,其办理本案商品房买卖合同权益转让的登记备案是合法的。重庆铧钫商贸有限公司要求撤销该登记备案的理由不能成立。现已查明涉及重庆铧钫商贸有限公司的相关材料系重庆瑞奇物业有限公司伪造的,应由其承担相应的法律责任。此次登记备案行为具有合法性,但存在一定的合理性问题。"二审法院维持原判。[1]本案中,一审法院虽基于行政行为合法性论证的三段论肯定了被诉登记行为,但同时也指出:第一,行政机关没有能力辨别材料真伪;第二,行政行为存在合理性问题;第三,应由伪造材料的第三人承担责任。这三点可看作法院对原告诉求的回应,表明法院在两难困境下试图尽量找到最优解。但这种裁判仍没有彻底解决问题,原因在于:第一,行政机关虽没有能力辨别材料真伪,但毕竟材料已经被证实虚假;第二,所谓的"合理性问题"在只进行合法性审查的行政诉讼中没有意义;第三,伪造材料的第三人应承担何种责任并不明确。这就导致"案结事不了",原告权益无法得到有效保护。

---

[1]　重庆市第五中级人民法院(2009)渝五中法行终字第46号行政判决书。类似的还有上海市徐汇区人民法院(2005)徐行初字第141号行政判决书、重庆市高级人民法院(2005)渝高法行终字第60号行政判决书等。

前述贵阳市花溪金碧预制构件厂诉贵阳市人民政府案中,行政机关尽到了书面调查职责,而申请材料被证实是伪造,二审法院面对这种两难作出了"行政行为不违法但应撤销"的判断,这种明显自相矛盾的判断最终被最高人民法院否定。[①]

第二,否定行政行为。有法院认为,虽然行政机关依法履行了书面调查职责,但行政行为内容与实际情况不符,应否定行政行为。值得注意的是:第一,法院否定行政行为的理由是什么? 第二,法院如何回应行政机关的诉求?

(1) 法院否定行政行为的理由有两点。一是欠缺事实基础。有法院以欠缺事实基础为由否定行政行为,具体表现一般是在裁判主文援引旧《行政诉讼法》第54条第2项第1目或新《行政诉讼法》第70条第1项。也有法院在说理部分明确阐述了该理由。在李某杰诉泉州市房管局案中,法院认为:"登记机关因只负形式审查义务而无法发现其虚假并进行了核准登记,致使该行政登记缺乏合法的事实基础。"[②]此案法院所理解的事实其实是客观事实,而非法律事实。二是保护合法权益。有法院基于保护公共利益和当事人利益的理由否定行政行为。在吴某荣诉徐州市邳州工商局案中,法院认为:"第三人申请资料齐全,符合法定形式,被告依法作出核准登记,已尽审慎审查职责。然第三人向被告提供虚假申请资料的事实已为三方当事人所认可。基于对社会公益以及原告权益的保护,对第三人以违法手段所骗取的工商登记,法院应当予以纠正。"[③]基于保护合法权益的理由判定行政行为违法,表面上看有正当性,实际上偏离了行政诉讼对行政行为合法性进行审查的

---

① 最高人民法院(2017)最高法行申字第331号行政裁定书。

② 福建省泉州市中级人民法院(2017)泉行终字第30号行政判决书。类似的还有广东省广州市中级人民法院(2004)穗中法行终字第138号行政判决书、湖北省武汉市中级人民法院(2009)武行终字第175号行政判决书、四川省成都市中级人民法院(2009)成行终字第16号行政判决书、广东省深圳市宝安区人民法院(2008)深宝法行初字第67号行政判决书等。

③ 裁判文书参见"北大法宝"数据库。类似的还有上海市第一中级人民法院(2005)沪一中行终字第201号行政判决书。

中心,有司法权僭越立法权的嫌疑。

（2）法院回应行政机关的诉求。对行政机关而言,法院脱离行政行为合法性论证三段论判定行政行为违法是难以接受的。司法实践中,为说服行政机关或回应行政机关的诉求,法院往往在否定行政行为之外尽量减轻行政机关责任。

首先,行政违法但无过错。有法院引入过错来丰富对行政行为的评价。在安某诉北京市工商局房山分局案中,法院认为:"房山工商分局已尽到形式上的审查义务,但……签名显系伪造。在此情况下,房山工商分局依据并非刘某本人签名的股权转让协议办理股权变更登记,虽无主观过错,但缺乏事实依据。"[①]该案中,法院在正式裁判之后的自我评析部分指出:"判决的论理部分策略性地指出被告已尽到形式上的审查义务,而无主观过错。寥寥数语,但已明确认定了被告对依据虚假文件而为的股权变更登记无须承担过错责任,这使得被告虽败诉但不失'颜面',原告起诉的目的亦已达到,较好地平衡了双方当事人之间的利益关系。"[②]这表明,法院引入过错评价的直接目的就是为了回应行政机关诉求,平衡原被告关系。但令人疑惑的是,行政法上的过错问题一般只在行政赔偿领域出现,且存有较大争议迄今没有为国家赔偿法所认可,此处仅仅为解决行政书面调查强度纠纷引入过错要件的正当性基础何在?

第二,否定登记申请行为。有法院认为,行政机关依法履行书面调查职责后,如果行政行为内容与实际情况不符,那么应当否定的对象既有行政行为,也有登记申请行为。在林某芬诉扬州市房管局案中,法院的结论是行政行为违法,但同时将矛头指向登记申请行为。[③]这样的处理方式对行政机关而言显然更容易接受。但问题在于,行政诉讼仅处理行政行为合法性问题,即使对登记申请行为进行否定,也仅具有宣示意义,没有任何实际法律效果。

---

①　裁判文书参见"北大法宝"数据库。类似的还有四川省成都市中级人民法院(2007)成行终字第 124 号行政判决书。

②　北京市房山区人民法院(2007)行字第 74 号行政判决书。

③　江苏省扬州市中级人民法院(2017)扬行终字第 10 号行政判决书。

第三,形式合法实质违法。有法院创造了"形式合法"与"实质违法"这一对概念,通过认定行政行为形式合法而实质违法,从而在否定行政行为的同时保留了部分肯定,比如袁某梅诉淮安市淮阴区房管局案。①同林某芬案类似,这种处理方式也出于为行政机关"挽回颜面"的目的,但在实际法律效果上没有任何意义。"形式合法"与"实质违法"的概念无实定法依据,徒增困扰。

(二) 对由民事行为引发的争议的处理态度

由虚假材料引发的争议,问题主要集中于行政诉讼如何在原被告以及第三人之间取得平衡,但对于法院有权审查材料是否虚假这点是没有争议的。由民事行为引发的争议,法院除了平衡各方关系时会陷入前述类似的两难处境外,行政诉讼还面临应否审查民事行为的问题。如果行政诉讼不审查民事行为,那么在行政行为内容与实际情况不符的情况下无法保障第三人权益;如果行政诉讼审查民事行为,那么行政诉讼对民事行为的判定有可能与民事诉讼产生冲突。司法实践中,不同法院的做法不同。

第一,一并审查民事行为。有的案例中,尽管行政机关依法履行了书面调查职责,但法院基于行政行为应"事实清楚"的理念直接对民事行为进行审查,比如重庆市长寿区顺发市场服务有限公司等诉重庆市工商局长寿区分局案。②有的案例中,法院基于"有利于提高诉讼效率"的理由对民事行为进行审查。在程某梅诉徐州市房管局案中,法院认为:"人民法院在审理行政诉讼案件过程中,对涉及相关平等主体的民事法律关系的证据,可以一并审查,这样符合行政诉讼经济与效率原则的立法本意,被告及第三人辩称'房屋买卖行为不属行政诉讼审查范围'的理由本院不予支持。"③

---

① 裁判文书参见"北大法宝"数据库。

② 重庆市第一中级人民法院(2016)渝一中行终字第 6 号行政判决书。类似的还有山东省章丘市人民法院(2010)章行初字第 19 号行政判决书、河南省驻马店市中级人民法院(2010)驻法行终字第 8 号行政判决书等。

③ 福建省泉州市中级人民法院(2010)泉行初字第 32 号行政判决书。类似的还有福建省漳州市中级人民法院(2000)漳行终字第 48 号行政判决书。

　　法院在行政诉讼中一并审查民事行为,再根据民事行为的审查结果对行政行为作出判断,表面上看通过一个诉讼一并解决了行政争议与民事争议,但问题在于,当事人可能就民事行为单独提起民事诉讼,此时就可能出现两种诉讼并行并且诉讼结果矛盾的情况。对此,有法院反对民事诉讼对民事行为拥有独占审查权,并且认为行政诉讼对民事行为的裁判不受民事诉讼裁判的影响。在无锡市第六建筑工程公司海南分公司诉海口市房管局案中,关于房屋登记所涉及的房产留置抵偿协议的效力,法院认为:"该协议是合法有效的协议,应当受到法律的保护。至于海口市美兰区人民法院(2005)美民二初字第 33 号民事判决作出的上述协议无效的判断结论,对本案没有羁束力。"[1]法院的这种判断没有实定法依据,也与审判分工的基本原理不符。

　　第二,拒绝审查民事行为。如果法院拒绝审查民事行为,理由一般是:行政诉讼以审查行政行为的合法性为中心,民事争议应交由民事诉讼解决。在章某萍诉沈阳市房管局案中,法院认为,"现被上诉人提供的证据可以证明,其对原审第三人张某提出的产权登记申请所进行的房屋权属审核,符合上述法律规范要求,尽到了形式审查义务,其所办理的房屋权属登记并无不当。关于上诉人章某萍提出张某成出卖的房屋为与其共有的问题,不属本案审理范围"。[2]有的案例中,行政机关没

<hr>

　　① 海南省高级人民法院(2006)琼行终字第 49 号行政判决书。类似的还有北京市第一中级人民法院(2008)一中行终字第 21 号行政判决书。

　　② 辽宁省沈阳市中级人民法院(2018)沈行终字第 141 号行政判决书。类似的还有江苏省镇江市中级人民法院(2004)镇行终字第 18 号行政判决书、重庆市第五中级人民法院(2009)渝五中法行终字第 46 号行政判决书、江苏省盐城市中级人民法院(2007)盐行终字第 47 号行政判决书、河南省南阳市中级人民法院(2009)南行终字第 41 号行政判决书、江西省九江市中级人民法院(2007)九中行终字第 15 号行政判决书、河南省驻马店市驿城区人民法院(2010)驿行初字第 6 号行政判决书、广东省广州市中级人民法院(2010)穗中法行终字第 140 号行政判决书、江苏省扬州市中级人民法院(2007)扬行终字第 10 号行政判决书、上海市第一中级人民法院(2005)沪一中行终字第 259 号行政判决书、辽宁省沈阳市中级人民法院(2006)沈行终字第 158 号行政判决书、河南省漯河市中级人民法院(2009)漯行终字第 34 号行政判决书、上海市第二中级人民法院(2009)沪二中行终字第 219 号行政判决书、四川省泸州市中级人民法院(2008)泸行终字第 31 号行政判决书、上海市虹口区人民法院(2008)虹行初字第 50 号行政判决书等。

有依法履行书面调查职责,法院一方面判定行政行为违法,另一方面拒绝审查民事行为,认为民事争议应通过民事诉讼解决。在王某诉桐柏县房管局案中,法院认为,"现桐柏县房产管理局在无充分证据证明该争议房屋系上诉人王某个人全额出资的情况下,仅依据桐柏县粮食局的证明而颁证确属事实不清,证据不足,应予撤销。鉴于本案当事人系兄弟关系,双方为处分遗产的民事案件尚在审理过程中,故应在遗产纠纷处理完毕,权属明晰无争议的前提下,依法申请颁证机关予以颁证"。①

法院拒绝在行政诉讼中一并审查民事行为,则只要行政机关尽到了书面调查职责,即使行政行为的内容与实际情况不符,法院也只能肯定行政行为。当事人需要另行就民事争议提起民事诉讼,待民事诉讼确权后向行政机关申请改变原行政行为。这种处理方式比较繁琐,但一般不会出现两个诉讼结果矛盾的情况。有的法院已经意识到此问题。在姚某志诉南阳市房管局案中,行政行为由于程序违法被撤销,法院在否定行政行为的同时严格限定了裁判的效力范围:不及于相关民事行为,法院同时行使释明权将相关民事争议引向了民事诉讼。②在安徽省淮南市洞山农村信用合作社诉淮南市房管局案中,有关民事争议,法院一方面坚持应以民事诉讼的裁判结果为依据,另一方面否认行政诉讼的裁判结果会对民事行为产生效力。③

---

① 河南省南阳市中级人民法院(2009)南行终字第 103 号行政判决书。类似的还有海南省三亚市中级人民法院(2002)三亚行终字第 14 号行政判决书、江苏省盐城市中级人民法院(2006)盐行终字第 55 号行政判决书、河南省郑州市金水区人民法院(2009)金行初字第 124 号行政判决书、河南省许昌市中级人民法院(2009)许行终字第 19 号行政判决书、河南省驻马店市中级人民法院(2009)驻法行终字第 153 号行政判决书、湖北省武汉市中级人民法院(2008)武行终字第 38 号行政判决书、江苏省高级人民法院(2005)苏行再终字第 4 号行政判决书、上海市浦东新区人民法院(2009)浦少行初字第 3 号行政判决书等。

② 河南省南阳市中级人民法院(2009)南行终字第 160 号行政判决书。

③ 最高人民法院(1999)最高法行终字第 19 号行政判决书。类似的还有河南省南阳市中级人民法院(2009)南行终字第 46 号行政判决书、河南省南阳市中级人民法院(2009)南行终字第 2 号行政判决书、河南省浚县人民法院(2009)浚行初字第 19 号行政判决书等。

总体来看,司法实践中,法院在处理行政书面调查强度纠纷时,无论是遭遇虚假材料还是面对民事行为,所作出的裁判多有创新,表明司法实践已经触及这类纠纷的深层问题并展示了司法想象力可能到达的极限。遗憾在于,部分现有裁判或因噎废食,将行政法基本原理抛诸脑后;或囿于个案视野,尚无法从整体上解决此类问题,存在诸多不足。

三、司法实践处理行政书面调查强度纠纷存在的不足

现有司法实践处理行政书面调查强度纠纷存在的不足也可以从两个层面展开:一是面对由虚假材料引发的争议,行政诉讼中法院应如何处理行政行为;二是面对由民事行为引发的争议,行政诉讼中法院应如何处理民事行为。

(一)处理由虚假材料引发的争议存在的不足

司法实践中,面对由虚假材料引发的行政书面调查强度争议,法院针对行政行为的处理方式存在以下不足。

首先,肯定行政行为无法解决问题。有的法院基于行政行为合法性论证的三段论肯定行政行为。本书认为,这种做法符合学理,也有实定法依据,但无法从根本上解决纠纷。有的学者在肯定行政行为的同时提出应打破行政诉讼中"合法—维持、违法—撤销"的固定链接,对于行政机关已经履行书面调查职责但事后发现申请材料为虚假的,一方面肯定行政行为的合法性,另一方面撤销行政行为。[①]还有学者认为撤销判决、确认违法判决对于合法但错误的行政行为作出了违法评价,而驳回诉讼请求判决不能纠正实际存在错误的行政行为,所以正确的裁判方式是课予义务判决,即法院课予行政机关变更行政行为的义务。[②]这些观点从裁判方式入手,试图从根本上一步到位解决纠纷,但其具体方案与现有行政诉讼法体系龃龉过大,理论上难以自圆其说。撤销合

---

① 参见章禾舟:《论合法行政行为之撤销——以行政诉讼为研究视角》,载《法律适用》2014年第2期。

② 参见孙森森:《不动产登记错误的行政判决方式——以欺诈导致登记错误的行政案件为中心》,载《行政法学研究》2018年第2期。

法的行政行为没有先例,会带来学理上的混乱,前述贵阳市花溪金碧预制构件厂诉贵阳市人民政府案中,最高人民法院也明确否定了这一做法。科以义务诉讼往往针对不履行法定职责的情形,且由于其涉嫌司法权介入行政权,应严格限制其适用范围,而且本质上,这种方案回避而非解决了行政行为合法性判断问题。

其次,事实清楚并非"客观事实清楚"。有的法院基于行政行为应事实清楚的理由否定行政行为,也有学者从行政行为的事实基础角度论证行政行为的违法性,[①]可见否定行政行为的实务与学界观点一定程度上被困于行政行为应事实清楚这一要求。本书认为,事实清楚当然是任何高权行为作出时的底线要求,但我们所讨论的应是"法律事实清楚"而非"客观事实清楚"。也就是说,面对由虚假材料引发的行政书面调查强度争议时,客观事实虽有瑕疵,但法律事实可以是清楚的,实定法规定的书面调查职责界定了法律事实的范围。

再次,违法性继承有待商榷。有的法院同时判定行政行为和相对人的申请行为违法,其中暗含了两种行为的违法之间存在继承关系的判断。也有学者持类似观点,认为基于虚假材料作出的行政行为属于受欺诈行政行为,而"受欺诈行政行为在各国都属于违法行政行为并且可以不受信赖保护原则的限制予以撤销"。理由在于,行政行为虽然是行政机关单方作出的,但当相对人的意思表示存在瑕疵时,吸收当事人意思表示作出的行政行为也必然存在瑕疵。[②]也就是说,相对人意思表示的违法性被行政行为所继承。本书认为,学界通常所讨论的违法性继承主要还是在相互关联的先行行政行为与后续行政行为之间展开。[③]高权行为的性质为不同行政行为之间的违法性继承提供了基础,

---

① 参见杨建顺:《行政规制与权利保障》,中国人民大学出版社 2007 年版,第 324 页。

② 参见叶必丰:《受欺诈行政行为的违法性和法律责任——以行政机关为视角》,载《中国法学》2006 年第 5 期。

③ 参见成协中:《行政行为违法性继承的中国图景》,载《中国法学》2016 年第 3 期;王贵松:《论行政行为的违法性继承》,载《中国法学》2015 年第 3 期。

而私主体行为与高权行为之间的差异性则对其之间的违法性继承构成障碍。即使在不同行政行为之间，也存在后续行为因仅对先行行为承担书面调查职责从而不继承先行行为违法性的主张。[1]同理也可以认为，行政机关履行了书面调查职责的，即使申请行为存在违法性，该违法性也不应由行政行为继承。

最后，无法回应行政机关的核心诉求。有的法院基于行政行为应事实清楚或合法权益应受到保护的理由否定行政行为，虽回应了原告的诉求，但却无法说服行政机关，因为这种做法模糊了行政行为合法性认定的标准[2]，会导致行政机关的抵触。因此法院创造出"违法但无过错""相对人也有责任""形式合法实质违法"等评价，学界也有类似观点。[3]这些在否定行政行为基础上所提出的配套举措无疑在一定程度上可以缓解行政机关的焦虑，但对行政诉讼而言，行政行为合法性评价是核心，行政机关最在意的也是行政行为是否合法，这些配套举措无实定法依据，某种程度上只是维护行政机关"面子"的权宜之计，不能从根本上回应行政机关的核心诉求。

（二）处理由民事行为引发的争议存在的不足

司法实践中，面对由民事行为引发的行政书面调查强度争议，法院针对民事行为的处理方式存在以下不足：

第一，一并审查引发冲突。当行政机关只履行书面调查职责，同时又存在与行政行为相关的民事争议时，行政诉讼中法院就面临如何处理民事行为的问题。有的法院本着经济效率的目的一并审查民事行为，但可能导致行政诉讼、民事诉讼并行并引发裁判矛盾。

本书认为，行政诉讼应否审查民事行为，取决于现有制度下行政诉

---

[1]　参见朱芒：《"行政行为违法性继承"的表现及其范围——从个案判决与成文法规范关系角度的探讨》，载《中国法学》2010 年第 3 期。

[2]　参见李昕：《论我国行政登记的类型与制度完善》，载《行政法学研究》2007 年第 4 期。

[3]　参见叶必丰：《受欺诈行政行为的违法性和法律责任——以行政机关为视角》，载《中国法学》2006 年第 5 期。

讼审查民事行为是否可行。行政书面调查强度纠纷中,法院如果在行政诉讼中对民事行为进行审查,行政诉讼与并行的民事诉讼之间就有发生冲突的可能。假设我们规定行政诉讼的既判力低于民事诉讼,那么行政诉讼对民事行为进行审查的意义何在? 假设我们规定行政诉讼的既判力高于民事诉讼,且不论这种规定是否具有法理基础,单论其可行性又如何?

如果行政诉讼的既判力高于民事诉讼,似乎行政诉讼应该能够完成"一揽子式"解决行政书面调查强度纠纷的任务。但行政诉讼对民事行为的审查仍只能依照民事诉讼规则进行。[①]这意味着表面上通过行政诉讼"一揽子式"解决问题,实质上不过是由一个审判组织处理两个诉讼即行政附带民事诉讼而已。只要存在两个诉讼,诉讼结果就仍有发生冲突的可能。[②]从观念上看,某些行政行为比如行政登记并没有对民事行为作出实质判断,此时行政诉讼对行政行为的判断如果不涉及民事行为,也就可以认为不会与民事诉讼冲突,但这种观念在行政诉讼、民事诉讼并行的情况下也是一样成立的,也即两种诉讼不冲突的前提是行政诉讼不审查民事行为,而非行政附带民事诉讼。新《行政诉讼法》第 61 条引入的行政附带民事诉讼并非新制度,早在 2000 年行政诉讼法司法解释中就有专门针对行政裁决的行政附带民事诉讼,但多年来司法实践对该制度的运用并不踊跃[③],学界对该制度也多持谨慎态度。比如有学者否定各种与民事行为相关的登记行为的行政行为性质,从而认为不需要行政诉讼,也就不存在行政民事交织争议,最终也就无需引入行政附带民事诉讼制度。[④]有学者主张否定行政裁决、行政

---

① 参见章剑生:《行政诉讼中民事诉讼规范之"适用"——基于〈行政诉讼法〉第 101 条展开的分析》,载《行政法学研究》2021 年第 1 期。

② 参见韩思阳:《行政附带民事诉讼之难以逾越的障碍》,载《行政法学研究》2006 年第 4 期。

③ 参见寇建东:《行政附带民事诉讼审理机制的完善》,载《人民司法》2018 年第 31 期。

④ 参见吴光荣:《论行政争议与民事争议相互交织的解决路径——评〈行政诉讼法修正案(草案)〉第 63 条第 1 款》,载《政治与法律》2014 年第 5 期。

确认、行政许可等行政行为的公定力,从而使民事诉讼摆脱行政诉讼的桎梏,民事诉讼可以直接审查行政行为与民事行为。[①]更多学者主张行政附带民事诉讼只适用于行政裁决引发的相关民事争议,也就是说应回归至2000年行政诉讼法司法解释所确立的原点。[②]

第二,专门诉讼无法推广。假设我们设计一种专门的诉讼形式,运用特殊的诉讼规则,将行政诉讼与民事诉讼合二为一,能否解决问题?支持这一方案的学者多以日本的"形式当事人诉讼"作为例证。但该诉讼主要适用于由行政裁决引起的行政民事交织争议。在日本,形式当事人诉讼是以特别法的规定为依据的,作为一种特殊诉讼类型并无基础意义。[③]由此来看,专门诉讼只能适用于特殊情况,无法普遍推广。

第三,实际操作并不可行。司法实践中法院审查民事行为的情形并不少见,但存在以下问题:(1)法院只是将民事行为看作行政行为合法要件中事实要件的一部分,举证责任主要由行政机关承担,在行政机关怠于举证或举证不力的情况下,第三人的权益难以得到保障。(2)即使将第三人引入行政诉讼中,如果针对民事行为的举证责任和审查标准不依据民事诉讼规则进行,那么原告与第三人之间的权益之争仍无法恰当解决。(3)如果将民事诉讼的举证责任和审查标准引入到行政诉讼中,那么就又回到行政诉讼、民事诉讼并存的局面。

总体来看,通常情况下,行政诉讼一并审查民事行为会带来诸多问题。当然也有法院坚持以行政行为合法性审查为中心,拒绝审查民事行为,但单从行政诉讼的角度看这尚不能做到案结事了。

---

① 参见陈国栋:《我国不必建立行政附带民事诉讼制度——以行政权对民事争议的介入程度为切入点的反思》,载《政治与法律》2013年第8期。

② 参见章剑生:《行政行为对法院的拘束效力——基于民事、行政诉讼的交叉视角》,载《行政法论丛》第13卷,法律出版社2011年版;何海波:《行政行为对民事审判的拘束力》,载《中国法学》2008年第2期。

③ 参见王天华:《行政诉讼的构造:日本行政诉讼法研究》,法律出版社2010年版,第242页。

四、行政书面调查强度纠纷的合理解决之道

行政书面调查强度纠纷的特殊性，一是由虚假材料引发，二是由民事行为引发。实务界、理论界对两种情形的处理意见远未达至统一，相关纠纷亟须探求妥适的解决之道。需要明确的是，如果立法规定了行政机关应承担书面调查职责，行政机关就不可以为了查清事实进行非书面调查，因为行政调查权作为公权力的一种，必须受到法律保留原则的约束。本书讨论的解决方案是在行政机关不突破法定书面调查强度的前提下展开的。

（一）由虚假材料引发的争议的合理解决之道

实务界、理论界现有讨论主要针对常规情况，没有考虑到行政书面调查强度纠纷的特殊性。针对由虚假材料引发的争议，通常有两种处理方式：一是，法院在行政诉讼中判定行政行为合法，同时第三人可以持真实材料向行政机关申请改变原行政行为；二是，法院在行政诉讼中直接根据查明后的实际情况判定行政行为违法。对于第一种方式，分两步解决固然可以避免两难，但材料虚假不同于民事行为，不会引发并行的民事诉讼，法院在行政诉讼中对虚假材料作出判定也不会引发与民事诉讼的冲突。既然如此，法院完全可以在行政诉讼中一体解决争议。对于第二种方式，一体解决固然减轻了当事人负担，但判定行政行为违法并进而将其撤销也确实对行政机关不公平，且进而会鼓励行政机关提高行政调查强度，从而给相对人带来新的负担。司法实践作出的回应行政机关诉求的努力以及学者提出的诸多方案终究只是治标之策，无论学理层面还是操作层面都不够圆满。

关键在于找到一种既能一体解决争议又可以避免判定行政行为违法的途径。这就需要引入行政行为合法性判断的基准时与行政行为的废止。行政行为作出后，原有事实发生变化或者人类认识水平发生变化导致对事实的认定发生变化，此时行政行为究属合法还是违法——这就是行政行为合法性判断的基准时问题。对于该问题，学界的通说

是"行为时",而非"裁判时"。"合法性判断的基准时是行政行为的作出时间。行政行为作出后,作为其根据的事实状态或法律状态发生变化的,不影响其合法性或违法性。"①行政机关依法履行了书面调查职责的,可看作行政行为作出时"法律事实"是清楚的,即使嗣后发现材料虚假,也应当根据行政行为作出时的事实查明标准肯定行政行为的合法性,也即沃尔夫所强调的"事实或法律状态后来的变化不能使原先合法的行政行为变得违法"。②

对于合法的行政行为,如果嗣后事实或法律状态发生变化,行政行为已不合时宜,不应适用撤销规则而应适用废止规则,对此毛雷尔、沃尔夫都有论述。③相应地,如果行政机关已尽到书面调查职责,但确实是基于虚假材料作出行政行为的,此时在判定行政行为合法的前提下可基于嗣后发现的实际情况对行政行为适用废止规则。当事人如果不提起诉讼,可以直接向行政机关申请废止或变更原行政行为;如果提起诉讼,则法院可以直接废止行政行为,行政行为被废止后,行政机关可以根据查明后的实际情况重新作出行政行为。《行政诉讼法》中尚没有明确规定废止判决,但单行法中已经有了废止规定(如《行政许可法》第8条),司法实践中也已不鲜见。因此可以考虑在行政诉讼中废止合法且无事实基础的行政行为,由此既能一体解决争议又可以避免判定行政行为违法。

(二) 由民事行为引发的争议的合理解决之道

1. 行政诉讼民事诉讼各安其位

涉及民事行为的行政书面调查强度纠纷,妥适的解决之道是行政诉讼民事诉讼各安其位。具体而言,法院在行政诉讼中只审查与行政行为合法性有关的问题,对民事行为不予审查。只要行政行为合法,则

---

① [德]哈特穆特·毛雷尔:《行政法学总论》,高家伟译,法律出版社2000年版,第230—231页。

② [德]汉斯·J.沃尔夫等:《行政法》(第2卷),高家伟译,商务印书馆2002年版,第92—93页。

③ [德]哈特穆特·毛雷尔:《行政法学总论》,高家伟译,法律出版社2000年版,第230—231页;[德]汉斯·J.沃尔夫等:《行政法》(第2卷),高家伟译,商务印书馆2002年版,第92—93页。

可驳回原告诉讼请求。原告可就民事行为另行提起民事诉讼。如果原告在民事诉讼中胜诉,可以持裁判结果向行政机关申请废止或变更原行政行为。如果行政机关不履行废止或变更原行政行为的职责,则原告可以以行政不作为(不履行法定职责)为由提起行政诉讼。

这一方案的理论基础主要是结构功能主义。该理论曾被用来论证法律保留原则的宪法依据。该理论认为不同国家机关各有不同组成结构与决定程序,该组成结构与决定程序因质的高度差异自然会赋予各自作成之决定不同的分量与不同的正当性。[①]如果将该理论的适用范围拓宽,我们可以理解为结构功能主义要求依据不同国家机关的性质定位、组织结构、功能分担等对国家机关各自的权力进行划分,并界定彼此的范围。一般而言,行政诉讼侧重保护公共利益,民事诉讼侧重保护个人利益,二者各擅胜场,互有分工。在处理行政诉讼与民事诉讼的关系时,基本的立场应当是二者各安其位。

司法实践中,很多法院也是这样做的。在荆门雨田肉禽有限公司诉荆门市房产管理局案中,法院认为:"涉不动产登记行政诉讼的诉讼标的针对的应该是登记行为的本身,亦即在行政诉讼中人民法院审查的是登记行为的合法性……本案中被告的登记行为是合法的……本案的争议,实质是原告与第三人之间对被登记的不动产物权或原因行为等民事法律关系产生争议,此争议存在于原告与第三人之间,与登记机构之间并无实质争议,故应当通过民事诉讼程序加以解决。"[②]

2. 可能存在的两种质疑的回应

以上方案,可能会有两种质疑:第一,民事诉讼审查民事行为的过程中,遇到相关的行政行为时又该如何处理? 第二,这种行政诉讼—民事诉讼—行政行为—行政诉讼的解决路径看起来并不省时省力,似

[①] 许宗力:《论法律保留原则》,载《法与国家权力》,台湾月旦出版社1993年版。

[②] 湖北省荆门市东宝区人民法院(2015)鄂东宝行初字第4号行政判决书。类似的还有江苏省盐城市中级人民法院(2007)盐行终字第47号行政判决书、江苏省常州市中级人民法院(2007)常行终字第62号行政判决书等。

乎还是不如由行政诉讼"一揽子解决"来得高效。对此本书预先回应如下。

第一，民事诉讼如何处理行政行为的确存在争议。在于某国诉扬中市房管局案中，法院认为行政行为对民事诉讼构成先决问题，应先由行政诉讼审查行政行为，再依据行政裁判结果审查民事行为。①如果这一观点普遍成立，就会出现从行政诉讼转到民事诉讼再由民事诉讼转到行政诉讼的怪圈。学理上一般把行政行为对民事诉讼的效力称作构成要件效力。对一个既有的行政行为，民事诉讼原则上只能把它当作一个既成事实，承认其存在，并纳为自身判决的一个基础构成要件事实。②日本以及我国大陆地区的公定力理论也认为，行政行为的公定力支配着民事纠纷的某些处理程序。③这种普遍的行政行为效力说近年来开始受到质疑。有学者指出："如果行政行为仅仅经过行政机关形式审查，而法院在民事诉讼中对行政行为相关的问题进行了实质审查，民事判决在效力上应当优先于行政行为，并可以改变行政行为的存续。民事诉讼当事人可以凭民事判决向行政机关申请变更行政行为，行政机关应当予以变更。"④即使是行政机关进行非书面调查的情形，也有学者提出，应将行政行为的效力内容限定为"规制性决定"，而不包括作为规制性决定所依附的"基础事实认定"。⑤也就是说，单就涉及民事行为的事实认定部分而言，不应承认行政行为对民事诉讼具有普遍的构成要件效力。依据结构功能主义理论，一般情况下，在行政登记领域，行政行为对民事行为的调查在专业性上并不如民事诉讼，民事诉讼对民事行为的判断应优于行政行为对民事行为的判断。

第二，行政诉讼—民事诉讼—行政行为—行政诉讼的解决方案，看

① 江苏省镇江市中级人民法院(2004)镇行终字第18号行政判决书。

② 参见翁岳生主编：《行政法》，中国法制出版社2002年版，第657页。

③ 参见叶必丰：《行政行为的效力研究》，中国人民大学出版社2002年版，第98—134页。

④ 何海波：《行政行为对民事审判的拘束力》，载《中国法学》2008年第2期。

⑤ 参见成协中：《行政民事交叉争议的处理》，载《国家检察官学院学报》2014年第6期。

起来确实繁琐,但困难的只是开始阶段,法院与当事人需要转变观念,因此可能会付出一些成本。只要法院与当事人对行政审判庭、民事审判庭还有行政机关各自的职能定位有了清醒认识,那么实际需要的纠纷解决环节将大幅减少,也许仅仅经历民事诉讼—行政行为两个流程,一切问题便可迎刃而解。相比之下,行政诉讼审查民事行为的模式,看起来是"一揽子式"的解决方案,而实际上也许只是"缠讼"的开始,"焦作房产纠纷案"就是以一种极其夸张的形式将该种模式的弊病展现出来。①"焦案"比较复杂,篇幅原因无法展开,类似案例其实很多。在李某海等诉温县房管局案中,一审行政诉讼法院认为房管机关应负书面调查职责,但由于房屋权属存在争议,故撤销了将房屋确权给第三人的房产证。第三人不服提起上诉,二审行政诉讼法院维持原判。第三人继续申请再审。再审过程中,第三人另行提起民事诉讼,结果是民事裁判认定房屋产权应归属第三人。②再审行政诉讼最终依据该民事裁判撤销了一二审行政裁判。②本案中,如果一审行政诉讼没有撤销房产证,而是选择驳回诉讼请求,同时告知当事人另行提起民事诉讼,则本案中二审和再审行政诉讼就可以避免。可以说本案典型地体现了行政诉讼审查民事行为的弊端。

行政调查强度的特殊之处就在于书面调查、告知承诺制这样降低调查强度的尝试,这一尝试在传统的行政法体系中显得"怪异",相关纠纷也就需要突破常规途径进行专门处理。面对由虚假材料引发的争议,基于个案的一体化解决是可以做到的,关键在于选择与行政法基本理论一致的合理的处理方式;面对由民事行为引发的争议,超脱个案的系统化解决才是合理的处理方式。基于论证方便的考虑,本书主要聚焦于书面调查制度所引发的争议,而实际上本书结论也可以适用于告知承诺制等其他降低行政调查强度的改革措施。

---

① 参见王贵松主编:《行政与民事争议交织的难题——焦作房产纠纷案的反思与展开》,法律出版社2005年版,第1页。
② 河南省焦作市中级人民法院(2008)焦行再终字第4号行政判决书。

本 章 小 结

　　本章主要探讨行政调查强度的纠纷解决。行政调查强度类纠纷具有两个特殊性：行政诉讼面对民事行为时的犹疑与书面调查遭遇客观事实时的尴尬。行政诉讼审查民事行为不具有可行性，因此应告知当事人另行提起民事诉讼，然后当事人可持民事裁判向行政机关申请变更或废止原行政行为。表面上看这种解决方案效率低下，实际上只要形成共识，它比所谓的"一揽子式"解决方案更加经济。当书面调查职责遭遇客观事实要求时，应当区分情况进行处理。如果客观事实是材料虚假，则应否定行政行为，同时辅之以行政执法责任制改革。如果客观事实是权属错误，则行政诉讼应避免对民事行为作出判断，而应交由民事诉讼认定。相应的，行政机关负有依民事裁判变更或废止原行政行为的职责。

参 考 文 献

一、著　作

[1] 杨伟东：《行政行为司法审查强度研究——行政审判权纵向范围分析》，中国人民大学出版社 2003 年版。

[2] 王和雄：《行政不作为之权利保护》，台湾三民书局股份有限公司 1994 年版。

[3] 余凌云：《行政法案例分析与研究方法》，中国人民大学出版社 2008 年版。

[4] 叶俊荣：《行政法案例分析与研究方法》，台湾三民书局股份有限公司 1999 年版。

[5] 许志雄等编：《月旦法学教室(3)》，台湾元照出版公司 2002 年版。

[6] 王利明：《物权法研究》，中国人民大学出版社 2007 年版。

[7] 孙宪忠：《中国物权法总论》，法律出版社 2009 年版。

[8] 霍振宇：《行政登记与司法审查》，法律出版社 2010 年版。

[9] 王旭军：《不动产登记司法审查》，法律出版社 2010 年版。

[10] 杨建顺：《行政规制与权利保障》，中国人民大学出版社 2007 年版。

［11］姜明安：《行政诉讼法》，法律出版社 2007 年版。

［12］杨小君：《行政诉讼问题研究与制度改革》，中国人民公安大学出版社 2007 年版。

［13］胡锦光：《行政法与行政诉讼法》，高等教育出版社 2007 年版。

［14］叶必丰：《行政法与行政诉讼法》，武汉大学出版社 2008 年版。

［15］章剑生：《现代行政法基本理论》，法律出版社 2008 年版。

［16］胡建淼主编：《行政行为基本范畴研究》，浙江大学出版社 2005 年版。

［17］王名扬：《英国行政法》，中国政法大学出版社 1987 年版。

［18］王名扬：《美国行政法》，中国法制出版社 2005 年版。

［19］王名扬：《法国行政法》，中国政法大学出版社 1988 年版。

［20］李广宇：《政府信息公开诉讼——理论、方法与案例》，法律出版社 2009 年版。

［21］蔡小雪：《行政审判与行政执法实务指引》，人民法院出版社 2009 年版。

［22］吴庚：《行政法之理论与实用》，中国人民大学出版社 2005 年版。

［23］翁岳生主编：《行政法》，中国法制出版社 2009 年版。

［24］胡建淼主编：《行政法与行政诉讼法》，清华大学出版社 2008 年版。

［25］杨建顺：《行政规制与权利保障》，中国人民大学出版社 2007 年版。

［26］方世荣、石佑启：《行政法与行政诉讼法》，北京大学出版社 2005 年版。

［27］王天华：《行政诉讼的构造：日本行政诉讼法研究》，法律出版社 2010 年版。

［28］何海波：《实质法治：寻求行政判决的合法性》，法律出版社 2009 年版。

［29］叶必丰:《行政行为的效力研究》,中国人民大学出版社 2002年版。

［30］王贵松主编:《行政与民事争议交织中的程序问题》,法律出版社 2005 年版。

［31］马怀德主编:《共和国六十年法学论争实录·行政法卷》,厦门大学出版社 2009 年版。

［32］翁岳生:《行政法》,中国法制出版社 2009 年版。

［33］应松年主编:《外国行政程序法汇编》,中国法制出版社 2004年版。

［34］汪永清主编:《中华人民共和国行政许可法释义》,中国法制出版社 2003 年版。

［35］高誓男:《由法释义学到政策导向之行政法学》,台湾元照出版有限公司 2018 年版。

［36］赵宏:《行政法学的主观法体系》,中国法制出版社 2021年版。

［37］王天华:《行政诉讼的构造:日本行政诉讼法研究》,法律出版社 2010 年版。

二、译　　著

［1］［德］平特纳:《行政法学总论》,朱林译,中国政法大学出版社1999 年版。

［2］［德］哈特穆特·毛雷尔:《行政法学总论》,高家伟译,法律出版社 2000 年版。

［3］［德］汉斯·J.沃尔夫等:《行政法(第 2 卷)》,高家伟译,商务印书馆 2002 年版。

［4］［美］罗伯特·K.殷:《案例研究:设计与方法》,周海涛等译,重庆大学出版社 2004 年版。

［5］［英］卡罗尔·哈洛、理查德·罗林斯:《法律与行政》,杨伟东

等译,商务印书馆 2004 年版。

[6][英]特伦斯·丹提斯、阿兰·佩兹:《宪制中的行政机关——结构、自治与内部控制》,刘刚等译,高等教育出版社 2006 年版。

[7][美]杰里·L.马萧:《官僚的正义——以社会保障中对残疾人权利主张的处理为例》,何伟文、毕竞悦译,北京大学出版社 2005 年版。

[8][德]伯阳:《德国公法导论》,刘飞译,北京大学出版社 2008 年版。

[9][日]室井力、芝池义一、浜川清主编:《日本行政程序法逐条注释》,朱芒译,上海三联书店 2009 年版。

[10][美]理查德·B.斯图尔特:《美国行政法的重构》,沈岿译,商务印书馆 2002 年版。

[11][古希腊]亚里士多德:《政治学》,颜一、秦典华译,中国人民大学出版社 2003 年版。

[12][德]施密特·阿斯曼:《秩序理念下的行政法体系建构》,林明锵等译,北京大学出版社 2012 年版。

[13][美]理查德·J.皮尔斯:《行政法》,苏苗罕译,中国人民大学出版社 2016 年版。

[14][德]格奥格·耶里内克:《主观公法权利体系》,曾韬、赵天书译,中国政法大学出版社 2012 年版。

[15][日]盐野宏:《行政法总论》,杨建顺译,北京大学出版社 2008 年版。

三、论　　文

[1]胡建淼、汪成红:《论行政机关对行政许可申请的审查深度》,载《浙江大学学报(人文社会科学版)》2008 年第 6 期。

[2]章剑生:《行政许可审查标准:形式抑或实质——以工商企业登记为例》,载《法商研究》2009 年第 1 期。

［3］王金根：《实质审查主义批判》，载《企业改革与管理》2006年第1期。

［4］陈彦峰、钱力军：《对企业登记实质审查若干问题的思考》，载《中国工商管理研究》2006年第12期。

［5］陈春生：《日本之行政过程论浅析》，载《行政法之学理与体系（二）》，台湾元照出版公司2007年版。

［6］解亘：《案例研究反思》，载《政法论坛》2008年第4期。

［7］骆梅英：《行政法学的新脸谱——写在读叶俊荣〈行政法案例分析与研究方法〉之后》，载《行政法论丛》第9卷，法律出版社2006年版。

［8］张梦中、［美］马克·霍哲：《案例研究方法论》，载《中国行政管理》2002年第1期。

［9］何海波：《行政行为的合法要件》，载《中国法学》2009年第4期。

［10］朱芒：《"行政行为违法性继承"的表现及其范围》，载《中国法学》2010年第3期。

［11］司坡森：《试论我国行政登记制度及其立法完善》，载《政法论坛》2003年第5期。

［12］李昕：《论我国行政登记的类型与制度完善》，载《行政法学研究》2007年第4期。

［13］栾兴良：《论行政登记机关的审查方式》，载《今日南国》2008年第4期。

［14］朱新力、陈无风：《公私法视野中的行政登记》，载《法治研究》2007年第4期。

［15］戴涛：《行政登记侵权之诉研究》，载《行政法学研究》2001年第4期。

［16］段仁元：《安全与效率的平衡抉择——试论我国企业登记审查制度及其完善》，载《社会科学》2000年第5期。

［17］韩宗和：《婚姻登记机关对当事人提供的证件是实质审查还是形式审查》，载《中国民政》2007年第11期。

［18］叶必丰：《受欺诈行政行为的违法性和法律责任——以行政机关为视角》，载《中国法学》2010年第5期。

［19］郭庆珠：《论行政登记合法的事实基础与司法审查——兼及行政登记机关的责任承担》，载《南阳师范学院学报（社会科学版）》2010年第5期。

［20］应松年、庄汉：《行政调查的现状与未来发展方向》，载《江苏社会科学》2008年第5期。

［21］周佑勇：《作为过程的行政调查——在一种新研究范式下的考察》，载《法商研究》2006年第1期。

［22］金自宁：《论行政调查的法律控制》，载《行政法学研究》2007年第2期。

［23］王麟：《行政调查中权力的可能边界》，载《法律科学》2008年第6期。

［24］张娟：《行政调查基本概念初探》，载《法学杂志》2009年第5期。

［25］何海波：《行政行为的合法要件——兼议行政行为司法审查根据的重构》，载《中国法学》2009年第4期。

［26］叶必丰：《行政行为的分类：概念重构抑或正本清源》，载《政法论坛》2005年第5期。

［27］鲁鹏宇、宋国：《论行政法权利的确认与功能——以德国公权理论为核心的考察》，载《行政法学研究》2010年第3期。

［28］鲁鹏宇：《德国公权理论评介》，载《法制与社会发展》2010年第5期。

［29］徐以祥：《行政法上请求权的理论构造》，载《法学研究》2010年第6期。

［30］徐以祥：《耶里内克的公法权利思想》，载《比较法研究》2009

年第 6 期。

[31] 杨小君:《试论行政作为请求权》,载《北方法学》2009 年第 1 期。

[32] 徐银华、肖进中:《行政法上之公权与反射利益理论的历史演变》,载《公法评论》第 4 卷,北京大学出版社 2007 年版。

[33] 何海波:《行政行为对民事审判的约束力》,载《中国法学》2008 年第 2 期。

[34] 许宗力:《论法律保留原则》,载《法与国家权力》,台湾月旦出版社 1993 年版。

[35] 马怀德、张红:《行政争议与民事争议的交织与处理》,载《法商研究》2003 年第 4 期。

[36] 李季:《行政诉讼与民事诉讼关系初探》,载《人民司法》1999 年第 4 期。

[37] 彭诚信、彭贵才:《民事与行政纠纷竞合之诉讼问题研究》,载《吉林大学社会科学学报》2001 年第 3 期。

[38] 黄江:《行政、民事关联诉讼问题探讨》,载《政治与法律》2001 年第 5 期。

[39] 江伟、范跃如:《民事行政争议关联案件诉讼程序研究》,载《中国法学》2005 年第 3 期。

[40] 吴偕林:《民事、行政救济程序交叉问题之解决》,载《法律适用》2007 年第 7 期。

[41] 方世荣、羊琴:《论行政行为作为民事诉讼先决问题之解决:以行政行为效力存在差异为基础》,载《中国法学》2005 年第 4 期。

[42] 王韶华:《民事行政争议关联案件审理程序新构想》,载《诉讼法论丛》第 11 卷。

[43] 韩思阳:《行政附带民事诉讼之难以逾越的障碍》,载《行政法学研究》2006 年第 4 期。

[44] 韩思阳:《行政与民事争议交织问题的"斯芬克斯之谜"》,载

《行政法论丛》第 12 卷。

[45] 成协中:《行政行为违法性继承的中国图景》,载《中国法学》2016 年第 3 期。

[46] 王贵松:《论行政行为的违法性继承》,载《中国法学》2015 年第 3 期。

[47] 朱芒:《"行政行为违法性继承"的表现及其范围——从个案判决与成文法规范关系角度的探讨》,载《中国法学》2010 年第 3 期。

[48] 章剑生:《行政诉讼中民事诉讼规范之"适用"——基于〈行政诉讼法〉第 101 条展开的分析》,载《行政法学研究》2021 年第 1 期。

[49] 寇建东:《行政附带民事诉讼审理机制的完善》,载《人民司法》2018 年第 31 期。

[50] 吴光荣:《论行政争议与民事争议相互交织的解决路径——评〈行政诉讼法修正案(草案)〉第 63 条第 1 款》,载《政治与法律》2014 年第 5 期。

[51] 陈国栋:《我国不必建立行政附带民事诉讼制度——以行政权对民事争议的介入程度为切入点的反思》,载《政治与法律》2013 年第 8 期。

[52] 章剑生:《行政行为对法院的拘束效力——基于民事、行政诉讼的交叉视角》,载《行政法论丛》第 13 卷。

[53] 成协中:《行政民事交叉争议的处理》,载《国家检察官学院学报》2014 年第 6 期。

[54] 林鸿潮、张涛、李昱音:《公共安全领域告知承诺制的实施困境及其调适》,载《中国行政管理》2021 年第 3 期。

[55] 沈岿:《面对传统、现在与未来的行政法学》,载《行政法论丛》第 24 卷。

[56] 刘锦、张三保:《行政许可与企业腐败——来自世界银行中国企业调查的经验证据》,载《经济社会体制比较》2019 年第 2 期。

[57] 张力:《先证后核、消极许可和规制工具试验》,载《中国行政

管理》2019 年第 5 期。

[58] 朱新力、唐明良:《现代行政活动方式的开发性研究》,载《中国法学》2007 年第 2 期。

[59] 熊茂平:《"证照分离"改革全覆盖试点的政策安排》,载《中国市场监管研究》2020 年第 1 期。

[60] 李林启:《形式审查抑或实质审查:实现担保物权案件审查标准探析》,载《政治与法律》2014 年第 11 期。

[61] 王天华:《国家法人说的兴衰及其法学遗产》,载《法学研究》2012 年第 5 期。

[62] 王天华:《主观公权利的观念与保护规范理论的构造》,载《政法论坛》2020 年第 1 期。

[63] 赵宏:《主观公权利、行政诉权与保护规范理论——基于实体法的思考》,载《行政法学研究》2020 年第 2 期。

[64] 赵宏:《保护规范理论的误解澄清与本土适用》,载《中国法学》2020 年第 4 期。

[65] 赵宏:《保护规范理论在举报投诉人原告资格判定中的适用》,载《比较法研究》2018 年第 5 期。

[66] 张翔:《基本权利的双重性质》,载《法学研究》2005 年第 3 期。

[67] 朱芒:《行政诉讼中的保护规范说——日本最高法院判例的状况》,载《法律适用》2019 年第 16 期。

[68] 赵宏:《中国式保护规范理论的内核与扩展——以最高人民法院裁判为观察视角》,载《当代法学》2021 年第 5 期。

[69] 姜明安:《新时代中国行政法学的转型与使命》,载《财经法学》2019 年第 1 期。

[70] 胡颖廉:《"中国式"市场监管:逻辑起点、理论观点和研究重点》,载《中国行政管理》2019 年第 5 期。

[71] 卢超:《行政许可承诺制:程序再造与规制创新》,载《中国法学》2021 年第 6 期。

［72］刘文静：《行政许可的后续监管》，载《公法研究》2005 年第 2 辑。

［73］黄锫：《为什么选择性执法？制度动因及其规制》，载《中外法学》2021 年第 3 期。

［74］潘静：《从政府中心规制到社会共治：互联网金融治理的新视野》，载《法律科学》2018 年第 1 期。

［75］韩业斌：《"证照分离"改革的法治困境与制度完善》，载《北方法学》2021 年第 3 期。

［76］张力：《迈向新规制：助推的兴起与行政法面临的双重挑战》，载《行政法学研究》2018 年第 3 期。

［77］韩思阳：《行政书面调查强度纠纷的合理处理方式》，载《法学》2021 年第 3 期。

［78］韩思阳：《行政调查中行政相对人的举证责任》，载《法学杂志》2018 年第 5 期。

［79］韩思阳：《案例指导制度反思》，载《政法论丛》2015 年第 5 期。

［80］韩思阳：《行政裁决纠纷的诉讼选择》，载《政法论丛》2014 年第 4 期。

［81］韩思阳：《论案例研究的两种角度：制度导向与先例导向》，载《政治与法律》2013 年第 3 期。

总表 1　房产登记领域行政调查强度案例概况

案例信息	调查强度	理由依据	问题定位	其　他
方某诉武汉市黄陂区不动产登记局案 湖北省武汉市黄陂区人民法院（2018）鄂0116行初字第8号 2018-5-2	书面调查	根据《房屋的登记办法》房管机关只负书面调查职责，但书面调查结果与事实不符，故应撤销。	主要证据不足	无
陈仁才等诉瓦房店市国土资源局案 辽宁省庄河市人民法院（2017）辽0283行初字第106号 2017-12-27	书面调查	《建制镇规划建设管理办法》第29条、《辽宁省城镇房屋所有权登记和产权产籍管理办法》第4条。	主要证据不足，适用法律错误	无
廖彩云诉咸阳市不动产登记局案 陕西省咸阳市中级人民法院（2018）陕04行终字第50号 2018-5-29	非书面调查 （材料真实）	《房屋登记办法》第18条第1款。	主要证据不足，违反法定程序	无

续表

案例信息	调查强度	理由依据	问题定位	其 他
云南欧阔经贸有限公司诉禄劝彝族苗族自治县住房和城乡规划建设管理局案 云南省昆明市中级人民法院（2016）云01行终字第208号 2017-6-7	书面调查	法律保留原则。	主要证据不足、适用法律错误	无
朱满华诉靖江市国土资源局案 江苏省泰州市中级人民法院（2017）苏12行终字第278号 2018-2-26	书面调查	法律保留原则。	无	无
荆门雨田肉禽有限公司诉荆门市房产管理局案 湖北省荆门市东宝区人民法院（2015）鄂东宝行初字第00004号 2016-9-18	书面调查	无	无	无
＊谌朗诉重庆市房管局案 重庆市第一中级人民法院（2005）渝一中行终字第73号 2001-7-31	书面调查	登记行为未造成实质性侵害。	无	无
＊董银宝等诉上海市房管局案 上海市南市区人民法院（1996）南行初字第34号 1991-8-1	非书面调查（权属清楚）	登记行为应事实清楚。	主要证据不足	无

223

续表

案例信息	调查强度	理由依据	问题定位	其他
*黄泰蓉诉泸州市政府案 1989-4-29	非书面调查（权属清楚）	《城市私有房屋管理办法》《城市房屋权属登记管理办法》。	主要证据不足	无
*李瑞杰诉泉州市房管局案 福建省泉州市中级人民法院（2007）泉行终字第30号 2007-3-8	书面调查	房管机关只负书面调查职责,但由于登记结果与事实不符,故登记行为欠缺事实基础和实质合法性,没有公定力,属无效行政行为。	主要证据不足	无
*李云香等诉上海市房管局案 上海市中级人民法院（1993）行终字第91号 1992-4-29	非书面调查（权属清楚）	一审:根据《城镇房屋所有权登记暂行办法》第8条,原告在登记前提出过确权申请,故争议存在,故登记行为违法。二审:原告和第三人在颁布前都向房管机关申请了确权登记,证明有争议真实存在,且公告时无需另行提出异议。	主要证据不足	注:一二审法律解释不同。
*林桂芬诉扬州市房管局案 江苏省扬州市中级人民法院（2007）扬行终字第10号 2004-3-18	书面调查	无	主要证据不足	法院:行政诉讼只审查诉材料是否真实,不审查意思表示是否真实。注:附论明确了原本模糊的裁判。
*泸州市联谊旅社诉泸州市政府案 1998-3-16	非书面调查（权属清楚）	根据《城市房屋权属登记管理办法》和《城市私有房屋管理条例》等规定,国家因需对城市房屋进行管理,故发行城市房屋所有权登记发证制度,故登记机关需非书面调查。	主要证据不足	无

续表

案例信息	调查强度	理由依据	问题定位	其他
*缪福俭等诉福安市房管局案 福建省宁德市中级人民法院(2007)行终字第35号 2004-4-23	非书面调查（材料真实）	登记行为应事实清楚。	主要证据不足	无
*滕永宽诉南京市房管局案 1997-3-26	非书面调查（权属真实）	根据《南京市深化住房制度改革方案》和《南京市出售公有住宅住房序审查义务》，房管机关只履行了程序审查义务，而未能履行实体审查义务。	主要证据不足	行政：材料齐全即可登记，民事争议应由民事诉讼解决。
*王建于诉城市房管局案 江苏省盐城市中级人民法院(2007)盐行终字第47号 2005-7-12	书面调查	依据《城市房地产转让管理规定》第7、8条和《城市房屋权属登记管理办法》第17、27条，这些规定既明确了当事人的申报义务，也明确了房产登记机关的审查职责。	无	法院：即使第三人申报不实，依照《城市房屋权属登记管理办法》第25条第1款第1项之规定，也应该由原告向房管机关申请自行注销。若原告认为第三人与他人恶意串通侵害其合法权益，则应当在确认无效后，再申请房管机关自行撤销。
*严复姊诉苏州市房管局案 江苏省苏州市中级人民法院(2007)苏中行终字第31号 2004-4-10	书面调查	一审：《城市房屋权属登记管理办法》第10、27条和《城市房地产转让管理规定》第7条第3项 二审：无。	主要证据不足	注：评析与裁判似有矛盾。
*杨宾飞诉上海市房管局案 上海市青浦区人民法院(2000)青行初字第7号 2000-3-7	非书面调查（材料真实）	登记行为应事实清楚。	主要证据不足	无

续表

案例信息	调查强度	理由依据	问题定位	其他
*杨波诉南京市房管局案 江苏省南京市鼓楼区人民法院(2007)鼓行初字第13号 2005-2-3	非书面调查（材料真实）	《南京市城镇房屋权属登记条例》第9条。	无	法院:原告有一定过错,主要过错在房管机关。
*于中国诉扬中市房管局案 江苏省镇江市中级人民法院(2004)镇行终字第18号 1998-12-14	书面调查（裁量非书面）	依据《城市房地产转让管理规定》第7条第4项。	无	法院:行政诉讼不审查民事行为。裁量要素:认为申报的成交价格明显低于市场价格的。
*张国兰诉北京市建委案 北京市第一中级人民法院(2007)一中行终字第1184号 2005-7-8	书面调查	一审:《城市房屋权属登记管理办法》第17条。二审:无。	一审:违反法定程序。二审:主要证据不足	一审:非书面调查（材料真实）。
*张万忠诉建湖县政府案 江苏省盐城市中级人民法院(2006)盐行终字第55号 2003-6-3	非书面调查（权属清楚）	《城市房屋权属登记管理办法》第27条。	主要证据不足	一审:房管机关只对中止转移登记申请履行书面调查职责;书面调查职责对应申请人的举证责任;行政诉讼可审查民事行为,并最终维持证书。二审:非书面调查对应房管机关的举证责任,但不意味着要由房管机关来自审自查,可根据民事裁判作出决定。
*张学展诉淮北市房管局案 安徽省淮北市中级人民法院(2006)淮行赔终字第3号 2000-12-14	非书面调查（权属清楚）	无	无	无

续表

案例信息	调查强度	理由依据	问题定位	其 他
*张振明诉北京市建委案 北京市第二中级人民法院（2004）二中行终字第 234 号 2002-6-18	非书面调查（权属清楚）	一审：《城市房地产管理法》第 37 条第 5 项，《城市房地产转让管理规定》第 6 条第 5 项。 二审：《城市房地产管理法》《城市房屋权属登记管理办法》等法律、规章及本市关于规范城镇房屋所有权登记工作的有关规定。	主要证据不足	注：一二审法律解释不同。
安徽省淮南市洞山农村信用合作社诉淮南市房管局案 最高人民法院（1999）行终字第 19 号 1998-5-20	非书面调查（权属清楚）	《城镇房屋所有权登记暂行办法》第 8 条《淮南市城镇房屋产权户籍管理办法》第 12 条《城市房屋权属登记管理办法》第 10 条。	主要证据不足，违反法定程序	行政：行政诉讼结果可作为产权判定依据。 法院：民事诉讼结果可作为产权判定依据，行政诉讼结果不可作为产权判定依据。
北京市东城商业网点规划建设管理处诉案 北京市房管局 1993-12-8	非书面调查（权属清楚）	《北京市城镇房屋所有权登记行办法》第 10 条。	主要证据不足	无
蔡加秋诉广州市房管局案 广东省广州市中级人民法院（2004）穗中法行终字第 138 号 2001-8-9	书面调查	一审：现行法律未规定房管机关对申请材料的真实性负责，故房管机关只需进行书面调查。由于有证据证明登记行为与事实不符，所以登记行为欠缺合法基础。二审：根据《广东省城镇房地产权登记条例》第 9 条，房管机关与只负书面调查义务，但如果登记结果与事实不符，则登记行为欠缺合法基础。	无	注：一二审法律解释不同。

227

续表

案例信息	调查强度	理由依据	问题定位	其　他
曾群莲诉市孝感市房管局案 湖北省孝感市中级人民法院（2005）孝中行终字第 9 号 2002-8-14	非书面调查 （权属清楚）	《城市房屋权属登记管理办法》第 10 条、《孝感市城区公有住房出售管理办法》第 14 条。	主要证据不足、违反法定程序	行政：房管机关和行政诉讼都无需审查民事行为。
车凤英诉辉县市政府案 河南省辉县市人民法院（2010）辉行初字第 1 号 1998-4-5	非书面调查 （权属清楚）	《城市房屋权属登记管理办法》第 10 条。	主要证据不足	法院：登记行为虽程序合法，但缺无事实基础，故撤销证书。
车某诉辉县市政府案 河南省新乡市中级人民法院（2010）新行终字第 898 号 1998-4-5	非书面调查 （权属清楚）	登记行为应事实清楚。	主要证据不足	无
陈金雄诉武市房管局案 湖北省武汉市中级人民法院（2007）武行终字第 155 号 2000-12-6	书面调查	《城市房屋权属登记管理办法》的有关规定。	无	行政：房管机关只负书面调查职责。
陈新琪等诉大丰市政府案 江苏省高级人民法院（2002）苏行终字第 98 号 1991-9-12	非书面调查 （权属清楚）	登记行为应事实清楚。	主要证据不足	无

228

续表

案例信息	调查强度	理由依据	问题定位	其　他
陈雪玲诉驻马店市房管局案 河南省驻马店市中级人民法院(2010)驻法行终字第51号 2004-6-21	非书面调查 (权属清楚)	登记行为应事实清楚,程序合法。	主要证据不足,违反法定程序	无
陈业寿诉屯昌县政府案 海南省高级人民法院(2006)琼行终字第98号 2000-3-6	书面调查	原告应当知晓房管机关的登记行为,但却长时间没有提出异议,行为不当。	无	法院:行政诉讼不审查民事行为。
陈玉香诉上海市房管局案 上海市第二中级人民法院(2004)沪二中行终字第354号 2000-8-6	非书面调查 (材料真实)	《关于出售公有住房实施细则》	无	法院:行政诉讼只审查具体行政行为的合法性,民事行为应交由民事诉讼审查。
程雪梅诉徐州市房管局案 江苏省徐州市泉山区人民法院(2000)泉行初字第32号 2000-6-9	非书面调查 (材料真实且权属清楚)	《城市房屋权属登记管理办法》第10、27条。	主要证据不足	行政:房屋买卖行为是民事行为,不属于行政诉讼审查范围。 法院:人民法院在审理行政诉讼案件过程中,对民事行为可以一并审查,这样符合行政诉讼经济与效率原则。
丁三保诉赣州市房管局案 江西省赣州市中级人民法院(2005)赣中行终字第1号 2003-10-17	非书面调查 (权属清楚)	登记行为应事实清楚,有明确的法律依据。	主要证据不足	行政:房管机关只负书面调查职责。

续表

案例信息	调查强度	理由依据	问题定位	其　他
段双录诉新乡市房管局案 河南省新乡市中级人民法院（2009）新中行再字第18号 2006-12-25	非书面调查（材料真实）	无	无	无
冯桂娥诉郑州市房管局案 河南省郑州市金水区人民法院（2009）金行初字第124号 2008-6-19	非书面调查（材料真实）	登记行为应事实清楚。	主要证据不足	行政：房管机关只负书面调查职责。
福建省鑫源建设发展有限公司海南分公司诉三亚市政府等案 海南省高级人民法院（2006）琼行终字第126号 1994-8-17	非书面调查（权属清楚）	登记行为应事实清楚。	主要证据不足	无
甘肃省总工会平凉地区工作委员会诉平凉市房管局案 甘肃省平凉市人民法院（2000）平行初字第3号 1991-4-15	非书面调查（权属清楚）	《城市房屋产权产籍管理暂行办法》第11条《城市房屋权属登记管理办法》第11条。	主要证据不足，违反法定程序	无
韩三保诉方城县房管局案 河南省南阳市中级人民法院（2009）南行终字第96号 2007-9-27	非书面调查（权属清楚）	登记行为应事实清楚。	主要证据不足	无

续表

案例信息	调查强度	理由依据	问题定位	其他
韩小明诉重庆市涪陵区政府案 重庆市涪陵区人民法院（2007）涪行初字第59号 2004-2-10	非书面调查（权属清楚）	《城市房屋权属登记管理办法》第10条、《重庆市土地房屋权属登记条例》第36条。	主要证据不足	行政:房管机关作出了询问异议公告,已尽到审查职责。法院:尽管房管机关作出了异议公告,但仍未尽审查职责。
韩学丽诉沈阳市房管局案 辽宁省沈阳市中级人民法院（2005）沈行终字第140号 2004-7-13	非书面调查（权属清楚）	《城市房屋权属登记管理办法》第27条。	主要证据不足	无
何翠云诉成都市青羊区房管局案 四川省成都市中级人民法院（2009）成行终字第16号 2006-11-22	书面调查	成房发（1999）第17号《关于印发的通知》的第7、8条。	适用法律错误	一审:行政诉讼不审查民事行为。法院:登记行为缺乏事实基础。
洪华荣诉九江市房管局案 江西省九江市中级人民法院（2007）九中行终字第15号 2004-5-9	书面调查	无	无	法院:行政诉讼不审查民事行为。
胡志勇诉沈阳市房管局案 辽宁省沈阳市中级人民法院（2005）沈行终字第81号 2005-2-25	书面调查	无	无	法院:行政诉讼不审查民事行为。

续表

案例信息	调查强度	理由依据	问题定位	其 他
华中航运集团有限公司诉汉川市房管局案 湖北省孝感市中级人民法院(2005)孝行再终字第4号 2002-9-5	书面调查	二审:根据《城市房屋权属登记管理办法》第10条,房管机关应承担权属审核职责。再审:法律没有规定对民事行为进行审查,故房管机关只承担书面调查职责。	无	无
黄守良等诉文昌市政府案 海南省高级人民法院(2006)琼行终字第76号 2002-7-5	书面调查	房管机关发出异议公告后,原告没有提出异议,应视为原告已放弃权利。	无	行政:房管机关发出异议公告后,原告没有提出异议,应视为原告已放弃权利。注:尽管本案属于特殊情况,但通过程序设置减轻审查强度的方法值得思考。
贾瑞良诉焦作市房管局案 河南省焦作市中级人民法院(2009)焦行终字第8号 1999-3-19	非书面调查(权属清楚)	无	无	注:何种情形属于房屋产权存在争议。
焦冬梅诉辉县市政府案 河南省辉县市人民法院(2009)辉行初字第17号 1998-11-20	非书面调查(材料真实)	无	无	法院:房产证因存在重大违法情形而无效;房管机关责任与第三人责任并存。
金铭诉温州市政府案 浙江省温州市鹿城区人民法院(2001)温鹿行初字第22号 1993-6-7	非书面调查(权属清楚)	《城市房屋产权产籍管理暂行办法》第10条,《浙江省城市房屋产权产籍管理实施细则》第11条。	主要证据不足	无

续表

案例信息	调查强度	理由依据	问题定位	其 他
黎八等诉佛山市政府等案 广东省佛山市中级人民法院(2007)佛中法行初字第1号 2006-5-16	非书面调查(权属清楚)	《城市房屋权属登记管理办法》第10条。	主要证据不足	法院:房管机关的权属审查职责对应相应的举证责任。
李保兰诉南阳市房管局案 河南省南阳市中级人民法院(2010)南行再字第1号 2008-4-3	非书面调查(权属清楚)	二审:行政诉讼和行政行为不审查民事行为,故不宜直接判令登记或不予登记;第三人向房管机关提供了经过公证的协议书,证明房屋权属存在争议。再审:房管机关应对第三人异议进行非书面调查,然后作出决定。	无	行政:房管机关不审查民事行为。注:政令与民事权属构成权属争议。
李桂兰诉南召县政府案 河南省南阳市中级人民法院(2009)南行终字第208号 2009-1-6	非书面调查(权属清楚)	登记行为应对事实清楚。	主要证据不足,适用法律错误	注:由举证责任可反推审查强度。
李娜诉沈阳市房管局案 辽宁省沈阳市中级人民法院(2005)沈行终字第123号 2003-6-3	书面调查	无	无	法院:行政诉讼只审查具体行政行为的合法性,民事行为应交由民事诉讼审查。
李清军诉商丘市建设局案 河南省商丘市睢阳区人民法院(2008)商睢区行初字第29号 2005-7-1	非书面调查(材料真实)	登记行为应对事实清楚。	主要证据不足	无

■ 行政调查强度研究

案例信息	调查强度	理由依据	问题定位	其　他
李庆金等诉桐柏县房管局案 河南省南阳市中级人民法院（2009）南行终字第164号 2008-12-12	非书面调查（权属清楚）	一审：《房屋登记办法》第4、84条。二审：登记行为应事实清楚。	主要证据不足,违反法定程序	无
李晓诉南召市房管局案 河南省南阳市中级人民法院（2009）南行终字第209号 2006-6-10	非书面调查（材料真实）	《城市房屋权属登记管理办法》	主要证据不足	无
李学斌诉唐河县房管局案 河南省南阳市中级人民法院（2009）南行终字第174号 2009-5-4	非书面调查（权属清楚）	一审：《城市房屋权属登记法》第10条第2项。二审：登记行为应事实清楚。	主要证据不足	无
李泽友诉南阳市房管局案 河南省南阳市中级人民法院（2009）南行终字第94号 2009-7-7	非书面调查（权属清楚）	一审：《城市私有房屋管理条例》第6条。二审：登记行为应事实清楚。	主要证据不足	法院：行政诉讼和房管登记只审查申请人是否对房屋拥有产权，而不对房屋进行确权，房屋产权应应通过其他渠道解决。
李振海等诉温县房管局案 河南省焦作市中级人民法院再审字第4号 2003-8-29	非书面调查（权属清楚）	一二审：登记行为应程序合法。再审：登记行为应事实清楚。	一二审：违反法定程序。再审：无。	法院：房管机关应依据民事裁判进行登记。注：本案民事裁判在后，应持民事裁判向房管机关申请登记，而非提起再审；或者一二审就不该撤销，而应确认违法或驳回请求。

续表

案例信息	调查强度	理由依据	问题定位	其他
廖原等诉成都市房管局案 四川省成都市中级人民法院(2007)成行终字第124号 2005-5-9	书面调查	房产登记是房管机关对民事法律关系予以证明、确认，使之具有社会公信力的一种行为，故房管机关只负书面调查职责。	主要证据不足	行政：公证书形式合法，有公证书存在，房管机关也不可能进一步审查。法院：本案中房管机关已尽到法定义务，没有过错，但由于登记行为所依据的公证书被证伪，故登记行为所缺客观、真实的基础，不具有合法性。
林州市姚村村委会诉林州市房管局等案 河南省安阳市中级人民法院(2009)安行终字第88号 1998-12-6	非书面调查（权属清楚）	《河南省城市房屋产权产籍管理办法》第27、33条。	无	无
刘恩友诉沈阳市房管局案 辽宁省沈阳市中级人民法院(2006)沈行终字第39号 2004-7-12	书面调查	无	无	法院：原告应对其材料系伪造的主张承担举证责任。
刘火枝诉湖口县房管局案 江西省湖口县人民法院(2004)湖行初字第2号 2002-11-29	非书面调查（权属清楚）	登记行为应程序合法。	违反法定程序	无
刘开益等诉于都县房管局案 江西省赣州市中级人民法院(2008)赣中行终字第47号 2002-1-31	非书面调查（材料真实且权属清楚）	登记行为事实清楚，程序合法。	主要证据不足，违反法定程序	无

续表

案例信息	调查强度	理由依据	问题定位	其 他
刘某诉许昌市房管局案 许昌市魏都区人民法院(2010)魏行初字第18号 2010-4-16	非书面调查(材料真实)	登记行为应事实清楚。	主要证据不足	无
刘诗多诉南阳市宛城区政府案 河南省南阳市中级人民法院(2009)南行终字第46号 2009-3-19	非书面调查(权属清楚)	无	无	法院:房管机关应根据法院裁判、行政确权、当事人析产等的结果进行登记并不引起房屋产权的转移。
刘同文诉浚县政府案 河南省浚县人民法院(2009)浚行初字第19号 1990-4-10	非书面调查(权属清楚)	登记行为应事实清楚,程序合法。	主要证据不足,违反法定程序	行政:房管机关只负书面调查职责。
刘文芝诉驻马店市房管局案 河南省驻马店市中级人民法院(2010)驻法行终字第8号 2008-4-7	书面调查	《城市房屋权属登记管理办法》第17条。	无	注:法院似以善取得支撑书面调查职责的判断。
刘小东诉北京市建委案 北京市平谷区人民法院(2008)平行初字第17号 2007-2-6	书面调查	朱某荣持有的房屋所有权证没有共有人的记载,这表明未某荣在领取房屋所有权证之后,原告刘小东未向登记机关申请权利登记,主张共有权。	无	注:无争议的情况下房屋机关不可能了解二买和房屋共有情况。
鹿邑县马铺农机制造厂诉鹿邑县政府案 河南省鹿邑县人民法院(2009)鹿行初字第108号 2004-6-6	非书面调查(权属清楚)	登记行为应事实清楚。	主要证据不足	无

续表

案例信息	调查强度	理由依据	问题定位	其 他
漯河市源汇区马路街道办事处南来园村民委员会诉漯河市房管局案 河南省漯河市源汇区人民法院(2010)源行初字第1号 2004-3	非书面调查(权属清楚)	《城市房屋权属登记管理办法》第25条。	无	行政:房管机关只负书面调查职责。
马国政诉孟州市房管局案 河南省焦作市中级人民法院(2010)焦行终字第12号 1997-8-20	非书面调查(材料真实)	登记行为应事实清楚。	主要证据不足	注:材料不一致的应提高审查强度。
马迅诉乐山市房管局案 2000-11-1	非书面调查(权属清楚)	申请材料据疑时应非书面调查:《城市房屋权属登记管理办法》第10条第2款。	主要证据不足	无
穆静波诉周口市房管局案 河南省周口市川汇区人民法院(2009)川行初字第5号 2000-7-6	非书面调查(材料真实)	第三人申请变更登记则房管机关应进行非书面调查。	主要证据不足	注:审查强度对应举证责任。
欧阳红诉武汉市房管局案 湖北省武汉市中级人民法院(2006)武行终字第86号 2004-4-12	非书面调查(权属清楚)	原告已在房管机关处办理遗失公告。	主要证据不足,违反法定程序	法院:因诉争房产已被再次转让,故只能确认违法。

案例信息	调查强度	理由依据	问题定位	其　他
庞教英等诉三亚市政府案 海南省三亚市中级人民法院（2002）三亚行终字第14号 2000-2-17	非书面调查 （权属清楚）	无	无	法院：人民法院审理行政案件，仅对具体行政行为是否合法进行审查。由于本院无权对民事行为进行审查，因而无法确认行政行为是否事实清楚。
彭东锋诉确山县政府案 河南省驻马店市中级人民法院（2010）驻法行终字第12号 2001-10-29	非书面调查 （权属清楚）	登记行为应事实清楚。	主要证据不足、滥用职权	无
齐桂凤诉南阳市房管局案 河南省南阳市中级人民法院（2009）南行终字第13号 2004-8-27	非书面调查 （材料真实）	登记行为应事实清楚。	主要证据不足、违反法定程序	无
曲俊英诉林州市房管局案 河南省安阳市中级人民法院（2009）安行再终字第100号 2006-5-31	非书面调查 （权属清楚）	一审：登记行为应事实清楚。 二审：《城市房屋权属登记管理办法》第27条。 再审：登记行为应事实清楚。	主要证据不足	无
任晓勇等诉南充市政府案 四川省南充市中级人民法院（2002）南行初字第2号 2001-5-21	非书面调查 （权属清楚）	《城市房屋权属登记管理办法》第16条。	主要证据不足	无

续表

案例信息	调查强度	理由依据	问题定位	其他
山西省林业厅等诉太原市政府案 山西省高级人民法院(2002)晋行终字第6号 2000-11-7	非书面调查（权属清楚）	《城市房屋权属登记管理办法》第27条、《太原市城镇房屋所有权登记实施办法》第15条。	主要证据不足	无
申桂凤诉安阳市房管局案 河南省安阳市中级人民法院(2010)安行终字第27号 2004-4-26	非书面调查（材料真实）	登记行为应事实清楚。	主要证据不足	行政：房管机关只负书面调查职责。
沈秀妹诉诏安县政府案 福建省诏安县人民法院(2007)诏行初字第3号 2007-1-2	非书面调查（权属清楚）	《城市私有房屋管理条例》第6条。	主要证据不足，违反法定程序	无
施以平诉武汉市房管局案 湖北省武汉市中级人民法院(2008)武行终字第20号 2004-12-28	非书面调查（权属清楚非材料真实）	申请人依法应当对申请材料的真实性负责，故申请人因提供虚假证明而造成房产登记转移证据不实，应当由申请人承担相应的法律责任。	主要证据不足	行政：依据《城市房产权属登记管理办法》第17、27条，房管机关负责查清楚非材料真实的审查职责，申请人应对申请材料的真实性负责。
史凡东等诉商丘市房管局案 河南省商丘市睢阳区人民法院(2009)商睢区行初字第31、32号 2009-4-6	非书面调查（材料真实）	登记行为应事实清楚。	主要证据不足	无
宋海涛等诉杭州市房管局案 浙江省杭州市江干区人民法院(2005)江行初字第6号 2004-10-12	非书面调查（材料真实）	《城市房屋权属登记管理办法》第13条。	主要证据不足	无

续表

案例信息	调查强度	理由依据	问题定位	其　他
苏秀芝诉沈阳市房管局案 辽宁省沈阳市中级人民法院(2005)沈行终字第108号 2002-11-9	书面调查	《沈阳市出售公有住房办法》第24条。	无	无
栗某诉深圳市房管局宝安分局案 广东省深圳市宝安区人民法院(2008)深宝法行初字第67号 2003-12-22	书面调查	无	主要证据不足	法院:登记行为缺乏事实基础。
孙惠娟等诉三亚市房管局案 海南省高级人民法院(2007)琼行终字第124号 2007-5-21	非书面调查(材料真实)	《海南省城镇房屋登记办法》第5条。	主要证据不足	行政:房管机关只负书面调查职责,撤销证书违反《海南省城镇房屋登记办法》第17条。注:海南规定的实质是将审查职责和证明义务向公证机关和行政相对人转移。
孙惠珍诉青岛市房管局案 山东省青岛市中级人民法院(2008)青行终字第138号 2007-4-6	书面调查	《城市房屋权属登记管理办法》第10条。	无	法院:房管机关只需对公证书进行书面调查。
王金萍诉湖南省武冈市房管局案 湖南省邵阳市中级人民法院(2009)邵中行终字第8号 2003-2-12	书面调查	《城市房屋权属登记管理办法》第16条规定,申请人对新建的房屋向登记机关申请所有权初始登记时,应当提交……证明文件。这是我国现行法律对于房产登记行为规定的书面调查标准。	违反法定程序	法院:材料不齐全属于程序违法。

续表

案例信息	调查强度	理由依据	问题定位	其 他
王金云等诉沈阳市房管局案 辽宁省沈阳市中级人民法院(2008)沈行终字第26号 2004-7-26	非书面调查(材料真实)	《城市房地产管理法》第37条第4项。	主要证据不足,违反法定程序	一审:房管机关以公证书替代审查,属程序违法。
王金枝诉驻马店市房管局案 河南省驻马店市中级人民法院(2010)驻法行终字第90号 2004-5-17	书面调查	无	无	无
王韶霞诉广东省广州市房管局案 广东省广州市中级人民法院(2010)穗中法行终字第140号 2009-8-19	书面调查	《广东省城镇房地产权登记条例》第9条。	无	行政:房管机关无法进行非书面调查,故将证明责任转移给相对人,这是合法的。
王静诉信阳市浉河区房管局案 河南省信阳市浉河区人民法院(2009)信浉行初字第12号 2009-5-14	非书面调查(材料真实)	《房屋登记办法》第19条。	无	行政:房管机关依法只负书面调查职责,没有能力进行非书面调查。
王莉惠诉烟台市经济技术开发区人民法院(2003)开行初字第5号 2003-1-2	非书面调查(权属清楚)	《城市房屋权属登记管理办法》有关房屋登记应进行权审核的规定,《《中华人民共和国发票管理办法》实施细则》第35条,《中华人民共和国契税暂行条例》第11条。	违反法定程序	无

续表

案例信息	调查强度	理由依据	问题定位	其　他
王某诉驻马店市房管局案 河南省驻马店市驿城区人民法院（2010）驿行初字第6号 2004-5-17	书面调查	无	无	行政：房管机关只负书面调查职责。法院：审查强度对应举证责任；行政诉讼不解决民事争议。
王振诉桐柏县房管局案 河南省南阳市中级人民法院（2009）南行终字第103号 2009-7-13	非书面调查（权属清楚）	登记行为应事实清楚。	主要证据不足	法院：当事人应在民事裁判作出后再申请登记。注：审查强度对应举证责任。
魏某诉长葛市房管局案 河南省许昌市中级人民法院（2009）许行终字第19号 2008-11-27	非书面调查（权属清楚）	一审：《房屋登记办法》第88条。二审：登记行为应程序合法。	违反法定程序	行政：行政诉讼和房管机关审查民事行为，房管机关尽到了全面审慎的审查职责；依据《房屋登记办法》第18条是否询问当事人房管机关的裁量权。
汶上县第三建筑公司诉汶上县房管局案 山东省汶上县人民法院（2008）汶行初字第9号 2003-6-3	非书面调查（权属清楚）	登记行为应事实清楚，遵循法律。	主要证据不足，适用法律错误	行政：房管机关依据《城市房屋权属登记管理办法》规定的要求，只进行书面调查。
吴爱诉珠海市房地产登记中心案 广东省珠海市中级人民法院（2007）珠中法行终字第10号 2004-12-30	非书面调查（材料真实）	由于有关当事人在申请涉案房产转移登记时，提供虚假材料，违反了《珠海市房地产登记条例》的规定，而房管机关对不符合法律规定的申请予以受理并核准登记，显然也违法的登记行为。	适用法律错误	行政：有关房管机关的审查职责，我国现有法律没有明确规定，学理上也没有通说。实践中房管机关一般只进行书面调查并尽合理注意义务即可。

续表

案例信息	调查强度	理由依据	问题定位	其 他
无锡市第六建筑工程公司海南分公司诉海口市房管局案 海南省高级人民法院(2006)琼行终字第49号 2004-12-20	非书面调查 (权属清楚)	无	无	行政:房管机关不审查民事行为。 一审:出于保护第三人而撤销为确认违法。 二审:民事诉讼作出的确认合同无效的裁判对行政诉讼没有拘束力。
吴幼定诉上海市房管局案 上海市第二中级人民法院(2005)沪二中行终字第123号 2004-4-21	非书面调查 (材料真实)	登记行为应当事实清楚。	主要证据不足	无
武汉市华冠贸易有限公司诉武汉市房管局案 湖北省武汉市中级人民法院(2008)武行终字第137号 2005-2-8	非书面调查 (权属清楚)	《城市房屋权属登记管理办法》	无	注:权属清楚可抵非书面调查的瑕疵。
武汉市中山医药集团股份有限公司诉武汉市房管局案 湖北省武汉市中级人民法院(2009)武行终字第175号 2005-10-28	书面调查	一审:《城市房屋权属登记管理办法》第17条。 二审:登记行为应当事实清楚。	主要证据不足	法院:房管机关履行了审查职责,但登记行为缺乏事实基础。
肖孝广等诉秀山土家族苗族自治县政府案 重庆市酉阳土家族苗族自治县人民法院(2008)酉法行初字第11号 1999-8-23	非书面调查 (权属清楚)	登记行为应当事实清楚。	主要证据不足	无

案例信息	调查强度	理由依据	问题定位	其　他
徐学武诉哈尔滨市房管局案 黑龙江省哈尔滨市中级人民法院(2004)哈行终字第361号 1999-10-28	非书面调查(权属清楚)	《哈尔滨市房屋权属登记条例》	主要证据不足	无
许春燕诉文昌市政府案 海南省文昌市中级人民法院(2007)海南行初字第162号 2007-4-13	非书面调查(权属清楚)	《城市房屋权属登记管理办法》第10条第3项。	主要证据不足,违反法定程序	法院:房屋产权存在争议的情况下,房管机关有必要进行报榜公告,征询异议。
闫新民诉遂平县政府案 河南省遂平县人民法院(2009)遂行初字第42号 1999-11-2	非书面调查(权属清楚)	登记行为应事实清楚。	主要证据不足	无
杨明亮诉邓州市房管局案 河南省南阳市中级人民法院(2009)南行终字第41号 2006-8-3	书面调查	按照法律规定。	无	注:审查强度对应举证责任。
杨淑云诉重庆市房管局案 重庆市高级人民法院(2005)渝高法行终字第60号	书面调查	提供虚假材料的申请人应为其行为承担责任,不应苛求登记机关审查申请材料的真实性。	无	无
姚立志诉南阳市房管局案 河南省南阳市中级人民法院(2009)南行终字第160号 2005-3-14	非书面调查(权属清楚)	房屋所有权登记是以法律形式对房屋权属进行确认的行为,直接涉及财产权;《城市房屋权属登记管理办法》第11条第3款。	违反法定程序	法院:行政诉讼不解决民事争议。注:目的解释方法。

续表

案例信息	调查强度	理由依据	问题定位	其　他
尹兵诉重庆市房管局案 重庆市第一中级人民法院（2006）渝一中行终字第9号 2004-5-10	非书面调查（材料真实）	《城市房屋权属登记管理办法》第11、13条。	无	行政：房管机关只需对申请材料进行书面调查。法院：出于保护善意第三人利益的目的，改撤销为确认违法。
应某等诉上海市房管局案 上海市徐汇区人民法院（2008）徐行初字第42号 1995-4-20	书面调查	无	无	法院：行政诉讼不审查民事行为。
袁雅琴诉上海市房管局案 1996-2-28	非书面调查（权属清楚）	《城市房地产转让管理规定》第6条第7项。	主要证据不足	注：行政附带民事诉讼。
袁志梅诉淮安市淮阴区房管局案 2004-3-30	书面调查	无	主要证据不足	法院：登记行为的合法性包括形式合法与实质合法，行政机关承担书面调查义务只能保证形式合法导致实质不合法。
张德财等诉沈阳市沈河区房管局案 辽宁省沈阳市中级人民法院（2005）沈行终字第312号 2003-8-28	非书面调查（材料真实）	登记行为应事实清楚。	主要证据不足	无
张福元等诉北川县政府案 四川省绵阳市中级人民法院（2001）绵行初字第7号 2000-1-21	非书面调查（权属清楚）	房管机关对同类案件作出相反处理结果，显属不当；《城镇房屋所有权登记管理办法》第8条、《绵阳市城镇房屋所有权登记发（换）证暂行办法》第13条。	主要证据不足，违反法定程序	无

续表

案例信息	调查强度	理由依据	问题定位	其　他
章继萍诉沈阳市房管局案 辽宁省沈阳市中级人民法院(2008)沈行 终字第 141 号 2005-10-13	书面调查	《城市房屋权属登记管理办法》第 17 条第 2 款。	无	法院:行政诉讼不审查民事行为。
张立忠等诉淄博市房管局案 1999-10-8	非 书 面 调 查 (权属清楚)	登记行为应事实清楚。	主要证据不足	无
张某诉安阳市房管局案 河南省安阳市文峰区人民法院(2009)文 行初字第 16 号 2000-9-1	书面调查	无	无	法院:行政诉讼不审查民事行为。
张某诉北京市建委案 2000-12-7	非 书 面 调 查 (权属清楚)	《城市房地产管理法》第 37 条第 5 项, 《城市房地产转让管理规定》第 6 条第 5 项。	主要证据不足	无
张能诉澄城县政府案 陕西省渭南市澄城县人民法院(2008)澄 行初字第 3 号 1992-10-14	非 书 面 调 查 (材料真实)	登记行为应事实清楚。	主要证据不足	无
张庆生诉重庆市房管局案 重庆市第五中级人民法院(2008)渝五中 行终字第 213 号 2001-11-10	非 书 面 调 查 (权属清楚)	登记行为应事实清楚。	主要证据不足	无

续表

案例信息	调查强度	理由依据	问题定位	其　他
张效鹏诉周口市建设局案 河南省周口市中级人民法院（2009）周行终字第 114 号 2009-8-14	非书面调查（权属清楚）	登记行为应事实清楚。	主要证据不足	无
张新玲诉诉新乡市房管局案 河南省新乡市郊区人民法院（2004）郑行初字第 4 号 2003-9-24	非书面调查（权属清楚）	登记行为应事实清楚。	主要证据不足	无
张秀荣等诉信阳市房管局案 河南省信阳市中级人民法院（2009）信行终字第 52 号 2005-12-12	书面调查	行政机关对于申请登记的审查，除法律规定进行非书面调查、一般均属书面调查。而《城市房屋权属登记管理办法》并未将公告及实地查看程序列为房屋所有权初始登记的必要程序。	无	无
赵兵诉河南省济源市建委案 河南省济源市中级人民法院（2009）济中行终字第 1 号 2007-4-20	非书面调查（权属清楚）	房屋转移登记是房管机关对房屋买卖民事法律关系的确认，应事实清楚。	主要证据不足	行政：房管机关只负书面调查职责。
赵乐合诉新乡市房管局案 河南省新乡市中级人民法院（2009）新行终字第 104 号 2004-6-21	非书面调查（权属清楚）	《城市房屋权属登记管理办法》第 10 条第 2 项。	主要证据不足，违反法定程序	无

续表

案例信息	调查强度	理由依据	问题定位	其他
赵卫诉潍坊市房管局案 山东省潍坊市坊子区人民法院(2007)坊行初字第17号 2005-9-16	非书面调查(权属清楚)	《城市房屋权属登记管理办法》第10条。	主要证据不足	无
郑国华等诉南阳市房管局案 河南省南阳市中级人民法院(2009)南行终字第2号 1998-7-10	非书面调查(权属清楚)	《城市私有房屋管理条例》第7条第2款。	无	一审:房管机关应以行政裁判为依据作出登记行为。二审:行政裁判以程序违法为由撤销证书,但并未对房屋权属作出认定。
支东云诉遂平县政府案 河南省驻马店市中级人民法院(2009)驻法行终字第153号 2005-1-10	非书面调查(权属清楚)	无	无	行政:行政诉讼不审查民事行为,如原告在民事诉讼中胜诉,则可申请变更登记。一审:第三人提供证据与行政机关的举证责任。
中国工商银行股份有限公司平顶山分行诉平顶山市政府案 河南省平顶山市中级人民法院(2009)平行终字第34号 2005-12-20	非书面调查(权属清楚)	无	无	注:何种情形属于房产权存在争议。
中国人民解放军河南省尉氏县人民武装部诉尉氏县政府案 河南省尉氏县人民法院(2009)尉法行初字第11号 1997-12-8	非书面调查(权属清楚)	《城市房屋权属登记管理办法》第6条、第10条第1款。	主要证据不足	无

续表

案例信息	调查强度	理由依据	问题定位	其 他
中国银行江西分行诉南昌市房管局案 最高人民法院(2002)行终字第6号 1995-4-26	非书面调查（材料真实）	一审:登记行为应事实清楚。二审:非书面调查是房管机关职业规范的要求。	主要证据不足	无
钟筱明诉萍乡市房管局案 江西省萍乡市中级人民法院(2006)萍行终字第1号 1997-4-30	书面调查	颁发房屋所有权证的行为系行政登记行为,是根据上诉人提供的材料进行形式审查后所作的书面记载。	无	无
钟志成诉武汉市房管局案 湖北省武汉市中级人民法院(2009)武行终字第24号 2009-4-28	非书面调查（权属清楚）	《城市房屋权属登记管理办法》第27条。	主要证据不足	行政:房管机关只负书面调查职责。
重庆铧钧商贸有限公司诉重庆市房管局案 重庆市第五中级人民法院(2009)渝五中法行终字第46号 2004-8-12	书面调查	一审:相关法律、法规或规章没有作出明确的实体权利程序规定;渝国土房管发(2000)500号《重庆市简化房地产交易与房屋权属登记程序的指导意见》在物权法颁布实施前,房管机关只负书面调查职责。二审:无。	无	行政:行政诉讼不应审查民事行为。一审:伪造材料的责任应由申请人承担,登记行为合法但存任合理性问题。
重庆市工商局长寿区分局诉重庆市长寿区房管局等案 重庆市第一中级人民法院(2006)渝一中行终字第6号 2002-2-5	非书面调查（权属清楚）	《城市房屋权属登记管理办法》第10条。	主要证据不足,违反法定程序	无

续表

案例信息	调查强度	理由依据	问题定位	其 他
朱建军诉郑州市房管局案 河南省郑州市金水区人民法院〔2002〕金 行初字第 48 号 2001-12-28	非书面调查 （权属清楚）	登记行为应事实清楚。	主要证据不足	无
朱维薇诉嘉善县房管处案 浙江省嘉善县人民法院〔2008〕善行初字 第 2 号 2007-8-30	非书面调查 （权属清楚）	无	无	注：何种情形属于房屋产权存在 争议。
邹侠诉怀远县政府案 安徽省蚌埠市中级人民法院〔2005〕蚌行 初字第 12 号 2003-2-24	非书面调查 （权属清楚）	《城市房地产权属登记管理办法》第 3 条第 3 款。	主要证据不足	无

总表 2　企业登记领域行政调查强度案例概况

案例信息	调查强度	理由依据	问题定位	其　他
卢振新诉天津市河北区市场和质量监督管理局案 天津市河北区人民法院（2018）津 0105 行初字第 155 号 2019-3-12	书面调查	《行政许可法》第 34 条第 2 款	主要证据不足	法院：登记内容与事实相左，判决撤销。
方玉敏诉承德市双桥区市场监督管理局案 河北省承德市中级人民法院（2016）冀08 行终字第 188 号 2016-11-28	非书面调查 （材料真实）	《公司登记管理条例》第 27 条	违反法定程序	一审：主要证据不足。 二审：违反法定程序。
张胜才诉北京市工商行政管理局案 北京市第二中级人民法院（2017）京 02 行终字第 1715 号 2017-12-27	书面调查	《公司登记管理条例》	无	无

续表

案例信息	调查强度	理由依据	问题定位	其　他
*安丽颖诉北京市工商局房山分局案 北京市房山区人民法院（2007）行字第74号 2006-6-6	书面调查	《公司登记管理条例》第2、26、27、35条。	主要证据不足	行政：根据《公司登记管理条例》第2条，工商机关只负书面调查职责、申请材料的真实性由申请人负责。法院：工商机关只负书面调查职责、没有过错，但由于登记结果与事实不符，故登记行为缺乏事实基础。
*陈宗惠诉海口市工商局新华分局案 2000-5-10	非书面调查（权属清楚）	《城乡个体工商户管理暂行条例》第3条第1款第2项；存在第三人。	违反法定程序	注：审查强度与程序问题同时并存。
*葛晨诉南京市工商局案 江苏省南京市白下区人民法院（2002）白行初字第22号 1998-1-12	书面调查	无	无	注：行政和法院理解的书面调查有所不同。
*个旧市城市建筑安装工程有限公司诉北京市工商局案 北京市海淀区人民法院（2006）海行初字第122号 2004-9-21	非书面调查（材料真实）	《公司登记管理条例》第42条第2款、《行政许可法》第31条。	主要证据不足	行政：根据《国家工商总局第67号文》和《行政许可法》第31条，工商机关只负书面调查职责、材料真实性应由申请人负责。一审：工商机关没有审慎履行其书面调查职责。二审：工商机关只负书面调查职责，但登记结果与事实不符，故登记行为为无事实基础。

续表

案例信息	调查强度	理由依据	问题定位	其 他
* 秦飞诉南通市启东工商局案 江苏省启东市人民法院(2004)启行初字第37号 2001-6-14	非书面调查（材料真实）	登记行为应当事实清楚。	主要证据不足	行政：工商机关只负书面调查职责。
* 上海建灵置业有限公司诉上海市工商局闵行分局案 上海市第一中级人民法院(2008)沪一中行终字第101号 2007-11-2	书面调查	一审：行政机关没有审查民事行为的职权，民事争议应通过其他途径解决。二审：作为基础行为的民事行为是否有效，不影响登记行为的合法性，民事争议应通过其他途径解决。	无	无
* 汤薇诉常州市工商局案 江苏省常州市中级人民法院(2007)常行终字第62号 2004-5-14	书面调查	一审：《行政许可法》第34条、《公司登记管理条例》。二审：《公司法》第27条第3款《行政许可法》第31条、《公司登记管理条例》第2条。	无	注：一审与二审的体系解释方法不同。法院：客观真实优先于材料真实。
* 屠嘴鸣诉嘉兴市工商局案 浙江省嘉兴市中级人民法院(2001)嘉行终字第18号 2000-7-4	非书面调查（材料真实）	《公司登记管理条例》67号文》和《国家工商总局《公司登记管理条例实施细则》(96号令》生效于核准行为之后，所以不适用。	无	注：历史解释方法。
* 王燕等诉如皋市工商局案 江苏省南通市中级人民法院(2001)通中行终字第10号 2000-7-13	书面调查	一审：第三人提出异议就应查清权属。二审：第三人虽提出异议，但举证不能的，工商初步认定权属；《城乡个体工商户管理暂行条例》《城乡个体工商户管理暂行条例实施细则》等有关规定。	无	无

续表

案例信息	调查强度	理由依据	问题定位	其他
*缪林诉淮安市工商局案 江苏省高级人民法院(2005)苏行再终字第4号 2001-5-24	非书面调查（权属清楚）	登记行为应事实清楚、遵循法律。	主要证据不足，适用法律错误。	一二审：书面调查，维持行为。
*由利等诉淄博市工商局高新技术产业开发区分局案 山东省淄博市高新技术产业开发区人民法院(2003)新行初字第2号 2002-5-16	书面调查	无	无	无
*浙江中航高新房地产开发有限公司诉萧山市工商局案 1993-3-24	非书面调查（权属清楚）	《企业法人登记管理条例施行细则》及相关规章。	无	无
*周雪兴、付幼华诉南昌市工商局案 1997-3-6	非书面调查（材料真实）	登记行为应事实清楚。	主要证据不足	无
*朱小娟诉北京市工商局昌平分局案 北京市第一中级人民法院(2008)一中行终字第21号 2006-8-21	非书面调查（材料真实且权属清楚）	《公司法》和马赫公司章程。	主要证据不足	行政：原告应先提起民事诉讼，再以民事裁判为据向工商机关申请撤销登记。 一审：违反法定程序。 二审：主要证据不足。
安某诉北京市工商局房山分局案 2006-6-6	书面调查	依据《公司登记管理条例》第2、26、27、35条，申请人应对材料的真实性负责。	主要证据不足	行政：根据《公司登记管理条例》第2、27条，申请人应对材料的真实性负责，工商机关只负书面调查职责。法院：工商机关已尽到书面调查职责，没有过错，但登记结果与事实不符，无事实依据。

续表

案例信息	调查强度	理由依据	问题定位	其　他
陈道平等诉乐安县工商局案 江西省乐安县人民法院（2007）乐行初字第 1 号 2005-8-30	书面调查	无	无	法院：工商机关履行了书面调查职责的同时又客观违法。
樊根祥诉上海市工商局案 上海市第一中级人民法院（2005）沪一中行终字第 267 号 2004-4-7	非书面调查（权属清楚）	无	无	法院：行政诉讼不审查民事行为。注：即使发现材料不真实，但登记结果必与事实不符的，法院也不撤销登记行为。
冯建中诉佛山市禅城区工商局案 广东省佛山市中级人民法院（2006）佛中法行终字第 171 号 2006-4-10	非书面调查（材料真实）	第三人提出异议；《公司登记管理条例》。	无	无
冯身健诉成都市工商局案 四川省成都市中级人民法院（2007）成行终字第 115 号 2006-7-3	书面调查	一审：《中外合资经营企业法》第 6 条和《百事佳公司修改后的章程》第 20 条。二审：无。	无	无
耿小英诉北京市工商局平谷分局案 北京市平谷县人民法院（2000）平行初字第 28 号 1998-6-4	非书面调查（材料真实）	登记行为应事实清楚。	主要证据不足	行政：工商机关只负书面调查职责。

案例信息	调查强度	理由依据	问题定位	其 他
邯郸市饲料工业办公室诉邯郸市工商局案 1995-12-18	书面调查	《企业法人登记管理条例施行细则》第40、45条。	无	无
胡俊法诉徐州市丰县工商局案 江苏省徐州市中级人民法院(2009)徐行终字第130号 2005-1-17	书面调查	一审:根据《公司登记管理条例》第24条、《企业登记程序规定》第3、11条,工商机关应负审慎审查职责。二审:根据《企业登记程序规定》第3条,工商机关应负书面调查职责。	主要证据不足	行政:一审法院认定工商审查职责,于法无据,工商机关主要负书面调查职责。
黄昌洪诉武汉市工商局汉南分局案 湖北省武汉市中级人民法院(2008)武中行终字第38号 2005-11-28	非书面调查(材料真实非权属清楚)	行政诉讼只审查行政行为的合法性,不解决民事争议;登记行为应当事实清楚	主要证据不足	行政:行政诉讼不应审查民事争议。
黄杜全诉深圳市工商局案 深圳市罗湖区人民法院(2002)深罗法行初字第31号 1995-12-11	书面调查	《国家工商总局第67号文》	无	行政:法律未规定工商面调查职责,《国家工商总局第67号文》规定了工商机关的书面调查职责。
江苏新隆公司诉上海市工商局案 上海市第一中级人民法院(2005)沪一中行终字第259号 2003-12-3	书面调查	《公司登记管理条例》第17条。	无	行政:工商机关只负书面调查职责。法院:行政诉讼不审查民事行为,注:审查强度对应举证责任;谨慎审证责任。

续表

案例信息	调查强度	理由依据	问题定位	其 他
金夏萍诉上海市工商局案 上海市徐汇区人民法院(2005)徐行初字第125号 2001-3-28	非书面调查（材料真实）	《公司登记管理条例》第17条。	无	无
经沈富等诉上海市工商局案 上海市徐汇区人民法院(2004)徐行初字第130号 2003-3-14	非书面调查（权属清楚）	无	无	法院：即使材料不齐全，只要登记内容与事实相符，登记行为即不违法。
兰臣诉吉林省乾安县工商局案 吉林省乾安县人民法院(2008)乾行初字第1号 2008-1-31	书面调查	《公司登记管理条例》第2条、《企业登记程序规定》第9条；申请人应对申请材料的真实性负责。	无	无
李丹诉上海市工商局案 上海市第一中级人民法院(2005)沪一中行终字201号 2004-4-28	书面调查	一审：登记行为应事实清楚。二审：工商机关只负书面调查职责；有实际操作层面上的合理性，也是工商在办理公司登记工作中所普遍运用的原则。	主要证据不足	行政：根据《公司登记管理条例》，工商机关只负书面调查职责，材料真实性由申请人负责；行政诉讼不审查材料真实性。法院：人民法院不能维持根据虚假材料作出的具体行政行为，特别是当该具体行政行为将对相关当事人的民事权利产生实际不利影响时。注：审查强度对应举证责任。

续表

案例信息	调查强度	理由依据	问题定位	其 他
李金华诉洋浦经济开发区工商局案 海南省洋浦经济开发区中级人民法院 (2002)浦中行诉终字第 1 号 2001-12-24	非书面调查 （材料真实）	一审：登记行为应事实清楚。 二审：工商机关既然要审查登记事项，就必须审查是否符合法律法规的规定，审查材料的真实与否。	主要证据不足	行政：《公司登记管理条例》第 10 条和《国家工商总局第 67 号文规定工商机关对材料真实性不负有审查职责。民事争议应交由民事诉讼解决。法院：本案不以民事争议的解决作为前提。
林记淮诉儋州市工商局案 海南省海南中级人民法院(2008)海南行终字第 116 号 2008-4-30	书面调查	工商机关没有审查民事行为的职权。	无	无
刘艾诉武汉市工商局案 湖北省武汉市中级人民法院(2008)武行终字第 3 号 2005-4-5	非书面调查 （材料真实）	登记行为应事实清楚。	主要证据不足	行政：工商机关只负书面调查职责。
刘良明诉株洲市工商局案 湖南省株洲市中级人民法院(2010)株中法行终字第 6 号 2009-9-8	书面调查	根据《公司登记管理条例》第 2 条，申请人应当对申请材料的真实性负责，根据《公司法》第 22 条第 2 款，上诉人对股东会决议有异议应向人民法院申请撤销。	无	行政：工商机关只负书面调查职责。
陆从良等诉徐州市新沂工商局案 江苏省徐州市中级人民法院(2009)徐行终字第 150 号 2007-3-30	书面调查	一审：登记行为应事应该事实清楚，故工商机关不负书面调查职责。 二审：根据《企业登记程序规定》的有关要求，工商机关只负书面调查职责。	主要证据不足，违反法定程序	行政：工商机关只负书面调查职责。

续表

案例信息	调查强度	理由依据	问题定位	其　他
漯河市某运输公司诉河南省漯河市某工商局案 河南省漯河市中级人民法院(2009)漯行终字第25号 2003-5-8	书面调查	《公司法》第13条、《公司登记管理条例》第27条、《企业法人法定代表人登记管理规定》第7条;申请人应对申请材料的真实性负责。	无	行政:工商机关只负书面调查职责。法院:工商机关以书面调查为主,以非书面调查为辅。
吕伟平等诉上海市工商局案 上海市徐汇区人民法院(2004)徐行初字第123号 2003-4-12	非书面调查(材料真实且权属清楚)	《公司登记管理条例》	主要证据不足	无
马端兰诉广州市工商局荔湾分局案 广州市中级人民法院(2007)穗中法行终字第274号 2006-3-21	书面调查	根据《企业法人法定代表人登记管理规定》第3条,工商机关进行非书面调查须以法定条件和程序为前提,而现行法律并无此规定。	无	一审:《行政许可法》第31条。
孟裕杰诉漯河市工商局郾城分局案 河南省漯河市召陵区人民法院(2010)召行初字第1号 2008-10-19	非书面调查(材料真实)	登记行为应程序合法。	违反法定程序	行政:工商机关只负书面调查职责。
潘游奇诉青岛市工商局经济技术开发区分局案 山东省青岛市中级人民法院(2003)青行终字第54号	书面调查	根据《登记管理条例》,申请人应对申请材料的真实性负责。	无	行政:工商机关只负书面调查收责,申请材料的真实性由申请人负责。

续表

案例信息	调查强度	理由依据	问题定位	其　　他
上海金蜘蛛公司等诉上海市工商局案 上海市第一中级人民法院（2005）沪一行终字第72号 2003-7-18	书面调查	《公司登记管理条例》第24条。	无	无
上海锦园娱乐有限公司诉上海市工商局案 上海市第一中级人民法院（2004）沪一行终字第311号 2004-6-8	书面调查	无	无	无
上海人民水泵厂温州鹿城分厂诉上海市工商局案 上海市第一中级人民法院（2004）沪一行终字第14号 2002-7-2	书面调查	无	无	无
上海望族公司诉上海市工商局案 上海市第一中级人民法院（2005）沪一中行终字第253号 2005-6-7	非书面调查 （权属清楚）	一审第三人提出异议，工商机关依据《行政许可法》第34条第3款和《企业登记程序规定》第11条的规定启动非书面调查。 二审：第三人提出异议，工商机关根据实际情况作出登记行为，避免争议进一步扩大，亦有利于维护登记行为效力的稳定性和社会经济秩序，并无不当。	无	行政（一审）：依法依职权启动非书面调查。 行政（二审）：因第三人提出异议而启动非书面调查。 一审：申请人对申请材料的真实性负责与非书面调查职责并存。

续表

案例信息	调查强度	理由依据	问题定位	其他
上海志云公司诉上海市工商局案 上海市第一中级人民法院(2005)沪一中行终字第58号 2003-6-9	非书面调查（权属清楚）	无	无	法院:即使材料不齐全,只要登记内容与事实相符,登记行为即不违法。
孙加一等诉沈阳市工商局案 辽宁省沈阳市中级人民法院(2006)沈行终字第158号 2005-5-25	书面调查	《公司登记管理条例》第24条。	无	行政:工商机关应负书面调查职责,民事争议应由民事诉讼解决。然后工商机关根据民事裁判作出决定。法院:行政诉讼不解决民事争议。
王倍诉株洲市工商局案 湖南省株洲市天元区人民法院(2007)株天法行初字第59号 2007-8-30	书面调查	依据《公司法》第22条,民事争议应通过民事诉讼解决,工商机关没有审查民事行为的职权。	无	无
王梦震诉上海市工商局案 上海市徐汇区人民法院(2005)徐行初字第141号 2004-1-16	书面调查	无	无	法院:行政诉讼不审查民事行为。注:即使发现材料不真实,法院也不撤销登记行为。
王文治诉山西省工商局案 山西省高级人民法院(2001)晋行终字第10号 2000-4-27	书面调查	《企业法人法定代表人登记管理规定》第7条。	无	行政:工商登记是对公司自主行为的一种确认。
王喜萍诉上海市工商局案 上海市徐汇区人民法院(2005)徐行初字第147号 2005-10-18	书面调查	工商机关没有能力辨识材料真假。	无	法院:即使发现材料不真实,但登记结果与事实相符的,法院也不撤销登记行为。

续表

案例信息	调查强度	理由依据	问题定位	其他
吴秀荣诉邳州市工商局案 2001-7-23	书面调查	无	无	法院：基于对社会公益和原告权益的保护，确认行为无效。
吴燕发诉长泰县工商局案 福建省漳州市人民法院（2000）漳行终字第48号 2000-3-21	非书面调查（权属清楚）	无	无	无
项秀英等诉上海市工商局案 上海市徐汇区人民法院（2004）徐行初字第1—3号 2003-8-5	书面调查	《公司登记管理条例》第24条。	无	行政：工商机关只负书面调查义务，申请材料的真实性应由申请人负责。
徐军诉上海市工商局案 上海市第一中级人民法院（2004）沪一中行终字第38号 2003-4-25	书面调查	《公司法》《公司登记管理条例》《企业法人法定代表人登记管理规定》及博大公司章程的规定程序。	无	行政：工商机关只负书面调查职责，无需审查材料是否真实，民事行为是否有效。注：行政与法院对书面调查的界定不同。
许礼礼诉上海市工商局案 上海市徐汇区人民法院（2004）徐行初字第110号 2002-9-5	非书面调查（材料真实且权属清楚）	《公司登记管理条例》	主要证据不足	无
张立国等诉东营市工商行政管理局东营分局案 山东省东营市中级人民法院（2005）东行终字第42号 2001-7-18	非书面调查（材料真实）	《私营企业暂行条例》第8条第2款，《私营企业暂行条例施行办法》第9条《私营企业暂行条例施行办法》第12条。	主要证据不足	行政：工商机关只负书面调查职责。

续表

案例信息	调查强度	理由依据	问题定位	其他
张学瑞诉儋州市工商局案 海南省海南中级人民法院（2007）海南行终字第81号 2006-12-8	书面调查	无	无	行政：工商机关没有能力进行非书面调查，申请人应对申请材料的真实性负责。
中国农业银行郑州郊区支行诉河南省工商局案 河南省郑州市金水区人民法院（2002）金水字初字第9号 1995-12-15	书面调查	根据《公司登记管理条例》第17条第2款第4项，申请材料的真实性应由申请人负责，工商机关负书面调查职责。	无	无
钟满徽诉上海市工商局浦东新区分局案 上海市浦东新区人民法院（2005）浦东行初字第49号 2004-9-9	非书面调查（材料真实）	《公司登记管理条例》有关申请材料的规定、《行政许可法》第34条。	主要证据不足	行政：工商机关负书面调查职责，申请材料的真实性应由申请人负责。
周来嫩诉上海市工商局案 上海市第一中级人民法院（2004）沪一行终字第27号 1998-9-16	非书面调查（材料真实）	登记行为应事实清楚。	主要证据不足	无
朱衍诉上海市工商局案 上海市徐汇区人民法院（2004）徐行初字第111号 2004-4-8	非书面调查（材料真实且权属清楚）	《企业法人法定代表人登记管理规定》第7条。	主要证据不足、违反法定程序	无

总表3 其他行政领域行政调查强度案例概况

案例信息	调查强度	理由依据	问题定位	其 他
* 巢湖市中小企业信用担保有限公司诉巢湖市海事局案 安徽省巢湖市中级人民法院(2007)巢行终字第67号 船舶所有权登记	非书面调查(权属清楚)	《船舶登记条例》第13、14条;《〈中华人民共和国船舶登记条例〉实施若干问题说明》第2部分第7项	主要证据不足	法院:检察文书和刑事裁判的内容可作为行政诉讼的依据。
* 傅好琳诉上海市房管局案 房产抵押登记	书面调查	《上海市房地产登记条例》第31条第1项,《上海市房地产抵押办法》第39条第1款第3项。	无	无
* 华油长庆西安实业公司诉西安市房管局案 陕西省西安市中级人民法院(2005)西行终字第186号 房产抵押登记	非书面调查(权属清楚)	国家实行房地产抵押登记制度,其目的就是建立一种行政监管、维护房地产市场秩序,保障房地产抵押当事人的合法权益;《城市房地产抵押管理办法》第28、30、34条;第28条的规定,既是对申请人的要求,也是对行政机关的要求。	主要证据不足	行政:第28条规定只是对申请人的要求,不是对行政机关的要求,行政机关只承担书面调查职责。

续表

案例信息	调查强度	理由依据	问题定位	其 他
* 李建华诉南京市玄武区民政局不予撤销婚姻登记决定案 江苏省南京市中级人民法院行政判决书(2003)宁行终字第158号 婚姻登记	非书面调查(权属清楚)	无	无	行政:民政机关只负书面调查职责。一审:法律发生变化,登记行为不违法,故不应撤销。二审:登记行为虽违法,但不符合《婚姻法》第10条,故不应撤销。
* 李英豪不服天津市红桥区人民政府核发离婚证书案 天津市红桥区人民法院(1993)行初字第4号 婚姻登记	非书面调查(权属清楚)	《婚姻法》《婚姻登记办法》。	主要证据不足	无
* 连国辉诉龙海市民政局案 福建省龙海市人民法院(2004)龙行初字第27号 婚姻登记	书面调查	民政机关尚无验证证件真伪的技术条件。	无	法院:当事人不能提起民事诉讼撤销婚姻;只有受到胁迫的婚姻当事人才可申请撤销。注:[附]论明确了原本模糊的裁判。
* 夏善荣诉徐州市建设局案 江苏省高级人民法院(2006)苏行再终字第1号 竣工验收	非书面调查(材料真实)	徐州市建设局在所依据该证书颁发该证前,必须保证该证书所依据的每个事实都真实,以免因此而破坏政府机关的公信力。……特别是在恒信房产公司只提交了108号规划许可证复印件的情况下,徐州市建设局更应当谨慎审查。	主要证据不足,适用法律错误	行政:验收机关只负书面调查义务。

续表

案例信息	调查强度	理由依据	问题定位	其他
*杨光群诉四川省泸州市规划建设局案 四川省泸州市江阳区人民法院(2008)泸行终字第31号 房产抵押登记	书面调查	一审:无。二审:《城市房地产抵押管理办法》第25、30、32条,《城市房屋权属登记管理办法》第11条第4款,第25条第1款第1项。	无	行政:房管机关只负书面调查职责。一审:房管机关只负书面调查职责,但登记行为合法。二审:房管机关对房屋登记负有审查注销义务。故行政诉讼审查民事行为,只对行政行为合法性作出判断;房管机关负书面调查义务,故登记结果与民事实不符,故登记行为违法,但房管机关没有过错。
*云南光宇公司诉泉州市泉港区工商局案 动产抵押登记	非书面调查(权属清楚)	《担保法》《企业动产抵押物登记管理办法》	主要证据不足,违反法定程序	无
*张文俊诉南京市玄武区民政局案 江苏省南京市玄武区人民法院(2005)玄行初字第32号 婚姻登记	非书面调查(材料真实)	《婚姻法》第31条,《婚姻登记条例》第12条第1项,第13条。	无	注:《评析》中关于婚姻登记的性质、婚姻登记的撤销限制、行政与民事诉讼救济方式的选择的讨论。
*中国银行诉北京市工商局案 房产抵押登记	非书面调查(权属清楚)	一审:《担保法》第13条。二审:《担保法》设立抵押登记制度的目的是为防止重复抵押,保证抵押权的实现。	无	一审:登记证内容不合法。二审:工商机关有过错,但不构成违法。

续表

案例信息	调查强度	理由依据	问题定位	其他
*周学平诉江苏省经贸委案 江苏省高级人民法院(2007)苏行终字第73号 成品油零售许可	书面调查	《行政许可法》第31、34条,《江苏省成品油市场管理暂行办法实施细则》第12条第3项第5目。	无	注:裁判文书未表态,依据《评析》得出。
曹苓诉重庆市涪陵区民政局案 重庆市第三中级人民法院(2004)渝三中行终字第37号 婚姻登记	书面调查	一审:依据《婚姻法》《婚姻登记条例》第12条第2项等规定,民政机关应进行书面调查。二审:不违反《婚姻法》和《婚姻登记条例》的规定。	一审:主要证据不足,违反法定程序;二审:无	行政:《婚姻登记条例》《婚姻登记工作暂行规范》对婚姻当事人的身体健康体检未作强制性规定,民政机关也无权要求婚姻当事人提供有关身体检查证明材料,因此民政机关只负书面调查职责。法院:由于离婚登记一经作出,当事人即可获得与他(她)人重新结婚的权利,人民法院如果难判决撤销不违背法律规定的离婚登记,将造成对离婚当事人重新结婚权的侵犯。
陈杰开诉佛山市公安局顺德分局交通警察大队车辆管理所车辆案 广东省佛山市中级人民法院(2004)佛中法行终字第157号 机动车交易登记	非书面调查(权属清楚)	一审:依据《机动车登记办法》第14条,车管机关应负非书面调查义务。二审:依据《机动车登记办法》第14条,车管机关应负书面调查义务,没有审查民事行为的职权。	无	行政:依据《民法通则》第72条《合同法》第133条《机动车登记办法》第14条、第52条第2款,车管机关只负书面调查义务,而不能违反要求当事人履行其他义务。一审善意取得。

续表

案例信息	调查强度	理由依据	问题定位	其他
陈晓艳诉上海市黄浦区民政局案 上海市第二中级人民法院(2008)沪二中行终字第154号 婚姻登记	非书面调查(权属清楚)	无	无	注:民政机关的登记行为只要与事实相符,即使书面调查有瑕疵,也是合法的。
大生企业株式会社诉北京市政府案 北京市第二中级人民法院(1999)二中行初字第5号 涉外合同许可	书面调查	要求行政机关进行非书面调查既无法律依据又无合同约定《中外合资经营企业法》和《中外合资经营企业法实施条例》。	无、主要证据不足	行政:申请材料的真实性应由申请人负责;申请材料是否真实应交由仲裁或公安机关解决。
戴某诉上海市公安局虹口分局新港路派出所案 上海市虹口区人民法院(2008)虹行初字第50号 户口登记	书面调查	无	无	行政:户管机关不审查民事行为。 法院:户管机关不审查和行政诉讼不审查民事行为。
管某小华等诉赣州市房管局案 江西省赣州市章贡区人民法院(2000)章行初字第19号 房产抵押登记	书面调查	无	无	法院:第三人虽无代理权,但构成表见代理;保护善意第三人。
何文娣等诉惠州市公安局案 广东省惠州市中级人民法院(2003)惠法行终字第7号 机动车交易登记	非书面调查(材料真实)	1997年7月1日颁发的《机动车注册登记工作规范(试行)》中登记事项第二条:"机动车登记表"登记事项'中车主、住址、电话、单位代码或居民身份证号由车主填写。"及"新车注册登记"中第一条第(一)项:"审核《全国组织机构编制规则》规定的单位《代码证书》或居民身份证和户口簿或居留证件。"	违反法定程序	行政:机动车注册登记工作规范虽规定车主填写,但实践中存在由机关登记的情形;机动车注册登记工作规范并无规定车管机关要进行非书面调查。委托其他人填写登记工作规范并无规定并进行非书面调查。

续表

案例信息	调查强度	理由依据	问题定位	其　他
乐秀芬诉武汉市洪山区民政局案 武汉市洪山区人民法院(2008)洪行初字第87号 婚姻登记	非书面调查（权属清楚）	《婚姻登记条例》第12条第2项。	违反法定程序	行政：民政机关只负书面调查职责。
李某诉河南省漯河市郾城区民政局案 河南省漯河市中级人民法院(2009)漯行终字第34号 婚姻登记	书面调查	《婚姻登记条例》第11条第1款。	无	行政：民政机关只负书面调查职责。 法院：行政诉讼不审查离婚协议，应另行提起民事诉讼。
罗勤红等诉株洲市房管局案 湖南省株洲市中级人民法院(2010)株中法行终字第3号 房产抵押登记	书面调查	株洲市房地产管理局根据当时的法律规定，也无对相关资料进行书面调查的职责。	无	一审：法律没有规定房管机关必须进行书面调查；房管机关没有能力进行非书面调查；行政诉讼只审查行政行为合法性；房管机关没有过失。
马某诉东城区民政局案 婚姻登记	书面调查	无	无	法院：民政登记虽已尽书面调查职责，但登记结果与事实不符，故实体违法，程序违法。
马运龙诉成都市工商局案 四川省成都市中级人民法院(2007)成行终字第41号 机动车交易登记	书面调查	《成都市旧机动车交易管理办法》第13条第1项	无	法院：书面调查即使有瑕疵，但只要登记结果与事实相符，就不会撤销登记行为。

续表

案例信息	调查强度	理由依据	问题定位	其　　他
梅某诉上海市公安局交通警察总队案 上海市闸北区人民法院(2008)闸行初字第62号 机动车交易登记	书面调查	《机动车登记规定》第18条第1款、第19条	无	无
山西省第四建筑工程公司劳动服务公司金属灯具厂诉太原市万柏林区计委案 山西省高级人民法院(2001)晋行终字第37号 企业资产登记	非书面调查 (权属清楚)	《城镇集体所有制企业、单位清产核资集体资产产权登记暂行办法》第7条第3项	主要证据不足	法院:计委应在工商机关对企业主体资格作出确认后重新核发《产权证》。
王会某诉郑州市公安局交通警察支队车辆管理所案 河南省郑州市二七区人民法院(2010)二七行初字第2号 机动车交易登记	书面调查	《道路交通安全法实施条例》第7条第2款,《机动车登记规定》第18条第1款、第19条第1款	无	行政:车管机关不审查民事行为。 法院:车管机关无审查民事行为的职权。
邬海阳诉浙江省台州市路桥区民政局案 浙江省台州市路桥区人民法院(2009)台路行初字第5号 婚姻登记	非书面调查 (权属清楚)	《婚姻登记条例》第11条第1款、第12条第2项、第13条。	主要证据不足	行政:民事行为能力的判定应当交由民事诉讼进行。
谢某诉重庆市江津区民政局案 重庆市第五中级人民法院(2009)渝五中法行终字第327号 婚姻登记	书面调查	一审:尽管书面调查存在瑕疵,但只要登记内容与事实相符,就应维持登记行为。 二审:民政机关非公安机关,没有义务审查新旧身份证问题和结婚证遗失问题。	无	无

案例信息	调查强度	理由依据	问题定位	其他
徐甲诉上海市房产登记处案 上海市第二中级人民法院(2009)沪二中行终字第219号 房产抵押登记	书面调查	房管机关无权审查民事行为。	无	行政:房管机关无权审查民事行为。法院:行政诉讼无权审查民事行为。
张凤琴诉成都市公安局交通管理所案 四川省成都市中级人民法院(2005)成行初字第3号 机动车交易登记	非书面调查(材料真实非权属清楚)	《机动车登记办法》	无	行政:车管机关没有审查民事行为的法定职责。法院:行政诉讼不审查民事行为或刑事行为。
张某诉上海市房产登记处案 上海市浦东新区人民法院(2009)浦少行初字第3号 房产抵押登记	非书面调查(权属清楚)	无	无	法院:房管机关已履行了非书面调查的举证责任后,原告若想推翻须先行提起民事诉讼。
张云初诉长沙市房管局案 湖南省长沙市芙蓉区人民法院(2005)关行初字第20号 房产抵押登记	书面调查	根据《城市房地产抵押管理办法》第33条,书面调查应审查材料的一致性。	主要证据不足,违反法定程序	行政:书面调查无需审查材料真实性;应等待刑事侦查结果作出后再作出行政裁判。法院:刑事侦查结果与本案没有法律上的因果关系,故本案无需等待公安机关的刑事侦查结果。
赵某某诉天津市大港区民政局案 天津市大港区人民法院(2007)港行初字第5号 婚姻登记	非书面调查(权属清楚)	《婚姻登记条例》第12条第3项、《婚姻登记工作暂行规范》第48条第3项、第49条第5项。	违反法定程序	行政:民政机关只负书面调查职责。法院:鉴于双方当事人均未再婚,故撤销离婚证书。

续表

案例信息	调查强度	理由依据	问题定位	其 他
周某诉江西省吉安市公安局交通警察支队车辆管理所案 江西省吉安市吉州区人民法院（2006）吉行初字第10号 机动车交易登记	书面调查	无	无	无
周洲诉武汉市公安局交通管理局车辆管理所案 湖北省武汉市中级人民法院（2008）武行终字第77号 机动车交易登记	书面调查	《机动车登记规定》《机动车登记工作规范》	无	行政：车管机关只负书面调查义务，申请材料的真实性应由申请人负责。 注：行政诉讼不认定善意取得。

回顾：发现问题的过程

一个问题的研究思路不是预先设计好的，而是在研究者发现问题的过程中自然形成的。回顾发现问题的过程，既可以为笔者当下和以后的相关研究提供一份绝好"日记"，也可以为他人的批判和建言树立更多的"标靶"。以上两点，都是一个真诚的研究者所乐于见到的。

笔者开始注意到行政调查强度问题，是从思考工商行政领域所存在的"形式审查"与"实质审查"之争开始的。刚开始，笔者将关注重点放在两种审查方式各自的存在理由上，试图通过学说整理找到工商行政调查强度的理论基础。然而，这种尝试很快被证明行不通。诸如"形式审查有利于提高效率""实质审查有利于查清事实"或者"形式审查能减少行政干预""实质审查能加强行政监管"之类的学术争论或者不在一个层面上，或者只是自说自话，根本无法深入到问题的本质。①

随后，笔者改变了研究方法，试图通过对工商行政领域相关案例的系统整理寻找该领域调查强度的合理性基础。在整理过程中笔者发

① 李晓东：《对公司变更登记应以形式审查为主》，载《人民法院报》2009 年 10 月 30 日；鲍伟民：《关于启动企业登记实质审查问题的思考（上）》，载《中国工商报》2009 年 10 月 24 日；王金根：《实质审查主义批判》，载《企业改革与管理》2006 年第 1 期；陈彦峰、钱力军：《对企业登记实质审查若干问题的思考》，载《中国工商管理研究》2006 年第 12 期；廖雪平：《对个体工商户设立申请材料是否应进行实质审查》，载《中国工商报》2008 年 9 月 26 日。

现,行政审判中法院在作出有关调查强度的判断时,主要并不是以工商行政领域的相关法律作为依据的。具体而言,或者法院拒绝适用规定明确的法律,或者法院从法律条文中截取不相关条款进行比较"随意"的扩大解释,或者法院直接诉诸司法裁量。对上述发现的理解,当然可以从诸如"'立法决定论'被司法实践直接证伪"的角度展开。但如果从行政调查强度问题本身来看,笔者倾向于得出以下学术假设:工商行政领域出现的立法无力状况也许不是孤立事件,其他行政许可领域乃至整个依申请行为领域可能都存在此类问题,因此探寻行政调查强度内在规律的学术研究就必须打破立法所造成的纵向藩篱,在"横断面"上切入展开。

基于以上假设,笔者试图进一步将研究素材拓展至行政许可案例乃至依申请行政行为案例。然而在具体操作中,笔者发现两个问题:第一,行政许可的外延在制度和学理上尚存争议,如果以此概念作为标准去选取案例,那么样本搜集的客观性值得怀疑。第二,依申请行政行为的外延相对来说争议较小,因此不存在第一个问题,但是笔者此时对自己提出的疑问是,行政调查强度问题一定仅存在于依申请行政行为领域么?依职权行政行为一定就不存在行政调查强度问题么?为什么?其实,在提出以上问题的时候,笔者已经将行政调查强度问题置于整个行政行为的大背景下进行审视了。

如果在整个行政行为的背景下审视行政调查强度,我们会提出一连串问题:行政调查强度到底属于行政行为中的何种问题?它存在于行政行为的哪些领域?为什么它会存在于这些领域?行政调查强度到底应遵循何种标准?行政调查强度的相关纠纷该如何解决等等。带着这些疑问,笔者首先进行的还是学说整理,结果发现目前国内学界从行政行为的理论层面探讨行政调查强度的研究很少。至于国外的学说文献,限于学力和精力,笔者尚未触及。于是笔者重拾案例研究方法。然而老方法有新问题,如果将研究角度放在整个行政行为层面,案例选取标准当然不成问题,但案例数量却会剧增,所要处理的研究素材将会是

"全数据库"数量的案例。

面对这种情况,笔者也在思考变通之道,曾尝试用"典型案例"替代"全数据库案例"进行研究。在对《最高人民法院公报》《人民法院案例选》《中国审判案例要览》中的全部行政法案例进行初步梳理后,笔者发现,"典型案例"中涉及行政调查强度的案例数量太少。本来,如果严格限定相关结论的范围,以上述有限的案例样本进行研究也是可行的,从"典型案例"中整理出来的完全可以是"典型情况"下的行政调查强度。但这就与笔者从整个行政行为层面研究行政调查强度的初衷相悖。

至此,笔者已经意识到,如果要从整个行政行为层面研究行政调查强度,"全数据库"数量的案例整理即使不是必然,也至少是最佳之道。一个简单而残酷的事实是,笔者所处理的案例样本越多,所得出的研究结论就越接近客观真实。由此,笔者最终决定采用"全数据库"式的案例整理。

后　记

本书的写作、修改和出版跨越了我的求学、工作阶段,在此过程中有幸得到诸多师长学友的指导帮助,感激之情难以言表。

最想感谢的是恩师叶必丰教授。19年前在上海交通大学徐汇校区的一间图书资料室里,一个不知天高地厚的毛头小伙子有幸得到您的面试。我至今仍记得您当年的提问:第一,你在笔试中所提到的书,你自己读过没有?第二,你认为书中理论的作用和意义是什么?当时的我懵懂无知。现在看来,这两个问题可以说概括了您为人、为学的两个核心理念:第一,认真严谨;第二,学以致用。这两个理念看起来容易,但领悟起来非常困难,而要融化在血液中更需要一生的努力。您以身作则,应者景从。每堂课、每次点评、每封邮件,乃至每回席间的笑语欢言,只要认真体味,都能从中领悟到"认真、务实"的具体内涵,正所谓"吾道一以贯之"。今天的我如果说相比19年前有点滴进步的话,那最大的进步也许就体现在对这两个理念的学习和实践上。您总是从维护学生利益出发,处处替学生设身处地,对学生的指导和提携在学生毕业之后也未停止,在我走上教师岗位后,才更加感受到您以赤诚之心化育后进的可贵。在学术研究方面,从行政行为基本理论到区域一体化,再到区域治理背后的公法原理,您从抽象到具体,从实践再上升到原理,不断拓展行政法研究的新边界,创造一个又一个学术高峰,令作为后辈学子的我虽不能至,心向往之。

感谢求学路上赐教良多的朱芒教授、徐向华教授、周伟教授等诸位师长,前辈风范,潜移默化,受益终身。

感谢上海师范大学的领导们、同事们对我的包容、支持和鼓励,在上海师范大学工作至今的 12 年里,我收获并成长,心怀感恩。

最后,感谢我的父母和我的妻子。父母正直勤劳,自我 2001 年离家求学至今一直默默忍受儿子不能常伴膝下的孤独,从无怨言。妻子善良乐观,开朗活泼,将家营造成世界上最温暖的港湾。我很幸运,会永远珍惜。

韩思阳

2022 年 10 月 1 日于上海

图书在版编目(CIP)数据

行政调查强度研究/蒋传光主编;韩思阳著.—
上海:上海人民出版社,2023
ISBN 978 - 7 - 208 - 18011 - 6

Ⅰ.①行⋯　Ⅱ.①蒋⋯②韩⋯　Ⅲ.①行政执法-研
究-中国　Ⅳ.①D922.114

中国版本图书馆 CIP 数据核字(2022)第 204393 号

责任编辑　冯　静
封面设计　一本好书

行政调查强度研究

蒋传光　主编

韩思阳　著

出　　版　上海人民出版社
　　　　　(201101　上海市闵行区号景路 159 弄 C 座)
发　　行　上海人民出版社发行中心
印　　刷　上海商务联西印刷有限公司
开　　本　635×965　1/16
印　　张　18
插　　页　2
字　　数　235,000
版　　次　2023 年 5 月第 1 版
印　　次　2023 年 5 月第 1 次印刷
ISBN 978 - 7 - 208 - 18011 - 6/D·4033
定　　价　85.00 元